U0112184

鍾馗得鼎圖

唐生遠去長安赤剛
為心沖峰圖瑟年遠
滇束兆出圖房題
壽書考謹以頌朝年
薄影光緒乙卯春平
吳和滂祖蔭題

光緒五年四月廉生仁兄由蜀
入郡道出長安寮于衡知史為
作此圖比米河明過得五月五日
余乃取積古齋款識周得鼎一字
摹于鼎索重題之以實之大吉羊
善事也吳大澂

中国美术研究丛书

# 悦古

中国艺术史中的古器物及其图像表达

孔令伟 著

上海书画出版社

凡物有形必有终敝，自古圣贤之传也，非皆托于物，固能无穷也。乃知为善之坚，坚于金石也。嘉祐八年十一月二十日书。

欧阳修《集古录跋尾》卷十《唐人书杨公史传记》

# 序

己亥春草之月，余读孔令伟先生所译《历史及其图像》，赞佩其文笔疏宕，娓娓有致；又闻其迻译《趣味与古物》，所选书皆史学之新经典；一论历史感知与呈现，一言美感消解或置换历史之感，其意度波澜，正可振发吾人精神之气魄。

令伟先生近年论题正循此而行。推求历史如何施于教化，阐述文物之于祭祀或追念先哲所蕴价值如何感荡后人，参酌古今，精加紬次，翻援比类，发其端倪，乃荦荦大者；或亦从其译著寻绎得旨，虽泰西中土不接以迹，但接以心也。

今又拜读此稿，所论历史之感何以化为审美之感，所述图像典雅，重器庄严，有精神贯注，皆落落神圣也。知其往矣，椎轮大辂，已渐入邃深之境；而其分析传统学者合"应用、研究、鉴赏"三者为一体，则附于观堂先生之论，以求有所阐扬。

至于笾豆之事，令伟先生非但不以是为琐琐，且能以微茫杪忽之际，有以独见于一心。尤以古物比人，拟其肖像、身份，想象与花草文士合影，栩栩乎于纸上，并覃及版刻、卷轴、传拓、摄影，贯穿旁涉，非仅一时高情胜致，实有深意在焉，一言以蔽之：为美术史学发明新观念也。古人云：整辑排比，谓之史纂；参互搜讨，谓之史考；然皆非史学。余读此书稿，忽记章学诚《上辛楣宫詹钱大昕书》语："世俗风尚，必有所偏，达人显贵之所主持，聪明才俊之所奔赴，其中流弊必不在小。载笔之士不思救挽，无为贵著述矣。苟欲有所救挽，则必逆于时趋。"令伟先生以逆于时趋为怀抱，流露于字里行间，此殆其史学欤？

余常感古人读书，人知《易》为卜筮之辞，夫子读之，哀作者忧患；人知《离骚》为辞赋之祖，太史公读之，悲作者心志。古人每读一书，多有别裁卓识；每制一物，如隃麋彝俎，亦寄托遥深。名物之学，金石之志，能为美术史翼辅，尚待才俊之士张皇幽渺，而令伟先生此书玲珑透穿，发乎毫端，读之不觉老眼如月，因缀小言于卷耑。

范景中记

# 目　录

# 导　论

　　2001 年，我曾写过一篇短文《海派博古图初探》，此后，有两个问题一直在我的头脑中徘徊不去：第一，所谓"博古图"究竟体现了一种什么样的趣味？换句话说，由古物鉴赏而产生的历史感、历史知识及象征性含义何以会转换为纯粹的"美感"？第二，在艺术史领域，古器物及相关图像研究，其意义和价值究竟何在？这一类物质遗产对于我们理解自身的艺术史传统和研究方法是否有新的启示？

　　古物出于古人之手，是历史的直观记录和感性表达。对古物的鉴赏和研究会激发出深沉的"历史感"，进而幻化为特殊的审美趣味。[1]在绘画史研究领域，我们熟知的例子是高居翰（James Cahill, 1926-2014）的"风格作为观念"（源出于维也纳艺术史学派）的提法。在书法史研究中，碑学的兴起也同样得益于此。阮元之后，金石学家对古石刻文字的研究已出现明显的变化，历史考据之余，鉴赏与批评也成为学者津津乐道的话题，对拓片之版本，对"字口"之讲求即为例证。王国维曾拈出"古雅"一词，用以补充"宏壮"和"优美"之外的另一种审美体验，即独立于自然世界之外的人文之美及其历史传统。在王国维那里，"古雅"之美来自"三代之钟鼎，秦汉之摹印，汉、魏、六朝、唐、宋之碑帖，宋元之书籍"，这也是沉湎于书斋生活的中国传统文人和现代知识分子共有的体验。古物让我们"目验"了古人留下的痕迹，并从直观历史体验中产生出特殊的美感，这是中国艺术史中比较独特的趣味。

----

【1】如哈斯克尔所言："对某种风格的历史好奇心很容易演变成发自内心的仰慕之情。在 18 世纪末，人们对哥特式艺术的态度发生了改变，从中我们即可看出这一点。其后，巴洛克、手法主义和新古典主义也得到了重新评价，其旨趣亦大致相同。"见哈斯克尔（Francis Haskell, 1928-2000），*History and Its Images*, Yale University Press, 1993, p. 367。

为古物制作"肖像"（图像），并不断加以仿效、复制，这几乎是中国艺术史，特别是宋代以后艺术史中的主线。【2】李零在《铄古铸今》【3】中充分讨论了这一现象。古人对古典价值的认同与研究，主要体现为仿古器物（包括卷轴书画）的制作与应用，其次才是各类著录、题跋和考据。"仿古"是历史体验的一部分，而被模仿的对象则经历了时间的筛选，超越了历史，是纯粹的审美对象。赝品、仿造之物之所以倍受欢迎（或憎恨），也是因为其背后的价值观在起作用。从这一角度出发，我们甚至还会对赝品、作伪的历史生出一份同情。明人翻刻唐宋诗文，作者必然是韩柳、八大家，而不是书商和刻工，同样的，复制古画也要署"唐吴道子笔"或唐寅的名字，张泰阶的《宝绘录》就是这样一部"奇书"。同印刷文化一样，这是一种特殊的图像文化，未必全然是为了牟利。

宋代以后，复古趣味体现得越来越明确。古器物的出土，历代均不乏其事，但真正重视古物、研究古物，其风气还是始于宋代。蔡绦《铁围山丛谈》卷四中称：

虞夏而降，制器尚象，著焉后世。繇汉武帝汾睢得宝鼎，因更其年元。而宣帝又于扶风亦得鼎，款识曰："王命尸臣，官此栒邑别本并作物色。"及后和帝时，窦宪勒燕然还，有南单于者遗宪仲山甫古鼎，有铭，而宪遂上之。凡此数者，咸见诸史记所彰灼者。殆魏晋六朝隋唐，亦数数言获古鼎器。梁刘之遴好古爱奇，在荆州聚古器数十百，又献古器四种于东宫，皆金错字，然在上者初不大以为事。独国朝来，浸乃珍重。【4】

宋人研究钟鼎古器，其最初关注点是古文奇字，目的是"证经补史"，这是一门具有开拓意义的学问，类似于西方文艺复兴初期的古文本校勘和古文法复兴，或汉代经师的解经"运动"。与秦汉以降的石刻史料相比，钟鼎文字展示了一个更为古老的历史世界。在文献的辅助下，宋代学者可以通过释读铭文而重返三代，并与汉代学者不断展开"对话"。

---

【2】在西方艺术对中国产生深刻影响之前，"复古"是传统艺术家最可靠的创作手法；在西方艺术对中国产生深刻影响之后，这一手法同样在起作用。艺术家——特别是"现代艺术家"，热于辨析西方艺术的源流、谱系和标本化的风格类型，并不断"向大师致敬"，这也是"复古"。

【3】李零：《铄古铸今：考古发现和复古艺术》，生活·读书·新知三联书店，2007年。

【4】（宋）蔡绦：《铁围山丛谈》卷四，知不足斋丛书本，第23页b至第24页a。

按照王国维的看法，古器物收藏与研究的热潮，最初是始于"私家"，而宋内府古器物的搜求、考订与著录工作，同样得益于"私家"学者的贡献。[5] 历史学家岑仲勉《宣和博古图撰人》，[6] 以及台湾学者陈芳妹、北京学者韩巍的论文 [7] 都保留了王国维的这一基本思路。但是，除了强调"私家"学术，我们还应看到一点：即宋代金石学同时也是"公私并举"——即"应用、研究与鉴赏"并存的学问。

"应用、研究、鉴赏"这一思路得益于王国维。关于金石学"应用"的一面，王国维在《宋代之金石学》中说：

更就应用一方面言之，则宋初郊庙礼器，皆用聂崇义《三礼图》之说。聂图虽本汉人旧图，然三代礼器自汉已失其制。及宋时古器大出，于是陆农师（佃）作《礼象》十五卷，以改旧图之失。其尊爵彝舟皆取公卿家及秘府所藏古彝器，与聂图大异。逮徽宗政和中，圆丘、方泽、太庙、明堂，皆别铸新器，一以古礼器为式。后或铸以赐大臣，讫于近世犹有存者。元明以后，各省文庙礼器皆承用之，然其改革实自宋人始。[8]

至于"研究、鉴赏"的一面，他说："金石之学，创自宋代……士大夫亦各有相当之素养。赏鉴之趣味与研究之趣味，思古之情与求新之念，互相错综。此种精神于当时之代表人物苏轼、沈括、黄庭坚、黄伯思诸人著述中，在在可以遇之。其对古金石之兴味，亦如其对书画之兴味，一面赏鉴的，一面研究的也。"[9]

---

【5】王国维在《宋代之金石学》一文中说："然宋人搜集古器之风，实自私家开之。刘敞知永兴军，得先秦古器十有一物。李公麟博物精鉴，闻一器捐千金不少惜。而《考古图》，无名氏《续考古图》，王复斋《钟鼎款识》以及《集古》《金石》二录跋尾，往往于各器之下，注明藏者之家，其人不下数十。虽诸家所藏，不及今日私家之富，然家数之多，则反过之。观于周密《云烟过眼录》所记南方诸家藏器，知此风至宋末犹存矣。又观徽宗敕撰《宣和博古图》，实用刘敞《先秦古器图》、李公麟《考古图》体例，则徽宗之大搜古器，受私家藏器之影响实不少也。"引自《国学论丛》，第 1 卷第 3 号，第 45-49 页，1928 年。

【6】载《台湾历史语言研究所集刊》第 12 本，1947 年，第 353-361 页。

【7】陈芳妹：《宋古器物学的兴起与宋仿古铜器》，《台湾大学美术史研究集刊》第 10 期，2001 年；韩巍：《宋代仿古制作的"样本"问题》，载中国国家博物馆主编《宋韵——四川窖藏文物辑粹》，中国社会科学出版社，2006 年。

【8】出处同注【5】。

【9】出处同注【5】。

本书所谈的"应用"主要是指各类"仿古礼器""明器"和《礼图》《祭器图》；研究是指古物著录和题跋；鉴赏的范围较宽广，除了器物本身，还要包括鉴古、博古题材的人物画和以古物为主题的"博古画"。从应用的角度来讲，宋代至少有三位帝王——仁宗、徽宗和高宗——对复兴礼乐、仿制古礼器均表现出浓厚的兴趣；以研究而论，无论是文字辨识、器物著录，还是史料考证和礼制阐释，宋代学者都达到了一个前所未有的高度。以鉴赏为言，则宋人制作的仿古铜器、瓷器开始成为生活中的奢侈品，新的艺术趣味正是从此中萌芽，并彻底改变了古物的意义：从荒坟败冢、枯骨朽棺中得来的物品竟会直接进入书斋密室，供人把玩摩挲，这总归是一件很神奇的事情。

"应用、研究、鉴赏"，这三者孰先孰后，边界何在？恐怕很难一概而论。隐藏在三者之后的种种意念、欲望又会生成各种机缘，让意想不到的事物彼此碰撞，产生"互缘"（情境逻辑）。一般而言，"应用"或"功能"总该放在首位。但是，若没有美感的触发，"应用"的念头也是无从谈起。与此同时，从研究中得来的兴趣恐怕也不容小觑。而且正是这种"兴味"不断勾引起学人"起而行之"的冲动。

在艺术史研究领域，古代学者对古器物及相关图像的研究同样具有启发意义。关于这一类问题，清代四库馆臣曾发过感慨，云："著述之中，考证为难；考证之中，图谱为难；图谱之中，惟钟鼎款识义通乎六书，制兼乎三礼，尤难之难。"（《四库全书总目提要·卷一百十五·钦定西清古鉴》）古代金石学者在经学，特别是礼学的知识背景下展开古物研究，其内容至少涉及题铭释读、图像辨析和文献考证这三个方向（即王国维所言"文字、形制、事实"三项），而每一项都需要极为专门的知识。以今天的眼光来看，这恐怕也是艺术史研究的基本方法——包括卷轴书画在内的古代艺术史研究，尤其不能离开这一路径。

按照容庚先生的看法，古人对于古器之观念，大概可以分为三类，即"以为祥瑞者""以为器用玩好者"和"以为研究者"，[10]这三点与王国维"应用、研究与鉴赏"的提法相类似。受到这一观点的启发，本书采用了以下写作结构：第一章，讨论有关古物的观念变迁；第二章，通过礼图这一类特殊古物图像讨论古物的"应用""实用"问题；第三章，讨论儒家学者、古物学家对古器物的研究与著录工作；第四章，从审美的角度讨论艺术史中的古

---

【10】 容庚：《宋代吉金书籍述评》，载《容庚文集》，中山大学出版社，2004年，第47页。

物图像，及这类图像所涉及的特殊题材类型；第五章，通过江南文人的生活方式，探讨历史感与美感的关系；第六章，介绍古器物拓片及"拓本博古图"，核心还是历史感与美感；第七章，通过端方旧藏枪禁，探讨古物摄影的真实性问题，这一章受到了《历史及其图像》导论部分的启发。

当然，在这本书中，我关注的焦点主要是古器物的图像表达方式问题，其中包括版刻、手绘和传拓这三种基本形态。近代以来，古物摄影开始出现，古器物图像复制技术出现了历史性的变化，各类博古图的实用功能渐渐消解，但其审美含义却与日俱增。今天，版刻、手绘和传拓的古器物图像在拍卖会场频频现身，而我们主要是从美感、历史感的角度来看待这些图像，并在其"古雅"的气息中徘徊流连，乐而忘返。

（宋）赵佶《瑞鹤图卷》局部

# 第一章　从祥瑞到清玩——关于鼎彝古物的观念变迁

在中国古代庙堂文化中，鼎彝[1]大多含有神物或祥瑞一类象征性意义，同时也是祖先与历史的纪念物，或文化正统的标志。在士大夫群体中，鼎彝之属又成为文人寄托怀古幽思的"清玩"，用以装饰书斋山房，点缀书桌画案。在平民的日常生活中，此类器物则蕴含了富贵寿考的意念，可以映衬个人身份，或为家族增添荣耀。

历史上，关于鼎彝古物的观念曾经历了数次历史变迁，其中最重要的转折点出现在宋代：一方面，金石研究的风气让古物从神物祥瑞重新回归历史，学者的历史意识替代了各类神秘阐释；另一方面，古物鉴赏之风则进一步培养了"古今一体"观念，荒坟败冢间出土的器物开始进入了文人书斋，供人赏玩摩挲。小型仿古鼎彝，如所谓的"花觚"更是盛放花卉的理想物件，来自历史的"不朽之器"和转瞬凋零的鲜花相互组合，其美感令人无法言说。

当然，商人也会批量制作仿古器形的瓷器、铜器出售，以满足人们的心理诉求。[2]降至明清，对古物的这种趣味开始演变成流行的视觉符号，成为大众化的"博古"装饰纹样，在更大的日常生活范围内不断得到传播、玩赏。

## 一　鼎与祥瑞[3]

### 从九鼎到汾阴宝鼎

鼎之为物，一直是国之重器、宝器，在特定场合使用的鼎彝器物总是与

---

【1】（清）龚自珍（1792-1841）在《说宗彝》中曾对彝器有过详细分类，共十九种，可供我们参考。曰：祭器、养器、享器、藏器、陈器、好器、征器、旌器、约剂器、分器、赂器、献器、媵器、服器、抱器、殉器、乐器、傲器、瑞器。参阅龚自珍：《龚自珍全集》，上海人民出版社，1975年，第261-262页。

【2】参阅中国国家博物馆主编《宋韵——四川窖藏文物辑粹》，中国社会科学出版社，2006年。

【3】当然，鼎彝古器也可能意味着"灾祥"。《隋书》：'文帝开皇九年四月，毁平陈所得秦、汉三大钟，越二大鼓。十一年正月丁酉，以平陈所得古器多为祸变，悉命毁之。'而《大金国志》载：'海陵正隆三年，诏毁平辽、宋所得古器，亦如隋文之言。'盖皆恣睢不学之主，而古物之销亡为可惜矣。"（顾炎武《日知录》卷二十一）

祭祀和战争发生关联。清代学者阮元（1764-1849）曾将作为"重器"的三代彝器做过分类，称：

> 三代时，鼎钟为最重之器，故有立国以鼎彝为分器者……有诸侯大夫朝享而赐以重器者……有以小事大而赂以重器者……有以大伐小而取为重器者……有为述德徽身之铭，以为重器者……有为自矜之铭，以为重器者……有铸政令于鼎彝以为重器者……且有王纲废坠之时，以天子之社稷而与鼎器共存亡轻重者。【4】

"国之大事，在祀与戎"（《左传·成公十三年》），在上古社会的政治与文化生活中，鼎扮演了重要角色，除了现实功用，还被赋予了神秘色彩和象征意义，成为文化史或观念史研究的重要标本。

鼎是典型的庙堂之器，《左传》中记载的王孙满与楚庄王对话成了后世神鼎传说的一个"原型"：

> 楚子问鼎之大小轻重焉，对曰："在德不在鼎。昔夏之方有德也，远方图物，贡金九牧，铸鼎象物，百物而为之备，使民知神、奸。故民入川泽、山林，不逢不若。魑魅魍魉，莫能逢之。用能协于上下，以承天休。桀有昏德，鼎迁于商，载祀六百。商纣暴虐，鼎迁于周。德之休明，虽小，重也。其奸回昏乱，虽大，轻也。天祚明德，有所底止。成王定鼎于郏鄏，卜世三十，卜年七百，天所命也。周德虽衰，天命未改。鼎之轻重，未可问也。"【5】

"桀有昏德，鼎迁于商""商纣暴虐，鼎迁于周"——在《左传》中，政权的交替更迭为鼎赋予了拟人化含义，鼎成为可以自行游走、自我藏匿的神物。这层含义在后世文献中被反复引申。【6】在各类民间传说中，为了增

---

【4】（清）阮元：《揅经室三集》卷三《商周铜器说下》，王云五主编《丛书集成初编》本，商务印书馆，1936年，第592-593页。

【5】引自（清）阮元校刻《十三经注疏》，中华书局，1980年，第1868页。

【6】例如（清）高濂在《遵生八笺》卷十四即对古器物、古画的神异特性做了辑录："古有神物，如禹鼎知兴废。《瑞应图》宝鼎，不爨自沸，不炊自热，不汲自满，不举自藏。吴明国贡常燃鼎。虢州铁镬，大数围。丁谖作九层博山炉，上铸禽兽自动……以上种种，皆宇宙间神奇秘宝，终为造化收拾，安得流落尘世？虽曰兵火变迁，恐亦于此无恙。古云玩物丧志，此非丧志物也，用录以广闻见……图画神异，若汉刘褒《北风图》，见者皆寒。《云汉图》，见者皆热。王善画，《六马滚尘图》后竟失去。唐有《龙水图》，将练为服，釜中二龙飞去……贾秋壑遇一道人画莲，风来则莲叶摇动。此皆神妙莫测，不可晓也。要皆古人元气所钟，以侔造化。"

加宝物（不仅是鼎）的神秘属性，这种拟人化的比喻也一直是不可或缺的重要叙述模式。

夏后氏之鼎迭经迁徙，这件事被视为三代统续传承的重要象征，纷纭复杂的历史事件被简化成了道德化的历史隐喻，如《墨子·耕柱篇》所言：

> 昔者夏后开使蜚廉折金于山川，而陶铸之于昆吾；是使翁难雉乙卜于白若之龟，曰："鼎成三足而方，不炊而自烹，不举而自臧，不迁而自行。以祭于昆吾之虚，上乡！"乙又言兆之由曰："飨矣！逢逢白云，一南一北，一西一东，九鼎既成，迁于三国。"夏后氏失之，殷人受之。殷人失之，周人受之。夏后、殷、周之相受也，数百岁矣。【7】

在关于鼎的较早的一部专书——虞荔《鼎录》中，"九鼎"的传说一直延续到了秦汉：

> 昔虞夏之盛，远方皆至。使九牧贡九金，铸九鼎于荆山之下……图其山川奇怪百物而为之备。使人知神奸不逢其害，以定其祥。鼎成，三足而方，不炊而自沸，不举而自臧，不迁而自行。九鼎既成，定之国都。桀有乱德，鼎迁于殷。载祀六百，殷纣暴虐，鼎迁于周。成王定鼎于郏鄏，卜世三十，卜年七百，天所命也。及显王姬德大衰，鼎沦入泗水。秦始皇之初，见于彭城，大发徒出之，不能得焉。
>
> ……
>
> 武帝登泰山，铸一鼎，高四尺，铜银为之。其形如瓮，有三足。太始四年，造其文曰："登于泰山，万寿无疆。四海宁谧，神鼎传芳。"大篆书。
>
> 元鼎元年，汾阴得宝鼎，即吾丘寿王所识之鼎。高一丈二尺，受十二石，杂金银铜锡为之。四面蛟龙，两耳能鸣，三足马蹄，刻山云奇怪之象，纪灵图未然之状。其文曰："寿考天地，百祥臻侍。山伏其灵，海伏其异。"此铭在底下，又别有铭，或浮，或沉，皆古文复篆。此上古之铸造也，总有九枚。【8】

---

【7】《墨子》卷十一《耕柱第四十六》，引自（清）孙诒让：《墨子闲诂》卷十一，清光绪三十三年刻本，第14页 b 至第 17 页 a。

【8】（梁）虞荔：《鼎录》，文渊阁《四库全书》本，第 1 页 a 至第 2 页 b。四库馆臣称此书"流传既久，屡经窜乱，真伪已不可辨，特以其旧帙存之耳"。

在虞荔的叙述中，汉武帝在汾阴得到的宝鼎是"九鼎"之一，历史传说突然闯入了现实世界，这在武帝时期必然引起极大的震动。而如何解释这一事件，则成为中国文化史上一个耐人寻味的话题。

按照旧说，周显王时"鼎沦入泗水"，《史记·秦始皇本纪》称："（始皇二十八年）始皇还，过彭城，斋戒祷祠，欲出周鼎泗水。使千人没水求之，弗得。"【9】但是，鼎作为神物，却可以"不迁而自行"。在汉人新垣平的解释下，秦始皇在泗水未得之鼎竟然自行迁徙，从泗水进入了汾河——《史记·封禅书》记载：汉文帝年间"平（赵人新垣平）言曰：'周鼎亡在泗水中，今河溢通泗，臣望东北汾阴直有金宝气，意周鼎其出乎？兆见不迎则不至。'于是上使使治庙汾阴南，临河，欲祠出周鼎"。至武帝元鼎四年（公元前113年），宝鼎果然在汾阴现身：

其夏六月中，汾阴巫锦为民祠魏脽后土营旁，见地如钩状，掊视得鼎。鼎大异于众鼎，文镂无款识，怪之，言吏。吏告河东太守胜，胜以闻。天子使使验问巫得鼎无奸诈，乃以礼祠，迎鼎至甘泉，从行，上荐之。至中山，曣㘽，有黄云盖焉，有麃过，上自射之，因以祭云。至长安，公卿大夫皆议请尊宝鼎。天子曰："间者河溢，岁数不登，故巡祭后土，祈为百姓育谷。今岁丰庑未报，鼎曷为出哉？"有司皆曰："闻昔泰帝兴神鼎一，一者一统，天地万物所系终也。黄帝作宝鼎三，象天地人。禹收九牧之金，铸九鼎，皆尝亨鬺上帝鬼神。遭圣则兴，鼎迁于夏商。周德衰，宋之社亡，鼎乃沦没，伏而不见。颂云：'自堂徂基，自羊徂牛；鼐鼎及鼒。''不吴不骜，胡考之休。'今鼎至甘泉，光润龙变，承休无疆。合兹中山，有黄白云降盖，若兽为符，路弓乘矢，集获坛下，报祠大享。唯受命而帝者心知其意而合德焉。鼎宜见于祖祢，藏于帝廷，以合明应。"制曰："可。"（《史记·书·封禅书》）

汾阴得鼎是重要的历史事件，也是一个意义非凡的文化史事件。汾阴得鼎，得到的是一件真实的古物，而这一事件的真正意义却在于对宝鼎的阐释。《汉书》提到了吾丘寿王对汾阴宝鼎的大胆阐释：

---

【9】（汉）司马迁：《史记》，中华书局，1975年。

及汾阴得宝鼎，武帝嘉之，荐见宗庙，臧于甘泉宫。群臣皆上寿贺曰："陛下得周鼎。"寿王独曰非周鼎。上闻之，召而问之，曰："今朕得周鼎，群臣皆以为然，寿王独以为非，何也？有说则可，无说则死。"寿王对曰："臣安敢无说！臣闻……上天报应，鼎为周出，故名曰周鼎。今汉自高祖继周，亦昭德显行，布恩施惠，六合和同。至于陛下，恢廓祖业，功德愈盛，天瑞并至，珍祥毕见。昔秦始皇亲出鼎于彭城而不能得，天祚有德而宝鼎自出，此天之所以与汉，乃汉宝，非周宝也。"上曰："善。"（《汉书·严朱吾丘主父徐严终王贾传上》）

汾阴宝鼎的真正意义在于"祥瑞"，唯其如此，吾丘寿王才敢于表达"异议"。在这种情况下，真实的历史信息反而会成为神秘阐释的障碍。除了吾丘寿王，方士公孙卿亦有惊人的言论，《史记·封禅书》对此做了记载："其秋，上幸雍，且郊。或曰：'五帝，太一之佐也，宜立太一而上亲郊之。'上疑未定。齐人公孙卿曰：'今年得宝鼎，其冬辛巳朔旦冬至，与黄帝时等。'"俟后，在回答武帝诏问时，公孙卿更是假托"申公"之言，称："汉之圣者在高祖之孙且曾孙也。宝鼎出而与神通，封禅……汉主亦当上封，上封则能仙登天矣……"

我们看到，在吾丘寿王和公孙卿的解释下，汾阴之鼎不是"周鼎"，而是天赐的"汉鼎"，甚至可比附"黄帝之鼎"。正是这些议论和阐释促成了汉武帝郊祀之礼，并祠太一于甘泉。在郊祀之礼的赞词中，宝鼎是一个重要角色。【10】

由汾阴宝鼎引出的这一连串历史事件对后世具有非同寻常的意义，并不断刺激着诗人的历史想象。唐代李峤（645-714）留有《汾阴行》诗句，怀想昔日之盛事：

君不见昔日西京全盛时，汾阴后土亲祭祀。
斋宫宿寝设储供，撞钟鸣鼓树羽旗。汉家五叶才且雄，宾延万灵朝九戎。
柏梁赋诗高宴罢，诏书法驾幸河东。河东太守亲扫除，奉迎至尊导鸾舆。
五营夹道列容卫，三河纵观空里闾。回旌驻跸降灵场，焚香奠醑邀百祥。

---

【10】《史记》中的记载是："十一月辛巳朔旦冬至，昧爽，天子始郊拜太一。朝朝日，夕夕月，则揖；而见太一如雍郊礼。其赞飨曰：'天始以宝鼎神策授皇帝，朔而又朔，终而复始，皇帝敬拜见焉。'"

金鼎发色正焜煌，灵祇炜烨摅景光。埋玉陈牲礼神毕，举麾上马乘舆出。
彼汾之曲嘉可游，木兰为楫桂为舟。櫂歌微吟彩鹢浮，箫鼓哀鸣白云秋。
欢娱宴洽赐群后，家家复除户牛酒。声明动天乐无有，千秋万岁南山寿。
自从天子向秦关，玉辇金车不复还。珠帘羽扇长寂寞，鼎湖龙髯安可攀。
千龄人事一朝空，四海为家此路穷。豪雄意气今何在，坛场宫馆尽蒿蓬。
路逢故老长叹息，世事回环不可测。昔时青楼对歌舞，今日黄埃聚荆棘。
山川满目泪沾衣，富贵荣华能几时？不见只今汾水上，唯有年年秋雁飞。【11】

"九鼎"传说是历史事实与历史想象的混合物，【12】"问鼎"与"定鼎"是征逐王位、确立正统的隐喻。秦亡汉兴，在经历了兵燹战乱之后，上古文献、器物大多弃毁无余，偶尔出土者，其含义亦很难明了。

汉代经师群体的出现，展示了中国文化史上的第一次"文艺复兴"，但对上古文献和器物的神秘主义阐释也同时并存。在最上层的宫廷或最底层的民间，这类阐释最为流行，也最易于接受。【13】关于这种情态，清代学者阮元对此有过说明："三代时，钟鼎为最重之器，故有立国以鼎彝为分器者……自汉至唐，罕见古器，偶得古鼎，或至改元，称神瑞，书之史册，儒臣有能辨之者，世惊为奇。"【14】

我们看到，在《鼎录》中，继武帝之后，有关汉代帝王"获鼎""铸鼎"的记载依旧非常丰富，这些材料与其说是真实的历史记载，还不如说是"祥瑞"心态的直接投射：

昭帝元平元年于蓝田覆车山铸一鼎，高三尺，受五斗。刻其文曰："宜君王，和四方。调滋味，去腥伤。"小篆书，三足。

废帝贺以天凤六年登位，废为海昏侯，铸一小鼎贮酒。其形若瓮，四足，受二斗。其文曰："长满上。"小篆书。

宣帝甘露元年于华山仙掌铸一鼎，高五尺，受四斗。拟承甘露，刻其文曰："万国伏，贻长久。铸神鼎，承天酒。"三足，小篆书。又建章宫铜人，

---

【11】《全唐诗》第三册,中华书局,1980 年,第六八九至六九○页。

【12】(宋)李昉等：《太平御览》卷七百五十六《器物部一》对涉及鼎的文献有详细辑录,可供我们参考。

【13】《史记·封禅书》记载：武帝时，"上有故铜器，问少君。少君曰：'此器齐桓公十年陈于柏寝。'已而案其刻，果齐桓公器。一宫尽骇，以为少君神，数百岁人也"。

【14】(清)阮元：《揅经室三集》卷三《商周铜器说下》,《丛书集成初编》本, 第592-593 页。

生毛以为美祥，作一金鼎埋之本宫。

元帝初元二年铸一鼎，大如瓮，无足。其文曰："黄帝膳鼎。"小篆书。

成帝绥和元年匈奴平，铸一鼎。其文曰："寇盗平，黄河清。"八分书，三足，高五尺六寸。

哀帝元寿元年铸一鼎贮酒，高四尺，三足。其文曰："群臣元日用醴鼎。"小篆书。

平帝元始五年铸一鼎，受二斗。其文曰："药鼎。"三足，八分书。【15】

从虞荔的记载可知，把鼎进行神化，刻意强调其祥瑞属性，这是汉代文化中极为有趣的一个环节。无论是"获鼎"还是"铸鼎"，都具有极其强烈的纪念意义和象征意义。在唐高祖武德七年（624）欧阳询等人编订的《艺文类聚·祥瑞部下》，鼎依旧被列为祥瑞之物，其相关的记述是：

《易》曰："鼎，元吉，亨，其象曰：鼎象也，圣人以享上帝。"

孙氏《瑞应图》曰："神鼎者，质文精也，知吉凶存亡，能轻能重，能息能行，不灼而沸，不汲自盈，中生五味，昔黄帝作鼎，象太一，禹治水，收天下美铜，以为九鼎，象九州，王者兴则出，衰则去。"

归藏占曰："鼎有黄耳，利得鳣鲤。"

《左传》曰："楚子伐陆浑之戎，遂至于雒，观兵于周疆，定王使王孙满劳楚子，楚子问鼎之大小轻重焉，对曰：'在德不在鼎。昔夏之方有德也，远方图物，贡金九牧，铸鼎象物，百物而为之备，使人知神奸。故民入川泽山林，不逢不若。魑魅魍魉，莫能逢之。用能协于上下，以承天休，桀有昏德，鼎迁于商，载祀六百，商纣暴虐，鼎迁于周……成王定鼎于郏鄏，卜世三十，卜年七百，天所命也，周德虽衰，天命未改，鼎之轻重，未可问也。'"

《史记》曰："黄帝采首山铜，铸鼎于荆山下，鼎既成，有龙垂胡髯，下迎黄帝，黄帝上骑，群臣后宫从上者七十余人，龙乃上去。"

又曰："汉武帝时，汾阴巫锦（锦，巫名），为民祠魏睢后土，营旁，见地如钩状，掊视得鼎，以礼迎鼎至甘泉，从行，上荐之，至中山，晏温有黄云盖焉，有鹿过，上自射之，因以祭之，至长安，公卿大夫皆议，谓之宝鼎。"

---

【15】（梁）虞荔：《鼎录》，第2页b至第3页b。

《晋阳春秋》曰："咸康八年，谷成（《太平御览》七百五十六作城）县民留珪，夜见门内有光，取得玉鼎，一围四寸，庐江太守以献。"

晋《起居注》曰："咸和元年，宣成（按当作城）春谷县山旺，获古鼎，可受三斛余，群臣毕贺。"

晋郭璞赞曰："九牧贡金，鼎出夏后，和味养贤，以无化有，赫赫三事，鉴于覆𫗧。"

梁刘孝绰送瑞鼎诣相国梁公启曰："生木游火之禽，夹阶纪朔之华，白环银瓮之迹，素雉金船之瑞，自天有祚，不为定于郊郿，虚其所止，非独在于汾阴。"【16】

事实上，在宋代金石学兴起之前，鼎彝古器一直带有浓郁的神秘色彩，是文人诗赋或民间传说中的常见话题，而能考订其称谓、功用的学者也往往令常人大为骇异。

除了文献记载，与鼎相关的图像材料也不断出土问世，为我们解读古人的古物观念提供了很多生动的信息。在汉代画像石中，我们可以看到诸多以鼎为题材的石刻作品。依据整体画面气氛，这类图像大致具有以下三种含义：一是"天命"的象征，如"泗水取鼎"。【17】另一类则是表达丹鼎与修仙思想，如江苏睢宁县九女墩东汉墓"神兽护鼎图像"（图1.1、图1.2），或四川泸州大驿坝东汉墓石棺侧挡的"护鼎图像"。还有一种就是把鼎视为"不炊自熟""不灼自沸"的宝物，像"太仓"一样有取用不尽的食物，或如"大螺"一样，可以源源不断地自动生产各种美味佳肴。某些时候，这种鼎还被用作供奉西王母的器具。

武氏祠（建和元年三月，137）祥瑞石刻中出现"神鼎"。《金石索》还记录了石刻的铭文："神鼎，不炊自熟，五味自生。"【18】巫鸿认为，这

---

【16】（唐）欧阳询：《艺文类聚》卷九十九，汪绍楹断句，上海古籍出版社，1982年，第1719-1720页。

【17】《史记·秦始皇本纪》："始皇还，过彭城，斋戒祷祠，欲出周鼎泗水。使千人求之，弗得。"山东邹城高李村汉画像石墓前室西壁的画像石上雕刻有"泗水取鼎"——画像石中"桥孔下一鼎已出水面，鼎中伸入一龙头，正咬啮绳索。鼎两旁各有一鸟在仰首观望"。参阅邹城市文物管理处：《山东邹城高李村汉画像石墓》，《文物》，1994年第6期，第24-30页。

【18】在后世（梁）孙柔之的《瑞应图》中，我们还可以依稀读到类似的文句："神鼎者，质文精也。知吉凶存亡，能重能轻，能息能行，不灼而沸，不汲自盈，中生五味。"（梁）孙柔之：《瑞应图记》，见叶德辉：《观古堂所著书》，湘潭叶氏刊本，第10页a。

1.1 《神兽守鼎图》局部，东汉，1958年江苏睢宁县九女墩汉墓出土，徐州汉画像石艺术馆北馆藏石，常宏摄影

1.2 《神兽守鼎图》局部

类图像和文字很可能来自当时流行的《瑞图画》或《祥瑞图》。【19】

祥瑞图案及文辞来自中国艺术中特有的"比德"传统，这种象征主义手法类似于西方拟人化艺术中对"属像"（attribute）的选择与设计。在汉代的文献中，诸多奇异的天象、动植物和古代器物都被视为神秘的祥瑞。这些罕见难得之物被赋予了强烈的象征意义和政治含义。诸如景星、庆云、麒麟、青龙、白虎、赤熊、九尾狐、凤凰、比翼鸟、三足乌、神雀、嘉禾、冥荚、木连理、灵芝、神龟、比目鱼、神鼎、神爵等事物都被视为"祥瑞"，而且，在汉代或更早的时代，还有特殊的"瑞图"对此予以表现：如（汉）班固《东都赋》："启灵篇兮披瑞图，获白雉兮效素乌。"或（汉）王逸《九思·逢尤》："羡咎繇兮建典谟，懿风后兮受瑞图。"这些天象、动植物和古器物是汉代艺术中最为常见的流行题材，它们既保留了上古"神物灵怪"图像的历史基因，也折射出了汉人丰富、瑰丽的内心世界。

## 重铸九鼎

东汉之后，或许是受了佛教思想的"侵蚀"，有关"九鼎"的信仰明显受到挤压，相关的"祥瑞"论说也渐渐淡化。

"九鼎"实物不存，后世只能通过复制的方式仿铸宝鼎，强化"九州""朝贡"等政治意象。697年，武则天曾仿制九鼎。铸鼎的过程在《旧唐书》卷二十二《礼仪志二》中有记载：

天册万岁二年三月，重造明堂成，号为通天宫。四月朔日，又行亲享之礼，大赦，改元为万岁通天。翼日，则天御通天宫之端扆殿，命有司读时令，布政于群后。其年，铸铜为九州鼎，既成，置于明堂之庭，各依方位列焉。神都鼎高一丈八尺，受一千八百石。冀州鼎名武兴，雍州鼎名长安，兖州名日观，青州名少阳，徐州名东原，扬州名江都，荆州名江陵，梁州名成都。其八州鼎高一丈四尺，各受一千二百石。司农卿宗晋卿为九鼎使，都用铜五十六万七百一十二斤。鼎上图写本州山川物产之像，仍令工书人

---

【19】 巫鸿：《中国早期美术和建筑中的"纪念碑性"》（Wu Hung, *Monumentality in Early Chinese Art and Architecture*, Stanford University Press, 1995, pp.225-238.）中文版请参阅郑岩译本。亦可参阅孙蓉蓉：《谶纬的图像文本考述》，中国古代文学理论学会第十七届学术年会论文，长春，2011年8月。按照《金石索》记载，我们还可以对武氏祠祥瑞图有更全面的了解。

著作郎贾膺福、殿中丞薛昌容、凤阁主事李元振、司农录事钟绍京等分题之，左尚方署令曹元廓图画之。鼎成，自玄武门外曳入，令宰相、诸王率南北衙宿卫兵十余万人，并仗内大牛、白象共曳之。则天自为《曳鼎歌》，令相唱和。

其后，宋徽宗赵佶亦仿制九鼎，[20]时间是1104年——《宋史·徽宗本纪》记载："甲申，奠九鼎于九成宫。"而徽宗本人也留下了一篇《九鼎记》，对九鼎的图案及象征性含义做了说明：

朕荷天顾諟，相时揆事，庶几有成。……以崇宁四年乙酉三月戊戌朔二十有一日戊午，即国之南铸之。中曰帝鼐，后改为龙鼎，金二十有二万斤，熔冶之夕，中夜起视，炎光烛天，一铸而就。上则日月星辰云物，中则宗庙朝廷臣民，下则山川原隰坟衍。承以神人，盘以蛟龙，饰以黄金，覆以重屋。既而群鹤来仪，翔舞其上，甘露感格于重屋之下。不迁之器，万世永固，万物东作，于时为春，故作苍鼎，以奠齐鲁。万物南讹，于时为夏，故作彤鼎，以奠荆楚。平秩西成，于时为秋，故作为鼎。以奠秦陕，平在朔易，于时为冬，故作宝鼎，以奠燕赵。西北之区为乾，物以资始，鼎曰魁鼎。西南之区为坤，物以资生，鼎曰阜鼎。东北之区为艮，艮为终始，鼎曰牡鼎。东南之区为巽，巽以申命，鼎曰风鼎。于以赞天地之化，协乾坤之用，道四时之和，遂品物之宜，消水旱之变，弭甲兵之患。一华夏之心，定世祚之永。非上帝鉴临，宗庙眷祐，何以臻此？[21]

关于徽宗九鼎，正史中亦有多处记载。《宋史》卷三百五十六列传第一百一十五称：

（刘）炜死，蔡京擢昺大司乐，付以乐正。遂引蜀人魏汉津铸九鼎，作《大晟乐》。昺撰《鼎书》《新乐书》，皆汉津妄出己意，而为缘饰，语在《乐志》。

【20】 参阅曾枣庄、刘琳主编《全宋文》，上海辞书出版社、安徽教育出版社，2006年，第166册，第367页。

【21】 （宋）杨仲良：《皇宋通鉴长编纪事本末》卷一百二十八，清抄本，第7页b至第8页a。

《宋史》卷六十六《五行志》记载：

崇宁四年三月，铸九鼎，用金甚厚，取九州水土内鼎中。既奉安于九成宫，车驾临幸，遍礼焉，至北方之宝鼎，忽漏水溢于外。刘炳谬曰："正北在燕山，今宝鼎但取水土于雄州境，宜不可用。"

武则天仿制九鼎，除了"图写本州山川物产之象"和"十余万人，并仗内大牛、白象"曳鼎之外，似乎并无任何"祥瑞"记录。而徽宗甲申（崇宁三年，1104）铸九鼎，以及后来徙鼎（政和六年，1116），都伴有"仙禽告瑞"之事。传出徽宗手笔的《瑞鹤图》就是我们讨论这一问题的重要参考材料，在《瑞鹤图》中，徽宗题写了这样一段话：

政和壬辰上元之次夕，忽有祥云拂郁，低映端门，众皆仰而观之。倏有群鹤飞鸣于空中，仍有二鹤对止于鸱尾之端，颇甚闲适，余皆翱翔，如应凑节。往来都民无不稽首瞻望，叹异久之。经时不散，迤逦归飞西北隅散。感兹祥瑞，故作诗以纪其实：清晓觚棱拂彩霓，仙禽告瑞忽来仪。飘飘元是三山侣，两两还呈千岁姿。似拟碧鸾栖宝阁，岂同赤雁集天池。徘徊嘹唳当丹阙，故使憧憧庶俗知。

政和壬辰即政和二年（1112），《宋史·仪卫六》载："政和二年延福宫宴辅臣，有群鹤自西北来，盘旋于睿谟殿上，及奏大晟乐而翔鹤屡至，诏制瑞鹤旗。"在《瑞鹤图》中，仙鹤盘旋于睿谟殿上，画面没有表现奏大晟乐的盛况。但我们知道，大晟乐正是前引《宋史》中提到的"蜀人魏汉津铸九鼎，作《大晟乐》"。《大晟乐》《鼎书》和《新乐书》都是与铸造九鼎相关联的文化事件。[22]

关于"九鼎"和瑞鹤的关联，我们还可以很方便地找到其他一些材料。如《宋史》卷一百二十九《乐志》记载，当《大晟乐》演奏时，"有数鹤

---

[22] 主持大晟钟、《大晟乐》等事务者主要是刘昺。刘昺与其兄刘炜皆精通乐律，"炜死，蔡京擢昺大司乐，付以乐正。遂引蜀人魏汉津铸九鼎，作《大晟乐》。昺撰《鼎书》《新乐书》"（《宋史》卷三百五十六《刘昺传》）。《宋史》卷二十一《徽宗本纪》云：政和三年九月，徽宗"诏大晟乐颁于太学辟雍……从刘昺制也"。而主持"九鼎"铸造事务者主要是杨戬。杨戬"少给事掖庭，主掌后苑，善测伺人主意。自崇宁后，日有宠。知入内内侍省。立明堂、铸鼎鼐，起大晟府、龙德宫，皆为提举"。

从东北来，飞度黄庭，回翔鸣唳"。而蔡绦在《铁围山丛谈》中的记录则更为夸张：

> 崇宁甲申议作九鼎，有司即南郊为治，用中夜时上为致肃不寐，至是于寝望之，焚香而再拜焉，及既就寝，已仿四鼓矣。忽有神光达禁中，政烛福宁殿，红赤异常，宫殿于是尽明如昼，殆晓始熄。鼎一铸而成，乃取佑神观旁地立九成宫，随其方为室，成九室以奠鼎，命鲁公为奉安礼仪使。又方其讲事也，辄有群鹤几数千万飞其上，蔽空不散。翌日上幸之，而群鹤以千余又来，云为变色，五彩光艳。上亦随方入其室，焚香为再拜，从臣皆陪祀于下。
>
> 先是，方士魏汉津议，其制各取九州之水土，常内鼎中。及上行礼至北方之宝鼎也，鼎忽漏水，流浸布地。且鼎金厚数寸，水又素贮鼎中，未始有罅隙，不当及上焚香时泄漏。漏乃旋止，故上深讶焉，鲁公为不乐。于是刘炳进曰："鼎之水土，皆取于九州之地中，独宝鼎者取其水土于雄州白沟之界上，非幽燕之正方也。岂此乎？"故当时尤以为神，然厥后终以北方而致乱矣。又政和六年，用方士王仔昔建言，徙九鼎入于大内，作一阁而藏之。时鲁公为定鼎使。及帝鼐者行，亦有飞鹤之祥，云气如画卦之象。帝鼐后改曰"隆鼎"。既甚大，以万众曳之，然行觉不大用力。其去疾速，时人皆异之。【23】

在蔡绦的记述中，建造九成宫的目的是"成九室以奠鼎"，九鼎须"各取九州之水土，常内鼎中"，由于北方宝鼎所取之水土得自"雄州白沟之界上"，不是"幽燕之正方"水土，所以"及上焚香时泄漏"。如前引《五行志》一样，蔡绦记述的是事实，还是政治性的隐喻呢？不管怎么讲，九鼎的神话在此又得到了一次强化。

在后来的徙鼎活动中，我们又看到："及帝鼐者行，亦有飞鹤之祥，云气如画卦之象。帝鼐后改曰'隆鼎'。既甚大，以万众曳之，然行觉不大用力。其去疾速，时人皆异之。"——万人曳鼎，"行觉不大用力""其去疾速"等描述明显保留了古代宝鼎传说的痕迹。

---

【23】（宋）蔡绦：《铁围山丛谈》卷一，知不足斋丛书本，第13页b至第15页a。

## 二 仿古器物——从礼器、明器到清玩

鼎是王权、正统的象征，而用于宗庙祭祀的成组礼器则是祖先"在场"的重要标志。由古人亲手制作并使用的器物宛如无言的历史证人，或连接古今的时间桥梁，直接让观者触摸到真实存在的历史，触摸到时间的"质感"。而对于特定家族而言，用于"祭祀蒸尝"的宗庙礼器意味着祖先生命的传递和延续。

对祖先的"存在感"的体验需要借助特定的仪式、器物、道具予以呈现，受祭者为"尸"，由真人"扮演"；祭祀活动包含一系列完整的迎送程序，所使用的服装、器物、道具有特殊的规定，这类祭祀活动类似于艺术化的"演出"，对参与祭祀者而言，这也是怀想祖先或进行历史想象的过程。在祭祀活动现场，[24] 严谨而又庄重的仪式，整洁而又精美的器具——特别是各类礼器可以充分地向祖先传达敬意。辜鸿铭讲，"礼"就是中国的艺术，确实含有深意。[25]

从出土实物来看，青铜礼器大致可分为两类，一类为窖藏礼器，另一类为随葬礼器（明器）。前者大多陈列于地上宗庙，之后因为种种特殊原因集中掩藏，并被后世集中发现。后者是专门为葬礼设计制作的仿古器物。

窖藏礼器出土最多的地点是"周原遗址"。[26]1976 年 12 月 15 日，扶风庄白村曾发现一处青铜器窖藏，所出一百零三件青铜器全部属于微氏家族，其中有七十四件铸有铭文，内容涉及微氏家族连续七代作器人及周王朝建立后三百余年的历史。[27]"微氏家族"庄白一号窖藏礼器最早陈列于家族宗庙，巫鸿说："庄白村铜器的确切纪年及变化的装饰风格为艺术史家提供了极宝贵的材料，使他们得以追溯西周铜器纹饰的演变……这些器皿也使

---

【24】 清代学者戴震（1724-1777）曾绘制过周代宗庙图，与今天的考古发现非常相似：1999 年，考古学家在周原遗址的云塘和齐镇之间进行建筑考古发掘，确定了主体建筑的样式和规模，并在主体建筑前清理出一条 U 字形的道路。学者从古文献中找到了与之对应的记述，并且重新解释了它的作用。建筑考古学家杨鸿勋先生还将此处建筑基址的地面部分进行了复原。

【25】 辜鸿铭曾批评英文《礼记》译名的不妥当，以为"礼"不是 Rite 而是 Art。

【26】 范围包括陕西扶风县和岐山县二十多个自然村落。这一地区从汉代开始就不断有青铜器出土。至 19 世纪中叶清道光末年，周原出土的青铜器日益增多。1890 年和 1940 年，扶风任家村曾两次发现青铜器窖藏，大部分都流失海外。

【27】 陕西周原考古队：《陕西扶风庄白一号西周青铜器窖藏发掘简报》，《文物》，1978 年第 3 期，第 1-18 页、第 98-104 页。

我们得以从微氏家族后裔的角度,重建'倒叙式'的视觉经验。我们可以想象:在宗庙祭祀的礼仪中,这些后裔将从靠近宗庙入口的近祖之庙开始,逐渐移向隐于宗庙后端的远祖之庙,仿佛时光倒流,沿途中形态各异的礼器纷纷映入他们的眼帘。对他们来说,那些年代久远、形状陌生的礼器所代表的是'古人之象'。"【28】

在微氏家族后裔的眼中,祖先所使用的器物明显异于自己所处的时代,这种差异恰可彰显时间流逝的痕迹。器物的历史感和陌生感会给后世观看者带来敬畏之心,这种感受得之于直觉和想象力,并直接"唤起"对不朽生命的记忆——已经逝去的、失去了形质的先人,恰恰可以借助这些器具和仪式返回仪式"现场"。他们的语言和情感保留在器物铭文中,他们的"音容笑貌"隐藏在自己亲手制作和使用的器物里。后来者终究要与先人合为一体,古物(特别是古礼器)正是沟通二者的桥梁。

除了地上的宗庙,由礼器所象征的历史感在地下依旧在延续。在商周墓葬中,礼器与其他陪葬品一起下葬。西周后期,复古、仿古器物即后世所谓的"明器"开始在墓葬中出现,仿古"明器"的出现,可能意味着物故者或准备离开人世者,仍然要在未来的地下活动中奉祀先人。

巫鸿认为,从西周末期到战国中期,明器的造型、装饰和制作有"微型、拟古、变形、粗制、素面、仿铜、重套"等七种类型,【29】其中"微型""拟古"与"重套"类型的明器具有明确的"古风"——或是依据前代礼器制作的缩微替代物,或是对古代礼器进行"创造性"模仿,或者是同时制作"古今"两套器物陈列于墓葬空间之内。

如果说从西周末期开始,随葬仿古礼器(明器)开始形成传统的话,那这一传统在隋唐似乎出现了断裂。唐墓明器,最为我们熟知的是彩陶动物、异兽、男女侍俑、骑士俑、天王俑、镇墓兽、砖志,陪葬器物多为复制的各类日常生活用具。唐代日用器皿中,仿古风格并不明显,而时人最爱重的也是各类金银器。【30】偶尔出土的仿古礼器——如唐恭陵哀皇后墓的山尊、牛尊,也仅仅是保留了一个概念,其形制与三代古器物相去甚远。关于唐代的铜器,我们比较熟悉的一个例子是所谓"句容器"。南宋赵希鹄在《洞

---

【28】 巫鸿:《时空中的美术》,梅玫等译,生活·读书·新知三联书店,2009 年,第 6-8 页。

【29】 巫鸿:《时空中的美术》,第 195-198 页。

【30】 齐东方:《唐代金银器研究》,中国社会科学出版社,1999 年。

天清录》中对此作了记录："句容器非古物。盖自天宝间至南唐后主时，于升州句容县置官场以铸之。故其上多有监官花押，其轻薄、漆黑、款细，虽可爱，然要非古器。岁久亦有微青色者，世所见天宝时大凤环瓶，此极品也。"【31】

大规模、有意识地复制古代礼器，这一风气出现在宋代，这是汉代以来中国文化史上的第二次"文艺复兴"。如果说汉代古文化复兴运动的重点是在"今古文字"考释的话，那宋代的重点则集中于古器物研究（制礼作乐），以及对各类传世书画的复制。这是一场更加重视"视觉文化"的特殊文艺复兴运动。

从现实功用的角度来看，宋代礼器类仿古器物主要服务于朝廷太庙，及各地学宫、文庙的典礼、祭祀活动。杭州太庙、湖州宋代文庙、萧山衙前文庙、海盐镇海塔遗址等地都有这类器物出土。此外，服务于葬礼的仿古明器和日用仿古器物同样流行于宋代，而后者的意义更大。四川遂宁一座大型窖藏中曾发现了一千多件瓷器，是用来行销的日用品。【32】陈云倩认为："这些瓷器是以特定的青铜礼器作为模本。"此外，"这些仿古器物在人们的生活中履行新的功能，如鼎、鬲、簋被改造为香炉，插花的盛器模仿古代玉琮的造型。这些转变表明仿古器物有了新的环境，包括文人的书斋和其他室内空间"。【33】

我们知道，宋人的金石学研究与同时期仿古器物的大量出现有直接关联。从遂宁窖藏来判断，以铜、玉、陶瓷材质仿制古代鼎彝宝器，这种做法在宋代已经颇为流行，郑汉卿的论文《宋代仿青铜陶瓷初探》【34】就讨论了这类问题。很明显，宋代的仿古礼器不再是单纯的明器、礼器、祭器，而是内府或高等级文人的"清玩"，仿古器物的陈列位置从地下升至地上，其审美或鉴赏的意味也就一目了然。唐俊杰认为，宋代"修内司官窑并非为烧造陶质祭器而设，也不是其初始窑场，它是南渡以后为满足宫廷用瓷的需求而设立的第一个供御窑场，仿青铜礼器瓷的盛行，正是其供御特性的最好体现"，而且"南宋官窑仿青铜礼器瓷造型典雅，釉色温润，兼具

【31】（宋）赵希鹄：《洞天清录》，文渊阁《四库全书》本，第 22 页 b。

【32】中国国家博物馆主编《宋韵——四川窖藏文物辑粹》，中国社会科学出版社，2006 年。

【33】陈云倩 Yun-chiahn Chen Sena, *Pursuing Antiquity: Chinese Antiquarianism from the Tenth to the Thirteenth Century*, pp.182-192, 此条信息见于巫鸿：《时空中的美术》，第 12-13 页。

【34】郑汉卿：《宋代仿青铜陶瓷初探》，《文物天地》，2014 年第 5 期，第 62-67 页。

三代之遗风，但它既非祭器，也不是礼器，而是宫中用于插花、熏香等用途的日用、陈设瓷"。【35】

也正是宋代以后，古物复制变成了一门流传有续的产业，仿古和赝品制作高手不断丰富和满足人们的历史趣味，刺激人们的历史想象（图1.3）。当然，也为鉴定家制造了各种困扰和障碍。

南宋赵希鹄的《洞天清录》已经谈到了古铜器辨伪问题，降至明代，古物复制的现象更为普遍，高濂《遵生八笺》记载：

> 元时杭城姜娘子、平江王吉二家铸法，名擅当时。其拨蜡亦精，其炼铜亦净，细巧锦地花纹，亦可入目。或作鏒金，或就本色，传之迄今，色如蜡茶，亦为黑色，人多喜之。因其制务法古，式样可观。但花纹细小，方胜、龟纹、回纹居多。
>
> 平江王家铸法亦可，炼铜莹净，拨蜡精细，但制度不佳，远不如姜。
>
> 近日淮安铸法古鎏金器皿，有小鼎炉、香鸭等物，做旧颇通，人不易识。入手腻滑，摩弄之功，亦非时日计也。外此有大香猊、香鹤铜人、烛台、香球、酒炉、投壶、百斤兽盖香炉、花瓶、火盆等物，此可补古所无，亦为我朝铸造名地。【36】

不过在明代，仿古器物制作最成功的例子当属"宣德炉"或"宣炉"，其制作缘起及后续应用与宋代仿古礼器颇多相似之处。明宣宗三年（1428），暹罗国王剌迦满霭入贡数万斤精美的"风磨铜"，由于这一机缘，宣宗决定重修郊坛、太庙及内廷陈设的鼎彝祭器，并于当年三月敕令礼部官员用暹罗贡铜重修鼎彝礼器，至六月底核定图形，开始铸造。但是，宣德仿古鼎彝最重要的部分都保留在内廷，用作内府各处殿堂居室的陈设，其次则分赐给郊坛、太庙、文庙、大成殿、功臣庙、五岳祠及各地土地神祠。虽然宣德鼎彝主要功能是礼器和祭器，但其设计思路更强调实用和玩赏功能——鼎完全演变成香炉，这是最明显的例证。

---

【35】 唐俊杰：《祭器、礼器、"邵局"——关于南宋官窑的几个问题》一文结论部分，《故宫博物院院刊》2006年第6期，第40-56页、156页。另请参阅扬之水：《莲花香炉和宝子》，《文物》，2002年第2期，第70-76页、第96页。

【36】 （明）高濂：《遵生八笺》卷十四，清嘉庆十五年（1810）弦雪居重订本，第30页a、b。

山吴上舍家
可稱邵古酒器中之奇品也余見于新安商
雖小可以喻大矣體制之精泑色紋片之古
人有云涓ゝ不已必至沉酣以成江湖此尊
貯酒醒不升合難至沉酣因所貯有限耳古
至沉溺以此喻戒故著象于尊焉然此器所
古人制器喻意凡飲酒者莫至泛浮如凫必
泑色粉青夫凫水鳥也飄泊河干喜于浮泛
凫尊倣宣和博古圖錄式也高低大小如圖
宋汝窑凫尊

　　传世《宣德彝器图谱》记录了礼部及太常寺官员的设计思路。北宋《宣和博古图录》与《考古图》中的古器物图样，内库收藏的宋代柴窑、汝窑、官窑、哥窑、均窑、定窑瓷器，正是宣德彝器的"范本"。这一图谱有文彭（1498-1573）传抄的《宣德鼎彝谱》（八卷）[37]和祝允明（1460-1527）传抄的《宣德彝器图谱》（二十卷）[38]两个版本。文彭传本出自宣宗时负责铸造冶炼的太监吴诚。[39]祝允明传抄的《宣德彝器图谱》和文彭传抄的《宣德鼎彝谱》颇有出入，"祝本"是祝允明借得原呈奉本副本后，请画工图写而成。但是伯希和（Paul Pelliot, 1878-1945）认为《宣德鼎彝谱》是伪书，作伪时间大致在17世纪中叶或末期。[40]

　　《宣德彝器图谱》记录了八十三种鼎彝图形，其中鼎有十八种，其他甗、鬲、簋、簠，及鹤形、兽形器物则泛称"炉"。除了器形，宣德仿古器物在色彩处理上亦颇具匠心，据《宣德彝器图谱》记载，"宣炉"的颜色有十多种，如铜绿、石青斑、石绿斑、朱砂斑、葡萄斑、枣红色、桑葚色、蜡茶色、翡翠绿、黑漆古斑、铅古色、水银古色等。对古器物色彩的"模仿"表明明代的拟古趣味又向前迈进了一大步，古器物的斑斓色彩并非本色，而是时间和历史"见证"。水、土、空气的侵蚀让古物布满浅绿、深红或淡淡的蓝色，这一切则成为宣德彝器模仿的对象："如作铜绿色系用真铜绿来点染，作桑葚色是用胭脂石，作蜡茶色用金丝矾或黄明矾，作朱砂斑色用朱砂，作水银古色用文蛤，作枣红色用赤石脂，做黑漆古斑就用古墨，还有镶嵌金银或鎏金渗银的。铸工逐件费时染制，将宣炉本色完全包藏起来，器表便覆盖一层坚实入里的'皮色'，俟最后再打上一层白蜡罩护并使发光，便告化妆完成。"[41]从宣德仿古鼎彝制作及色彩处理来看，明代内廷的古物鉴赏和玩味气息更加浓郁，其技术之复杂程度远胜所谓的"宋磨腊"，"古色"成了刻意追求的目标。

---

【37】《宣德鼎彝谱》八卷，民国十六年（1927）陶氏涉园石印本。此书扉页题"据四库文津阁本重印"。前有四库全书总目提要及华盖殿大学士杨荣序，书后有嘉靖甲午年（1534）文彭序。书后附有项元汴《宣炉博论》一篇。此书现存有《墨海金壶》本、《珠丛别录》本、《四库全书》等本。

【38】故宫博物院藏本《宣德彝器图谱》，未著撰者，清写绘本，抄写年代不详。书前有宣德三年（1428）杨荣序，以及嘉靖五年（1526）祝允明序。

【39】吴诚与礼部尚书吕震等人一同搜集编排彝器图样，供朝廷参考制作祭器，此书并未流传。于谦在明正统年间（1436-1449）任礼部祠曹"主祭官"，从吴诚处得到副本。其后文彭从于谦的后人处借来副本，抄写一份。

【40】伯希和有《历代名瓷图谱真伪考》一文，1936年发表在法国《东方学刊》第32期，冯承钧先生有译文，刊于1942年《中国学报》第2卷第2期。在这篇文章中，伯希和认为《宣德鼎彝谱》也是伪书。

【41】张光远：《大明宣德炉》，《故宫文物月刊》第32期，1985年11月，第4-16页。

在清代，仿制占物的风气更是盛极一时。这一时期的器物体现出一种典型的"历史主义"趣味，诸多仿古器物，与其说是在仿古，还不如说周秦汉唐各类古物的"集合体"。与宋代"政和礼器"和明代"宣德炉"相比，清宫的仿古器物似乎更强调材料的炫目之美，有时候，材质之美竟会完全压抑"古物"的历史感。

这种趣味类似于欧洲的蛮族艺术——真正重要的是材料本身，而不是单纯、朴素的复古幽思。在清内廷仿古器物中，历史更像某种可以随意黏合拼贴的玩具，而历史感似乎也仅仅止于视觉消费和娱乐。在这一时期，纯粹服务于赏玩之心的仿古器物极为流行，其中以玉、瓷、掐丝珐琅、竹木仿制的古铜器、古礼器最为常见，如清内廷"玉兽面纹鼎"仿自《重修宣和博古图》中的"商父乙鼎"，"雕竹仿古络纹壶"则是以竹材模仿战国铜器。在民间，我们看到的种类可能更为丰富。

## 三　博古图案

明中叶之后，随着各类古器物图谱的翻刻、传播，古器物图形、图样在民间的流传范围逐渐扩大，应用的范围也日益广泛，举凡建筑、家具装饰图案、瓷器、版刻图书（图 1.4）、缂丝[42]、刺绣、屏风、挂件、信笺（图 1.5-1、图 1.5-2），[43]乃至荷包、扇套，都可见到古器的影子。在这个基础上甚至产生了"博古图案"这一特殊的装饰类型。

不过，这类博古纹样并非以古铜器、古礼器为中心，而是以各种便于陈设、玩赏的小型鼎、尊、彝为装饰图形，同时配以玉件、杂件、盆景、瓷瓶、古琴、书函、棋坪、卷轴书画等题材，另加蔬果花卉作为点缀。简而言之，这是一整套图案化的文人书斋陈设之物。我们在《洞天清录》《长物志》《遵生八笺》《考槃余事》等文献中看到的书斋"清玩"可以在博古图案中一一得到验证。

除此之外，民间长久流传的植物、器物祥瑞图案，及各类古老、新奇、时尚之物都被纳入博古图案的范畴。动物类如玳瑁、珊瑚、比目鱼、赤鱼、白毛龟、白鱼等。器物类则有各种祭祀礼器，如神鼎、铜钟、玉磬、丹甑、

---

【42】　熊瑛：《明清博古织绣的流行及其原因》，《装饰》，2014 年第 4 期。

【43】　最典型者当属《萝轩变古笺谱》《十竹斋笺谱》中的古器物图案。

1.4 慧能像

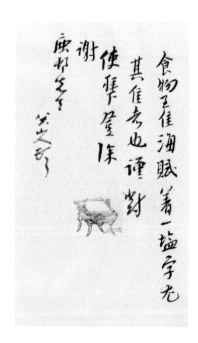

1.5-1 八大山人答鹿村先生手札

1.5-2 十竹斋笺谱·博古图案

玉瓮、瓶瓮、玉英、玉琮、碗圭、珍圭、玄圭、玺印、玉璧。有时还有天文仪器——例如辽宁省博物馆藏有一件明代缂丝《浑仪博古图》（可能是清宫流出的明代内廷物品）（图1.6），内容就是彩色蝙蝠托举着各类宝物在空中翻飞，其中有珊瑚、壶（上有雷神击连鼓图案）、如意、冲天耳渗金宣德炉、花篮、龙耳盘、饰有蟠螭纹的玉璋、麒麟、青花白象角杯、玉玺、青花瓷杯、圈足簋、大口尊、方罍、鼎……中央位置是象征着宇宙的浑天仪。

关于这件缂丝作品，朱启钤先生曾做过著录，称："所刻花纹以五色流云为经，万蝠朝天为纬，蝠之形状不一，翼翼齐飞，各执一物为瑞。其器物名象则天球、河图、鼎、彝、钟、鼓、符、玺之属。又有金瓯、玉斝、环珮、蝉珥、提炉、筘、花之类。又如万年一统之盆、天下太平之钱、连理之木、梵天之文。仅此残片段名物可得纪者凡三十有三，若使匹锦犹完，得窥全豹，恐将一部《宣和博古图》尽入个中矣。"[44]

瓷器中的博古纹样，最繁荣的时代是清康、雍、乾三朝。由于帝王嗜好古物，酷爱瓷器，因此瓷器中的博古纹样盛行一时。青花、五彩、青花五彩及色釉等瓷器中均可看到博古纹样，其装饰手法亦有开光、描金、凸雕等类型。在民间瓷器中，这类纹样与建筑装饰图案、信笺、屏风等物品一样，不断生发出新的变化，[45]鼎彝古物仅是其中的一个视觉部件，它们成了大众自由想象和随意阐释的对象，和各类清供、岁朝图相互交集，是生活本身，也是生活的"调味品"。如果追究其背后隐藏的观念，那这也许就是德政、高雅身份、生活品位、家庭财富及家族命运的美好象征。

---

【44】 朱启钤：《存素堂丝绣录》卷上，载《笔记小说大观》四十二编第10册，台北新兴书局，1986年，第44页。

【45】 参阅熊金荣：《十七世纪景德镇瓷器的博古纹装饰探源》，《陶瓷学报》，2012年第2期。

1.6 明《缂丝浑仪博古图》，纵138cm，横44.8cm，辽宁省博物馆藏，图片由董宝厚先生提供

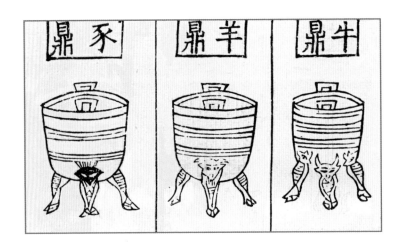

聂崇义《新定三礼图》中的礼器图形

# 第二章　礼器图

　　"达古今之宜"，这是宋代礼学的指导思想。仁宗时期悄然兴起的金石学，徽宗时代的《五礼新仪》和《宣和博古图》，高宗时代的仿青铜陶瓷礼器制作……这些活动渐次将汉唐以来的仿古礼器制作推向了最高峰。在中国的朝代史上，一个王朝能有三代帝王连续保持对"古礼"的热情，这种现象殊堪玩味。称宋代为汉代之后古典文化的第二次"文艺复兴"，并不为过。

## 一　"礼器瑞物图"与"礼图"

### 文翁礼殿壁画

　　古器物的应用与鉴赏是完全不同的两个系统。【1】《礼器图》是应用性较强的一类图像，主要内容是《三礼》中"规范化"的器物，器形稳定而简约——或说简陋。自汉代以来，这一类礼器就经常与各种"瑞物"组合在一起，被画在"学宫"一类建筑的墙壁上。宗炳是一位在画史上留下名字的、画过《周礼图》的艺术家，而"西蜀文翁礼殿"则是一座绘有礼器的著名"学宫"——唐代欧阳询《艺文类聚》卷三十八礼部上《学校》引晋代任豫《益州记》云："文翁学堂，在大城南，经火灾，蜀郡太守高眹，修复缮立，图画圣贤古人像，及礼器瑞物。"【2】

　　西蜀文翁是庐江人。汉景帝末为蜀郡太守，于成都设立学宫，一改蜀地民风。汉武帝时，天下郡国纷纷设立学校，文翁的做法得到推广。欧阳修曾依据礼殿残石对文翁礼殿的历史进行过考证，他在《集古录跋尾》中称：

---

【1】许雅惠女士说："《释奠仪图》颁布后，源于出土古器的金石学礼器制度才开始向地方学校普及。古制礼器的二个系统也正式确立：一是本于经书解释的《三礼图》经学系统，一是以出土古器为依归的金石学系统，此二大系统彼此竞争礼器的权威。"并说："以往有些学者也指出《三礼图》和《宣和博古图》二大礼器系统之分，如：木岛史雄曾以类书与礼图中的簠、簋为中心，探讨各学科方法对礼器图样的影响。"参见许雅惠：《宋、元〈三礼图〉的版面形式与使用——兼论新旧礼器变革》，《台大历史学报》第60期，2017年12月，第57-117页。

【2】(唐)欧阳询：《艺文类聚》卷三十八，汪绍楹校，上海古籍出版社，1982年，第692页。

　　右《汉文翁石柱记》云："汉初平五年仓龙甲戌旻天季月，修旧筑周公礼殿，始自文翁开建泮宫。"据颜有意《益州学馆庙堂记》云："按《华阳国志》，文翁为蜀郡守，造讲堂，作石室，一名玉堂。安帝永初间，烈火为灾，堂及寺舍并皆焚燎，惟石室独存。至献帝兴平元年太守高朕于玉堂东复造一石室，为周公礼殿。"有意又谓献帝无初平五年，当是兴平元年。盖时天下丧乱，西蜀僻远，年号不通，故仍旧号也。今检范晔《汉书》本纪，初平五年正月改为兴平，颜说是也。治平元年六月十三日书。【3】

　　按照欧阳修的说法，汉献帝兴平元年，文翁礼殿曾经过修缮，并增设"周公礼殿"。文翁礼殿绘有大量壁画。围绕西蜀文翁礼殿壁画而产生的著作即《文翁礼殿图》，或《文翁孔庙图》。据胡兰江考证，"唐代司马贞在为《史记·仲尼弟子列传》所作的《索隐》中曾三次提及《文翁孔庙图》……《文翁孔庙图》，应该就是《隋书·经籍志》杂传类中著录的二卷《蜀文翁学堂像题记》。这本书在新、旧唐志中均有著录，但称作《益州文翁学堂图》，且卷数也由二卷改为一卷。该书在《宋史·艺文志》中已无著录，大概是在宋末亡佚"。【4】

　　在中国艺术史上，西蜀文翁礼殿壁画不断得到记录和描述，王羲之《十七帖》中的《讲堂帖》（图2.1）称："知有汉时讲堂在，是汉和帝时立此。知画三皇五帝以来备有，画又精妙，甚可观也。彼有能画者不？欲摹取当可得不？须具告。"【5】有趣的是，宋人郭熙在《林泉高致》中恰好对王羲之做了回应，他说："如今成都周公礼殿，有西晋益州刺史张牧画三皇五帝。三代至汉以来君臣贤圣人物灿然满殿，令人识万世礼乐，故王右军恨不克见。"

　　唐代张彦远在《历代名画记》中的《叙画之源流》一节也提到了这座著名的"蜀郡学堂"，称："图画者，有国之鸿宝，理乱之纪纲。是以汉明宫殿，赞兹粉绘之功；蜀郡学堂，义存劝戒之道。"【6】在《益州学堂图》一节，张彦远还进一步介绍了具体题材，其内容是"画古圣帝贤臣七十子，后代又增汉晋帝王名臣、蜀之贤相牧守"。【7】

---

【3】（宋）欧阳修：《集古录跋尾》卷二《后汉文翁石柱记》，《欧阳文忠公集》本（元刊本，卷一百三十四），第9页b至第10页a。

【4】胡兰江：《文翁礼殿图小考》，《中国典籍与文化》，2002年第3期，第31页。

【5】（唐）张彦远：《法书要录》卷十，明津逮秘书本，第4页a。

【6】（唐）张彦远：《历代名画记》卷一，明汲古阁刻本，第3页b。

【7】同上，卷三，第31页a。

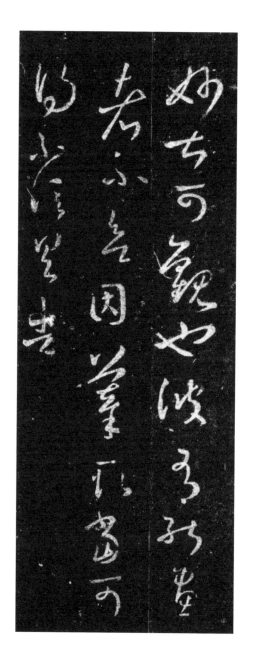
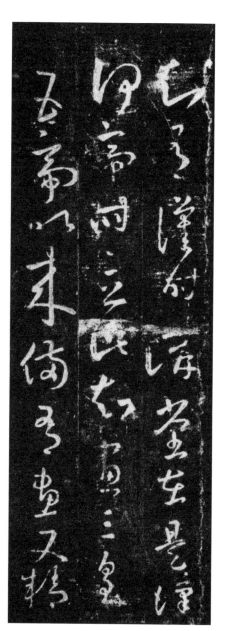

2.1 （晋）王羲之《汉时讲堂帖》，纸本墨拓，6行49字。《十七帖》丛帖第二十一通尺牍，《宣和书谱》作《讲堂帖》

唐代的残碑也有相关记录，据《八琼室金石补正》卷三十五《益州学馆庙堂记并阴》：

> 文翁（为蜀郡）守……至（东汉兴）平元（年，岁）……（名）堂为周公礼殿，其堂（壁）上图画上古盘古李老□□、历代帝王之像，梁上画仲尼（及）七十（二）……中益州（刺）史张（收所画），今检□（皆）……（楹有画）更（精）妙，甚可观……益州刺史刘悛所（画）耳。[8]

北宋黄休复《益州名画录》卷下"无画有名"一条云：

> 《益州学馆记》云："献帝兴平元年，陈留高朕为益州太守，更葺成都玉堂石室，东别创一石室，自为周公礼殿。其壁上图画上古、盘古、李老等神，及历代帝王之像；梁上又画仲尼七十二弟子、三皇以来名臣。耆旧云：西晋太康中，益州刺史张收笔。古有《益州学堂图》。"今已别重妆，无旧迹矣。"刘瑱，齐永明十年，成都刺史刘悛再修玉堂、礼殿……悛弟瑱……时推妙手。画《仲尼四科十哲像》，并车服礼器。"今已重妆别画，无旧踪矣。[9]

在郭若虚《图画见闻志》卷一《叙自古规鉴》中，我们也可以看到相关记载：

> 汉文翁学堂，在益州大城内，昔经颓废，后汉蜀郡太守高朕复缮立。乃图画古人圣贤之像，及礼器瑞物于壁。唐韦机为檀州刺史，以边人僻陋，不知文儒之贵。修学馆，画孔子七十二弟子、汉晋名儒像。自为赞，敦劝生徒。繄兹大化，夫如是。岂非文未尽经纬，而书不能形容，然后继之于画也。所谓与六籍同功，四时并运。亦宜哉！[10]

根据这三条记载，可知东汉兴平元年（194）文翁礼殿已有壁画存在，由益州太守高朕组织绘制，内容为"盘古、李老等神，及历代帝王、礼器瑞

---

【8】据（清）陆增祥：《八琼室金石补正》（卷三十五，民国吴兴刘氏希古楼刊本），此碑永徽元年庚戌二月立。碑阴题："成都县令上骑（都尉）琅邪颜有意"，末行"此记贺遂亮撰"。

【9】（宋）黄休复：《益州名画录》卷下，清函海本，第6页b、第7页a。

【10】（宋）郭若虚：《图画见闻志》卷一，明津逮秘书本，第3页a。

物之像"，其后又经西晋张收补绘仲尼七十二弟子及三皇以来名臣像，唐檀州刺史韦机又增绘汉晋名儒像。

在宋代，人们还可以在蜀地看到"西蜀文翁礼殿"壁画，在金石学家欧阳修、黄伯思、董逌等人那里，西蜀文翁礼殿也是一个重要的话题。关于文翁礼殿的汉晋壁画，此处有一条信息也可供我们思考，蔡绦《铁围山丛谈》称："及宣和后……若岐阳宣王之石鼓，西蜀文翁礼殿之绘像，凡所知名，罔间巨细远近，悉索入九禁。"【11】由此可知，徽宗时期，西蜀文翁礼殿画像已被运入内府。【12】

靖康之难之后，这些绘有礼器瑞物的壁画下落不明，或是毁于兵火，原作不复存世。不过，这些壁画的摹本却早已在人间长期流传，明人曹学佺《蜀中广记》引元人费著《成都周公礼殿圣贤图考》，称："嘉祐中，王素命摹写为七卷，凡一百五十五人，为《成都礼殿圣贤图》。绍兴中，席益又摹写于石经堂，凡一百六十八人。案，续记可辨识姓名者一百七十三人，今貌像宛然者一百四十九人，仅存仿佛者三十二人，姓名存者六十五人。"【13】这些源自成都礼殿的古圣先贤画像为两宋皇家提供了重要范本，它们与现存杭州孔庙（府学）的李公麟绘《孔子及七十二弟子像》赞刻石是什么关系？这也颇值得我们玩味。

礼器图

前文介绍了西蜀文翁礼殿壁画，目的是想说明礼器瑞物图像与古圣先贤、孔子及孔门弟子图像是一个整体，一直是图像教化传统的重要组成部分，向为儒家学者所看重。

中国古代有"左图右史"之传统，在古代绘画中，有一类图像就是图解经典。通过张彦远的《历代名画记》卷三《述古之秘画珍图》一节，我们还可以看到这类画目，如

《天地郊社图》、《诸卤簿图》（不备录，篇目至多）、《古圣贤帝王图》（二又六）……《大驾卤簿图》（三）、《明帝太学图》（三）……《周

---

【11】（宋）蔡绦：《铁围山丛谈》卷四，知不足斋丛书本，第25页a。

【12】但黄休复在《益州名画录》中说："古有益州学堂图，今已别重妆，无旧迹矣。"黄休复是宋真宗时期人物，活跃于咸平之前，那么蔡绦提到的"西蜀文翁礼殿之绘像"究竟是什么时代的遗迹就颇值得怀疑。

【13】（明）曹学佺：《蜀中广记》卷一百五，四库全书本，第1页b。

礼图》（十四）、《周室王城明堂宗庙图》（三，刘氏又一张氏）、《三礼图》（十卷，阮谌等撰。又十二卷，隋文帝开皇二十年敕有司撰，左武侯执旗侍官夏侯朗画）……《汉明帝画官图》（五十卷，第一起庖牺五十杂画赞，汉明帝雅好画图，别立画官，诏博洽之士班固、贾逵辈，取诸经史事，命尚方画工图画，谓之画赞。至陈思王曹植为赞传）、《益州学堂图》（十，画古圣帝贤臣七十子，后代又增汉晋帝王名臣、蜀之贤相牧守，似东晋时人所撰）、《鲁庙孔子弟子图》（五，是鲁国庙堂东西厢画图）。[14]

张彦远提到的《秘画珍图》中有阮谌的《三礼图》，以及夏侯伏朗《三礼图》十二卷（隋文帝开皇二十年敕有司撰，左武侯执旗侍官夏侯朗画[15]），从画题来判断，张彦远记录的这些图画应该是表现古代舆服、器用、宫观的重要图像资料，礼学家感兴趣的郊庙、宫室、车服、冠冕、笾豆、簠簋……或许都可在这类图画中找到线索。

在传统学术中，以礼学素称难治。其中尤以《仪礼》最为难读，除了记述上古礼仪制度和行为规范，《仪礼》尚有大量名物需要考释。自东汉以来，借助图像解说《三礼》就形成了一个传统。在学官绘制礼器，为《周礼》《仪礼》《礼记》配制"礼图"，以及制作实用礼仪用具，这类学术兴起于汉末，在唐、五代依然延续。[16]由于时代久远，礼乐弛废，后世经师对古器物的解说往往流于穿凿附会，而且还会按照同时代流行的实用器推想古器，如文艺复兴时期欧洲插图画家按照人装束来绘制古罗马人的形象。各类"礼图"及依据礼图制作的古器物就是典型例证，在河南偃师唐恭陵哀皇后墓中，出土了陶土烧制的爵、山尊、牺尊（或牛鼎）、簠簋一类器物，[17]它们显然已经不是三代古器形制（图2.2），而是依据唐代礼书——如《新制唐礼图》等设计制作的器物。

在五代后周显德年间，世宗柴荣曾委托国子司业兼太常博士聂崇义组织修订礼典，考订礼器形制，为制作礼器、祭器提供参考。聂崇义参考历代《三

---

【14】（唐）张彦远：《历代名画记》卷三，第29页b至第31页a。

【15】《唐书·艺文志》记录的是夏侯伏朗。

【16】自东汉大儒郑康成为先秦《礼记》作图注之后，此类著作一直流行不绝，重要者如郑玄、阮谌的《三礼图》，夏侯伏朗的《三礼图》，张镒的《二礼图》，梁正的《三礼图》，以及隋文帝敕撰的《礼图》等。郑玄、阮谌的《三礼图》有残本存世，收入《玉函山房辑佚书》，清同治十年济南皇华馆书局补刻本。

【17】郭洪涛：《唐恭陵哀皇后墓部分出土文物》，《考古与文物》2002年第4期第9-18页。及谢明良：《记唐恭陵哀皇后墓出土的陶器》，《故宫文物月刊》第279期，2006年6月，第68-83页。

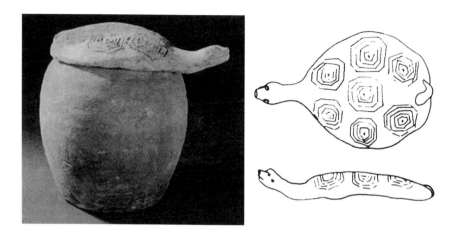

2.2-1 簠簋

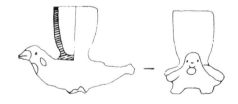

2.2-2 陶土爵

2.2（1-2）

河南偃师唐恭陵哀皇后墓出土的簠簋、陶土爵、牺尊、山尊。爵是背负杯盏的雀，山尊是绘有山水图案的陶罐，牺
尊是绘有牛形的陶罐，簠簋则是有龟形纽盖的陶罐。山尊图片由李星明先生拍摄惠赠。牺尊、陶土爵、簠簋采自谢
明良：《记唐恭陵哀皇后墓出土的陶器》，《故宫文物月刊》，2006年第6期（第279期），第69-70页。唐恭陵
哀皇后墓的相关信息及谢明良先生的论文均获赠于郑岩教授

2.2-3 牺尊                 2.2-4 山尊

礼》图本，修成《三礼图集注》二十卷，至宋太祖建隆二年，此书才得以告竣。与文翁礼殿的《礼器瑞物图》一样，聂崇义《三礼图》中的礼器图样最初也被画于墙壁之上，而后又"以版代壁"。陈振孙《直斋书录解题》卷二云：

> 《三礼图》二十卷
>
> 国子司业太常博士河南聂崇义撰。自周显德中受诏，至建隆二年奏之。盖用旧图六本参定，故题"集注"，诏国学图于宣圣殿后北轩之屋壁，至道中改作于论堂之上，以版代壁。判监李至为之记。[18]

聂崇义《三礼图》的出现为宋代提供了新的礼器图解范式，同时也为同类著作提供了批评和讨论的对象。《直斋书录解题》对此做了记录，如：

> 《礼象》十五卷
>
> 陆佃撰。以改旧图之失，其尊、爵，彝、舟，皆取公卿家及秘府所藏古遗器，与聂图大异。岷隐戴先生分教吾乡，作阁斋馆池上，画此图于壁，而以"礼象"名阁，与论堂《礼图》相媲云。[19]

---

【18】（宋）陈振孙：《直斋书录解题》卷二，文渊阁《四库全书》本，第30页 a、b。

【19】同上，第30页 b 至第31页 a。

《礼书》一百五十卷

太常博士长乐陈祥道用之撰。论辨详博，间以绘画。于唐代诸儒之论，近世聂崇义之图，或正其失，或补其阙。元祐中表上之。【20】

陆佃《礼像》一书已经散佚，按《直斋书录解题》的说法，《礼像》中的礼器图样取自公卿及秘府收藏的古器，并被儒家学者画在了墙壁上。而太常博士陈祥道的《礼书》插图，与陆佃的礼器图一样也对聂崇义的礼器图做了修正。

查考《宋史·艺文志》我们还可以得到和"礼图"有关的另外一些文献目录，如："杨甲《六经图》六卷，余希文《井田王制图》一卷，龚原《周礼图》十卷，郑景炎《周礼开方图说》一卷，郑氏（伯谦）《三礼图》十二卷、《江都集礼图》五十卷、《三礼图驳议》二十卷，项安世《周礼丘乘图说》一卷，杨复《仪礼图解》十七卷。"【21】查《玉海·艺文》，还可看到近五十种礼图，如《景德崇和殿尚书礼记图》《祥符释奠祭器图》《至和周礼器图》、《嘉祐周礼乐图》等，这些工作已超越了前代。

陈振孙说，聂崇义的《三礼图》"盖用旧图六本参定"，按照四库馆臣的解释，聂崇义的图像参考资料分别来自阮氏、郑玄、夏侯伏朗、开皇图、张镒、梁正：

考《礼图》始于后汉侍中阮谌。其后有梁正者，题谌图云："陈留阮士信受学于颍川綦毋君，取其说为图三卷。多不案礼文，而引汉事与郑君之文违错。"正称《隋书·经籍志》列郑玄及阮谌等《三礼图》九卷。《唐书·艺文志》有夏侯伏朗《三礼图》十二卷，张镒《二礼图》九卷。《崇文总目》有梁正《三礼图》九卷。《宋史》载吏部尚书张昭等奏云："四部书目内有《三礼图》十二卷，是开皇中敕礼部修撰。其图第一、第二题云梁氏，第十后题云郑氏。今书府有《三礼图》，亦题梁氏、郑氏。"则所谓六本者，郑玄一，阮谌二，夏侯伏朗三，张镒四，梁正五，开皇所撰六也。【22】

---

【20】（宋）陈振孙：《直斋书录解题》卷二，文渊阁《四库全书》本，第31页a。

【21】（元）脱脱等：《宋史》卷二百○二，志第一百五十五艺文一，武英殿本，清光绪上海五洲同文书局石印本。

【22】（清）永瑢等：《四库全书总目题要》卷二十二，经部二十二。

聂崇义的《三礼图集注》，含冕服图、后服图、冠冕图、宫室图、投壶图、射侯图、弓矢图、旌旗图、玉瑞图、祭玉图、匏爵图、鼎俎图、尊彝图、丧服图、袭敛图、丧器图等十六类内容，图三百八十余幅，集前代礼图之大成。

虽然借鉴的是"六家旧图"，但聂崇义的"集注"却是颇有"新意"，与旧礼图差别很大。此书初次出现，即引起极大争议。

## 二　《三礼图集注》之得失——兼论"黄目"【23】

《宋史》记载，太子詹事尹拙曾等对聂崇义的"集注""多所驳正"，而聂崇义则依据经典加以反驳。最后此事由工部尚书窦仪裁决。仪上奏曰："伏以圣人制礼，垂之无穷，儒者据经，所传或异，年祀浸远，图绘缺然。踳驳弥深，丹青靡据。聂崇义研求师说，耽味礼经，较于旧图，良有新意……尹拙驳议及聂崇义答义各四卷……率用增损，列于注释，共分为十五卷以闻。"【24】

这里还有一个例子，最能体现聂崇义的"新意"以及宋室"达古今之宜"的礼学指导思想。尹拙与聂崇义就祭玉、鼎釜之异同发生了激烈争论，太祖诏下中书省集议。这件事情由吏部尚书张昭裁判。张昭奏称："尹拙依旧图画釜，聂崇义去釜画镬。臣等参详旧图，皆有釜无镬……今崇义以《周官》祭祀有省鼎镬，供鼎镬，又以《仪礼》有羊镬、豕镬之文，乃云画釜不如画镬……请两图之。又若观诸家祭祀之画，今代见行之礼，于大祀前一日，光禄卿省视鼎镬。伏请图镬于鼎下。"诏从之。

在《三礼图集注》或《六家旧图》所引起的争议中，后代学者经常提到的有黄目、谷璧、牺尊、簠敦、雀盏等，对于这些公案，我们不妨稍花一些篇幅予以介绍，于此亦可见宋人古器物研究之一斑。

沈括（1031-1095）《梦溪笔谈》卷十九"器用"一条称：

礼书所载黄彝，乃画人目为饰，谓之"黄目"。予游关中，得古铜黄彝，殊不然。其刻画甚繁，大体似缪篆，又如栏盾间所画回波曲水之文。中间有二目，如大弹丸，突起煌煌然，所谓"黄目"也。视其文，仿佛有

---

【23】聂崇义《三礼图集注》最早的刊本是南宋淳熙二年（1175）镇江府学据蜀本重刻的《新定三礼图》。此书后世刻本和钞本题名不一，或作《新定三礼图》，或作《三礼图集注》，或作《三礼图》。本处使用的是淳熙二年刊《新定三礼图》，郑振铎《中国古代版画丛刊》影印本。

【24】（元）脱脱等：《宋史》卷四百三十一，列传第一百九十"儒林一"。

牙角口吻之象。或谓"黄目"乃自是一物。又予昔年在姑熟王敦城下土中得一铜钲，刻其底曰"诸葛士全茗鸣钲"。"茗"即古"落"字也，此"部落"之"落"。"士全"部将名。其钲中间铸一物，有角，羊头，其身亦如篆文，如今时术士所画符。傍有两字，乃大篆"飞廉"字，篆文亦古怪。则钲间所图盖"飞廉"也。飞廉，神兽之名。淮南转运使韩持正亦有一钲，所图飞廉及篆字，与此亦同。以此验之，则"黄目"疑亦是一物。"飞廉"之类，其形状如字非字，如画非画，恐古人别有深理。大抵先王之器皆不苟为，昔夏后铸鼎以知神奸，殆亦此类，恨未能深究其理，必有所谓。或曰礼图樽彝皆以木为之，未闻用铜者。此亦未可质，如今人得古铜樽者极多，安得言无？如礼图瓮以瓦为之，《左传》却有"瑶瓮"；律以竹为之，晋时舜祠下乃发得"玉律"。此亦无常法。如"蒲谷璧"，礼图悉作草稼之象，今世人发古冢，得蒲璧，乃刻文蓬蓬如蒲花敷时，谷璧如粟粒耳。则礼图亦未可为据。【25】

沈括的判断，得之于个人访古、访友活动中对出土实物的观察。沈括依据关中之游、姑熟王敦城之游、淮南转运使韩持正的藏品，及"近世人发古冢"所得之物，对礼图中的"黄彝""谷璧""蒲璧"等物提出了批评意见——我们在聂氏书中所见的"谷璧""蒲璧"全部是禾稼之象，黄目是尊上画人目。

沈括否定了礼书中"画人目为饰"的说法，并依照个人目验之物对黄目做了两种解释，一是装饰纹样："中间有二目，如大弹丸，突起煌煌然"；二是别为一物，是像飞廉一类的"神兽"。沈括之所以提出异议，是因为感觉到礼书在器物上画眼睛的方法非常荒谬。在聂崇义的《三礼图》、杨甲的《六经图考》及南宋马和之的一件作品中，我们看到的都是这一类黄目纹样（图2.3）。再者，他看到的应该是"饕餮纹"，用他的话来讲，即"视其文，仿佛有牙角口吻之象"。

沈括提及的"黄彝""黄目"，历史上一直争议不断，笔者暂时于此旁逸斜出，略做讨论。

目纹是青铜礼器中一种常见纹样，有双目，也有"独目"。双目往往和兽首组合，独目则独立成纹。从考古材料上来看，"独目"出现的比较早，

---

【25】（宋）沈括：《梦溪笔谈》卷十九，明崇祯马元调刊本，第1页a至第2页b。

图 2.3-1（宋）聂崇义集注《新
定三礼图》"黄彝"，清康
熙十二年通志堂刊本

图 2.3-2（宋）杨甲撰《六经图考》"黄目"，
清康熙元年礼耕堂重订本

图 2.3-3 （南宋）马和之《周颂·清庙之什图·我将》局部

马承源说："从商代二里岗期开始，就出现了没有动物形实体附着的眼睛图案。在青铜器上，一目的纹样主要表现为三类，即斜角目纹、目雷纹和四瓣目纹。【26】这类目纹也是我们理解黄目纹的一个重要参考。脱离动物形体独立的独目或双目，寓意直接而又明确，可以给人警戒、先知先觉或神明在场的心理感受，一如古埃及的目纹。

关于"黄彝"，诸前辈学者一直存有多种解释，一种是针对器形，如徐中舒曾释黄为觵，并结合鸡彝、蜼彝等论证，提出是黄彝是"象兕牛角形"之兕觥。【27】另一种解释则针对"黄目"二字，认为兽面双目饰金即为"黄目"，而器形则未能确定。

罗振玉收藏的一件青铜器就是以黄金装饰动物的眼睛，他认为这就是"黄目"，其《古器物识小录》称：

《明堂位》："（灌尊）夏后氏以鸡彝，殷以斝，周以黄目。"郑康成谓黄目以黄金为饰。《郊特牲》："郁气之上尊也。"后世《礼图》黄目，

【26】 马承源：《中国青铜器研究》，上海古籍出版社，2008 年 1 月，第 379-380 页。

【27】 徐中舒：《说尊彝》，台湾历史语言研究所集刊编辑委员会编，《历史语言研究所集刊》，第 7 本第 1 分，商务印书馆，1936 年。

尊上画人目，而尊之，固可笑也。或又谓当以龟目者，亦不可信。予藏父乙
甗，三足，为兽首，其目以黄金为之，所谓黄目尊，殆亦以黄金作兽目。异
日当留意于传世诸尊，恐必可为吾言之证也。【28】

　　罗振玉说的这件"父乙甗"，器形为甗，图案为兽首，以黄金饰目，
在他这里，黄目很容易等同于"饕餮"，他描述的这件器物接近台北故
宫收藏的那件"商父乙甗"。在 2005 年出版的《周原出土青铜器》（总
Ⅰ A007），我们可以查到一件夔纹甗（西周晚期器），这件器物的下半部
分素面，仅饰有一双眼睛（图 2.4），和罗振玉描述的兽首目纹相映成趣。

　　至于将"黄目"解释为"龟目"，这是（汉）许慎、（宋）罗愿与（清）
曾钊【29】的说法。

　　《明堂位》中提到的"黄目"是灌尊，也就是行裸（灌）礼时所使用的
酒器。在《周礼·春官·司尊彝》中有这样的记载：

春祠夏禴，裸用鸡彝、鸟彝，皆有舟；其朝践用两献尊，其再献用两象
尊，皆有罍，诸臣之所昨也。秋尝冬烝，裸用斝彝、黄彝，皆有舟；其朝献
用两著尊，其馈献用两壶尊，皆有罍，诸臣之所昨也。凡四时之间祀追享朝
享，裸用虎彝、蜼彝，皆有舟；其朝践用两大尊，其再献用两山尊，皆有罍，
诸臣之所昨也。【30】

　　鸡彝、鸟彝；斝彝、黄彝；虎彝、蜼彝专用于裸礼，合称六彝。《周礼》
中的"六彝"究竟为何物？这已是一场聚讼千年的争论，【31】历史上对此有
象形器和刻画器两种解释，而考古材料则同时支持上述两种观点，如徐中舒
所言："盖现存遗物中不但有像鸟兽诸形之器，即刻画凤凰、牛象诸形及以
象牙松绿石为饰者亦不少见。"【32】

---

【28】罗振玉撰述：《雪堂类稿·甲 笔记汇刊》，辽宁教育出版社，2003 年，第 473 页。

【29】（清）曾钊《周礼注疏小笺》云：裸用斝彝黄彝。黄彝，目尊也。元谓以黄金为目。钊按：此说非也。上云鸡鸟，
　　　下云虎蜼，此独云人目乎？况前文斝彝亦刻禾稼形，而此乃刻两人目于尊中与之为列，亦似不类。考《尔雅翼》
　　　云："禁中尊，乃作龟形其上，方悟黄目者，乃龟也。若为人目而黄之，黄乃目病尔。"其说较安。《尔雅新义》
　　　十六卷引《说文》罍，龟目酒尊。（清）曾钊：《周礼注疏小笺》卷三，清同治十年刻本，第 12 页 a。

【30】孙诒让撰，王文锦、陈玉霞点校，《周礼正义》第 6 册，中华书局，1987 年，第 1514 页。

【31】张雁勇：《关于〈周礼〉鸟兽尊彝形制研究的反思》，《史学月刊》，2016 年 3 月，第 21-33 页。

【32】徐中舒：《说尊彝》，中研院历史语言研究所集刊编辑委员会编，《历史语言研究所集刊》，第 7 本第 1 分，
　　　商务印书馆，1936 年，第 75 页。

如果联系器物的实际功能，我们或许可以对"黄彝"产生一些新的思考。从功能上看，裸（灌）礼中使用的酒器，无论是鸡彝鸟彝、斝彝黄彝，还是虎彝蜼彝，应该都是大口或敞口的尊形器，用途是便于溢出"郁气"，散发芳草的香味。马承源先生讲，尊形酒器有"有肩大口尊""觚形尊""鸟兽尊"三大类，"六彝"应该就在这三种器形之内。[33]

裸礼中使用的"六彝"，明显可分两类，一类是鸟兽尊或鸟兽纹样尊，如"鸡彝鸟彝、虎彝蜼彝"，而斝彝黄彝则另为一类。关于斝形器，经王国维《说斝》

2.4 夔纹甗，西周晚期

一文考证，及大量出土器物验证，基本上已成定论。但"黄彝"或"黄目尊"却一直令人困惑。

在此，笔者有一个极为肤浅的推测，即"黄彝"或有可能是觚形礼器。这样讲，是因为从视觉样式上判断，在觚形酒器中可以频繁看到兽目或脱离动物形体而存在的夸张的目纹（图 2.5），这也是觚形器比较明显的一个装饰特征。此外，觚的命名本身就存在问题，要理解它的功能，我们还是应该把它再次还原为敞口尊形器。容庚说："今之所称为觚者，其名定自宋人，腹小而口侈，所容不多，饮酒时易四溢；且腹下或有铃，有端拱之意，与他饮器不类，则觚是否为觚，不无可疑。姑沿旧称以俟他日之论定耳。"[34]依照这一见解，觚不当为实用之饮器，而应该是有特殊意义的礼器。在殷墟时代就出现以觚形酒器中为礼器的明确证据，在《试论妇好墓"铜尺形器"

---

【33】马承源主编：《中国青铜器》，上海古籍出版社，1988 年，第 198 页。按照刻画器的思路，"鸡彝鸟彝、斝彝黄彝"，应该是有肩大口尊，而非"象全体之形"的鸟兽尊，这一点在考古材料中也可以得到支持。但实际情况可能远比我们的推测复杂，刻画尊和象形尊并用的情况可能更合乎实情。

【34】容庚：《商周彝器通考》下编第二章，上海人民出版社，2008 年，第 306 页。

2.5-1 商晚期方觚局部，德国科隆艺术博物馆藏。Foto: Rheinisches Bildarchiv Köln，陈磊先生提供。

2.5-2 兽面纹觚，殷墟早期

2.5-3 兽面纹觚（局部）

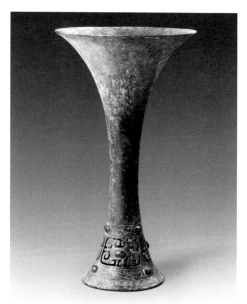

2.5-4 镂空目雷纹觚，西周早期，
1976 年扶风县庄白村一号窖藏

2.5-5 目纹觚，西周早期，
1976 年扶风县庄白村一号窖藏

的功用——兼谈商周青铜爵、觚的使用》
这篇文章中，还看到了铜爵、铜觚与裸礼
中所使用的铜枓相组合的证据（图2.6）。【35】
李济曾讲：

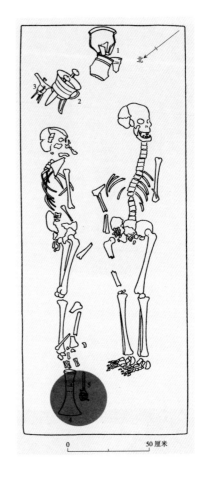

2.6 台西 M35 平面图

　　觚形器与爵形器的普遍存在，并成了
一对分不开的伙伴，这一结合遵守一种极
严格的匹配律：有一"觚"必有一"爵"，
有二"爵"必有二"觚"；M331 的三件觚
形器，虽只有一件三足的爵形器相伴，却
另有两件四足爵形器作陪，故算起来，仍
是照一一相随的例，同时这也可以证明，
在功能方面，四足爵与三足爵大概没有分
别。【36】

　　爵和觚组合使用，其背后有一个漫长
的历史过程，最后形成了具有特殊含义的组
合，或即《周礼》中所说的"秋尝冬烝，裸
用斝彝、黄彝，皆有舟"，这里的斝彝与我
们习惯上所认知的"爵"是同一类器物，【37】
黄彝则为刻画或铸造有目纹的敞口尊，而
且极有可能就是"觚"。

　　觚形酒器是礼器，且仅可能用于裸礼，这一点非常重要，可以举出一
个带有铭文的明确用作裸（灌）礼的觚形器——西周早期的"内史亳同"（图2.7），
圈足内壁铸铭文十四字：

　　成王易内史亳丰裸，弗敢虩，乍裸同。

【35】 何毓灵、马春梅：《试论妇好墓"铜尺形器"的功用——兼谈商周青铜爵、觚的使用》，《文物》，2016
　　　 年第 12 期第 54 页。

【36】 李济：《记小屯出土之青铜器》，《中国考古学报》第三册，1948 年，第 79-80 页。

【37】 与觚一样，所谓的"爵"，其命名也存在着很多问题，参阅李春桃：《从斗形爵的称谓谈到三足爵的命名》，
　　　 《台湾历史语言研究所集刊》第八十九本第一分，2018 年 3 月，第 47-117 页。

这件器物是典型的"觚"形器，高圈足，腹部和圈足铸有四道扉棱。中间有一目纹，以松石镶嵌。器物自名为"同"，如鼎、斝一样是一个象形字——把"同"解释为"爵"，古代经师一直有此说法，但器形一直不明，从这件"内史亳同"来看，宋代学者所说的"觚"就是古代经师所说的"同"。

关于觚从实用的饮器到用作裸礼的礼器，我们还可以引用考古学者的看法："铜觚产生之前，就有木觚、陶觚、漆觚等，早期的觚形器无疑是饮器……从中商、晚商直到西周时期，铜觚腹部越来越细，口沿外侈成喇叭状，高大精美者饰通体的扉棱。如果仍用其饮酒，要做到酒不外溢尽饮到口中，几乎是不可能的……殷墟到西周早中期之时的铜爵、觚最主要的功能是'礼器'，用于各种祭祀、礼仪场合，许多功能都是象征性的。"[38]

"觚"形器上有独立的目纹，而且用于裸礼。如果回到"六彝"的语境，鸡彝、鸟彝、虎彝、蜼彝都是"鸟兽尊"或"鸟兽纹尊"，斝彝器形已经明确，那么，剩下的用作裸礼的"黄彝"只能是前面提到的用作裸礼的"内史亳同"这一类酒器——至少在逻辑上应该如此吧。

各种"同"字形的尊，如何尊（图 2.8），以及尊的变体"觚"，应该最接近裸礼中的"黄彝"——何尊上的铭文也提到了裸礼。

2.7-1 内史亳同

2.7-2 内史亳同铭文拓片

【38】 何毓灵、马春梅：《试论妇好墓"铜尺形器"的功用——兼谈商周青铜爵、觚的使用》，《文物》，2016 年第 12 期第 56 页。

2.8-1 何尊，西周早期

2.8-2 何尊铭文拓片

释文：

唯王初迁宅于成周，复禀珷王礼祼
自天，在四月丙戌，王诰宗小子于
京室，曰：昔才在尔考公氏，克逨
玟王，肆玟王受兹大命，唯珷王既
克大邑商，则廷告于天，曰：余其
宅兹中国，自兹乂民，呜呼，尔有
唯小子亡戠，视于公氏，有勋于天，
彻命，敬享哉，叀王恭德裕天，顺
我不敏，王咸诰，何锡贝卅朋，用
作□公宝尊彝，唯王五祀。

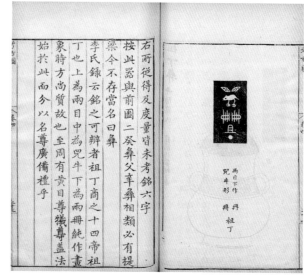

2.9（1-2）"祖丁彝"及释文

　　以上是笔者对"黄目"的粗糙猜想，其问题的核心还是"黄目"图案，宋代吕大临（1040-1092）在《考古图》中著录了一件"祖丁彝"，其释文中说"上为两目，中为兕牛，下为两册，纯作画象，时方尚质故也。至周有黄目尊、牺尊，盖法始于此，而分以名尊，广备礼乎"（图2.9）。[39]

　　尊、彝上的黄目，是刻人目为饰，寓意为提前查知鬼神的降临。夸张地讲，黄目尊或许仅指有眼睛图案的瓢形酒器，而"黄"或有可能是指制作的工艺，即器物整体呈金黄色（图2.10）。《礼记·郊特牲》中说："黄目，郁气之上尊也。"孔颖达疏："祭祀时列之最，在诸尊之上，故云上也。"关于黄目尊"察知神明"的含义，唐代裴度《黄目樽赋》即有非常好的说明，我们不妨读一下全文：

　　黄目樽赋
　　（以"清庙之气，所以礼神"为韵）

---

【39】吕大临提到的"两目"，在薛尚功和黄伯思那里被释为"瞿"字，但《宣和博古图》对此进行了质疑，称"商器以父铭者多矣，瞿则莫详其为谁"。《西清古鉴》卷十五卣一：商瞿卣一条，则引《竹书纪年》注，定瞿为武乙之名——这种解释，或许忽视了上古社会图像存在的独立意义，这一类问题，可参阅杨晓能：《另一种古史：青铜器纹饰、图形文字与图像铭文的解读》，生活·读书·新知三联书店，2008年。

2.10 父乙觚，西周早期

圣人之制祭也，因物达情，比象配类。尽内心之享礼，定黄目之彝器。居樽之上，察神之至。黄其色，保纯固于中央；目以名，洞清明于幽邃。将以赞禘祫，报天地。成形而百代犹传，遍祭而万灵具醉。懿夫周礼尽在，殷荐孔明。郁岂馨而外达，湛醴华而内清。濩落为用，昭彰表诚。自可配于龙勺，焉取侍于兕觥。当其霜露盛时，金石奏庙。告虔之始，在物居要。动明酊而曼醑腾光，澄旧污而圆规纳照。且《礼经》所纪，象设有以。首瑚琏之序，助宗庙之美。体含宏，足擎跽。从祝之献，而如鼎之峙。精气皎于外饰，黄润艳于通理。严敬而挹，且见夫爵盈；明德之歆，讵闻乎蠡耻。若乃笾豆并置，陶匏共陈。亦可以备观光之祭法，摅素怀于蜡宾。酌其中，谅明明之取义；华其皖，将属属以交神。至于夜燎之时，宿设之所。含霜若丽夫金质，导气更宜夫桂醑。自合礼于宗彝，匪齐名于杜举。是知纯嘏将降，明禋在兹。达臭阴于勿勿，驻灵驾之偲偲。尚礼然也，明王用之。方今乐和同，礼无体。粢盛式务，郁器光启。客有习于声诗，愿奉樽而观礼。【40】

　　裴度的赋文，值得我们重视，在古典文化中，诗赋一类代表的是"活的传统"。

　　黄目尊和牺尊为《周礼》所设定，带有极强的"观念性"。可以想见，这类器物在形制、纹样上必然会延续殷商同类器物的信息，而殷商器物的固有意义同时也会叠加、附着到周人的礼器上。如此一来，"观念"和用以表达观念的器物之间就存在着一种紧张关系。比如，依照《周礼》或汉儒对《周礼》的解说，黄彝上的目纹应该是"人目"，但实际存在的各类礼器中，都是人目、兽目、"神目"混用，夏、商时期久已流行的各种目纹在周代觚、甒一类礼器中同时存在。其实，汉以后的学者对"黄目"的解读存在着许多困惑。之所以有千差万别的解释，还是因为各类实物和头脑中的观念难以准确对应。宋儒也是如此，翟耆年《籀史》中提到，徽宗政和癸巳，"获黄目尊于浚都"，从这个被特殊记录的事件可以推想观念与图像准确匹配的难度。在西方，早期基督教美术大量沿用了古罗马的异教图像，给观看者、研究者带来的也是同一种困惑。更复杂的是，所谓的黄目尊，必然是周天子及少数诸侯所使用的特殊礼器，标本似的黄目尊数量极少，否则就是僭越，就是礼崩乐坏，"八佾舞于庭"。古经师或现代考古学者想要准确地"捕获"

---

【40】（清）董诰辑《全唐文》卷五百三十七，清嘉庆内府刻本，第3页b至第4页b。

黄目，这是很困难的。罗马城恢宏壮丽，但世上只有一个罗马，"黄目尊"也是如此。

近代以来，西方学者对中国青铜器中"黄目"及"饕餮纹"亦产生过兴趣，所给出的解释恰好反映了西方艺术史学科成立之初所秉持的"一元论"气质。

蔡元培曾提到过的德国美术史家"侯耳氏"——希尔特（Friedrich Hirth）在《论中国艺术中的外来影响》（*Über fremde Einflüsse in der chinesischen Kunst*）中，援引《西清古鉴》中的饕餮纹做了一个判断："在依据古代献祭仪式的目的而发展起来的某些形式的器物上，我们发现了某些反复出现的装饰，决不能宣称它们借用自一个更早期的外来文化，正是由于那个缘故，必须认为这些装饰是真正的中国的。有这样一种装饰以一种风格化的、类似猫科动物的作怪相的面具的形式出现在所有这些器物的较大一面，它是怪物饕餮的再现，暴食的象征，它的出现是要告诫他否则会面临什么，以此提醒圣器的主人保持俭朴的生活。"

然而，维克霍夫（Franz Wickhoff，1853-1909），却给出了截然相反的解释，他说："希腊的眼形花瓶，它们的倾斜的眼睛类似于东方脸型的眼睛，因此完全可能对中国人很有吸引力。于是中国人在每一个条纹中都画进了这双眼睛，用波曲纹填充表面……眼形花瓶同样表明了这种文化传播所发生的时代：它们可追溯到公元前6世纪下半叶，在这个时期雅典土陶器出口处于显著的高潮。"维克霍夫接下来的判断更令人吃惊："希腊器皿的大量出口也引起了西方的伊特鲁里亚艺术的风格变化，在东方产生了中国艺术。倘若现在我们在对中国的全面考察的过程中，在那里和在意大利一样发现了黑像花瓶的碎片，这并不会令我惊讶。因此是雅典艺术长驱直入传到中国，赋予这个遥远的民族以风格。"在这里，我们只要说两点事实，就足以对维克霍夫奔放的想象力加以约束，一是中国迄今没有"和在意大利一样发现了黑像花瓶的碎片"，二是中国青铜器"黄目""饕餮"纹样出现的时间要远远早于公元前6世纪下半叶，也就是说，希腊的眼形花瓶完全是"黄目""饕餮"纹样的变体，以至"它们的倾斜的眼睛类似于东方脸型的眼睛"。

前引希尔特、维克霍夫的文字均出自维克霍夫《论艺术普遍进化的历史一致性》，[41]正是在这篇文章中，维克霍夫提出了世界艺术史研究的纲领——

---

【41】 Franz Wickhoff, 'On the Historical Unity in the UniversalEvolution of Art' (1898), from *German Essays on Art History*, edited by Gert Schiff, translated by Peter Wortsman, New York, 1988. 中文译文均采自范景中主编：《美术史的形状》，中国美术学院出版社，2003年，第261-264页。

与当代英国艺术史家约翰·奥尼恩斯（John Onians）截然相反的纲领——即，人类视觉艺术的创造具有历史的统一性，西方艺术与远东艺术具有共同的源头，都可以追溯到希腊艺术，"现代文明民族的艺术都可直接追溯到希腊人，他们的影响遍及四面八方。这也解释了美术史中最奇特的现象之一，不断重新出现的复兴时期。由于艺术都来自一个共同根源，在它的各分支中一定保存着许多原来形式，以致到处都可发现失去的线索，靠着这些线索，重新发现的以往时期的残余就可以与目前的艺术技巧联系起来"。

我们知道，维克霍夫和他的同事李格尔（Alois Riegl，1858-1905）秉持相同信念，而后者在日本和中国的影响要更大。[42] 当然，李格尔或关卫的译文在中国也激起了反弹，民国时期中国美术史研究者普遍谈论的"东西艺术两源头论"就是一个例证——潘天寿后来还发展出了东西艺术"两高峰论"，并直接影响了新中国的美术教育。

维克霍夫和李格尔之所以有这样的论断，这其中有两个原因，一是他们所面对的、世界范围的民族文化比较所带来的精神压力；二是19世纪德国学者普遍存在的建立一般性原则的冲动。英国史学家古奇在《19世纪历史学和历史学家》提到，对于19世纪的西方人来讲，古代东方的"复活"是最激动人心的历史事件。透过"东方学"，西方学者意识到，希腊和罗马并非西方历史的起点，而是一系列成熟的东方文明的继承者。他们在埃及、两河流域、印度和中国的古代文明中找到了西方文明的源头和发展的动力，这个发现被称作"东方文艺复兴"。[43] 东方文艺复兴标志着新古典主义时期的终结，而对东方的再发现恰恰也是西方现代文化的起点。维克霍夫、李格尔正是在这样一个大的语境下挺身而出，对浪漫主义史学思想进行反驳，排斥西方艺术的东方起源、埃及起源理论，而且，李格尔从自己的研究经验出发，认为东方装饰绝大部分都是"希腊语词根的派生词"。

在艺术史学科草创时期，德语世界的学者也在努力确立一个普遍的艺术或艺术史原则，一个以希腊艺术为标准的原则。通过迈克尔·波德罗的著作《批判的艺术史家》，我们可以充分领略德语世界的美术史学者在这方面成就。当然，对非西方世界而言，这一原则同时也意味着艺术一元论，意味着要按照普遍的"美的原则"、艺术分类和发展原则书写本民族的艺术史。

---

【42】 参阅〔日〕关卫：《西方美术东渐史》，熊得山译述，商务印书馆，1936年。

【43】 古奇（George Peabody Gooch，1873—1968）：《十九世纪历史学与历史学家》，商务印书馆，1989年。

暂且停止关于"黄目""饕餮"的讨论。前文�😊到,自《三礼图集注》问世后,各种批评意见其实一直在延续。南宋赵彦卫在《云麓漫钞》中继续对《三礼图》中的"爵"与"牺象尊"做了批评:

> 《三礼图》出于聂崇义,如爵作雀背承一器;牺象尊,作一器,绘牛象。而不知爵三足,有雀之仿佛,而实不类雀;牺象皆作牛象形,空其背腹,以实酒,今郊庙尽用此制。而国子监所画,与方州所用,则从崇义说,不应中外自为差殊。【44】

绍熙间,赵彦卫曾宰乌程县,宁宗庆元初前后尚在世。除了批评《三礼图》,他还直接点明了帝都郊庙与郡县方州所用礼器的巨大差别。《三礼图》与后来的《绍熙州县释奠仪图》都是地方州县用以普及礼制,制作礼器、祭器的工具书,按照这些礼书制作的礼器,形制荒率简陋,与依照真实的古器物设计制作的帝都郊庙礼器无法相提并论。

《三礼图》中的礼器,基本上只有一个设计思路,即把不同的图案"粘贴"在同一器型上(见章首图)——牛图案就是牛鼎,羊图案就是羊鼎,豕图案就是豕鼎。其余也是大同小异,画上禾稼就是稼彝,画上牛就是牺尊,画上象就是象尊,画上鸡就是"鸡彝",画上蛤蚧就是"蜃鼎",觯、角、散(斝)几乎毫无区别,只有"爵"例外,按照字音通假的方法设计成了一只麻雀。牺象尊的例子则更为明显,早在南朝梁时期,此事就已有过讨论。以聂崇义这样的饱学儒臣,不可能对此一无所知。

簋、敦的问题,其实也是一目了然。在聂崇义《三礼图》中"画敦与簠簋皆作小龟,以为盖顶",这种做法其实与郑玄无关,甚至违背了郑玄注疏的原意。比如,在评论《三礼图集注》时,《四库全书总目提要》中便说:

> 然勘验《郑志》,玄实未尝为图,殆习郑氏学者作图,归之郑氏欤?今考书中宫室车服等图,与郑《注》多相违异。即如《少牢馈食》"敦皆南首",郑《注》云:"敦有首者,尊者器饰也。饰盖象龟。周之制,饰器必以其类。龟有上、下甲,此言敦之上下,象龟上下甲。"盖者意拟之辞,而是书敦与簠簋皆作小龟,以为盖顶。是一器之微,亦失郑意。【45】

---

【44】(宋)赵彦卫:《云麓漫钞》卷四。

【45】(清)永瑢等:《四库全书总目提要》卷二十二,经部二十二。

刘敞曾经在长安扶风得到一件"煮簠"，欧阳修对其铭文和器形做了记录：

> 右《煮簠铭》曰："叔高父作煮簠，其万年子子孙孙永宝用。"原父在长安得此簠于扶风。原甫曰："簠容四升，其形外方内圆而小墰之，似龟，有首有尾有足有甲有腹。"今礼家作簠，亦外方内圆，而其形如桶，但于其盖刻为龟形，与原甫所得真古簠不同。君谟以谓礼家传其说，不见其形制，故名存实亡，原甫所见可以正其缪也。[46]

作为古物，敦和簠的真实形态是外形像龟，呈圆形，有上下两部分，一如龟的背甲和腹甲，而不是有龟形的器盖。聂崇义《三礼图》中的"簠"与"敦"都是桶形，而且"其盖刻为龟形"。不仅如此，连尊一类器物也都是桶形。

《三礼图》或《六家旧图》怎么可能有这么多错误呢？这样的问题，我们只能换个角度来寻找答案。汉代以后，儒生通过释读经典重新恢复了古代的礼仪，如叔孙通《汉礼器制度》取法于周，郑玄的《三礼图》则依循叔孙通成例，[47]但不管怎么讲，汉以来的经师对三代文化的重构在很大程度上还是带有想象成分。汉儒的礼学研究经验，与其说是在寻找事实，还不如说是在寻找信仰，这种信仰最终以一种规范化的图形在后世礼书中流传。如果说《三礼图》中存在大量的"错误"，那也是一种长久存在的、延续了千余年的"错误"——因为汉代人使用的可能就是这样一种简陋的礼器，而非气象恢弘的三代礼器而唐恭陵哀皇后墓出土的"礼器"，更像是《三礼图》的早期实物模型。

退一步讲，礼学家梦想着回向三代，但真实的三代又是如何呢？三代之礼仪、礼器本身就有多种变化。作为历史研究对象，商周的祭祀礼器应该以可靠的、相对完整的窖藏为依据，并且还要根据具体的使用环境、情境加以重构，不能简单地以特殊时期出现的"六尊、六彝"，或天子之器为"标准器"，裁定所有的出土实物。[48]汉代学者对礼器的理解与设计更多是停留

---

【46】（宋）欧阳修：《集古录跋尾》卷一，第9页a、b。

【47】（清）姚振宗：《汉书艺文志拾补》卷一（民国浙江省立图书馆铅印师石山房丛书本，第16页a）："《周礼－凌人》疏：'《礼器制度》，叔孙通前汉时作，多得古之周制，故郑君注礼依而用之。'"

【48】西方学者的古物研究也面临过同样的问题。和罗马城残留的气势恢宏的古迹、精彩绝伦雕像相比，在赫库兰尼姆古城和庞贝古城的考古发现中出现历史遗物却是另外一种气象，所反映的信息更为世俗化、生活化，或根本无法用"高贵的单纯、静穆的伟大"这一类词语加以描述，瓦尔堡对古典文明的焦虑感，对文艺复兴中的"蛮族"因素的惊愕，也是同类问题。

在"信仰层面",宋代学者大量接触出土实物,但他们对古器物的命名依然不免投射与猜想的成分。现代学者有考古的经验和能力,但已失去了复兴古礼的热情和兴趣。

《三礼图》不完全是"旧图",它还有很多新意。这新意只服务于一个目的,即有效地建立一套简便易行、"达古今之宜"的图像谱系。宋太祖在面对旧日帝室贵胄所习用的礼器,本身就带有一种复杂、矛盾的情感——一方面是陌生、轻视的态度,另一方面又表现出强烈的好奇心和热情。《宋史》列传第一百九十儒林一记载,建隆三年(962,按《直斋书录解题》记录为建隆二年)四月,当聂崇义献上《三礼集注》时,太祖:"览而嘉之,诏曰:'礼器礼图,相承传用,浸历年祀,宁免差违。聂崇义兴事国庠,服膺儒业,计寻故实,刊正疑讹,奉职效官,有足嘉者。崇义宜量与酬奖。所进《三礼图》,宜令太子詹事尹拙集儒学三五人更同参议,所冀精详。苟有异同,善为商确。'五月,赐崇义紫袍、犀带、银器、缯帛以奖之。"【49】但宋人邵伯温(1056-1134)《邵氏闻见前录》卷一却有一则更有趣的记载:

太祖初即位,朝太庙,见其所陈笾豆簠簋,则曰:"此何等物也?"侍臣以礼器为对。帝曰:"我之祖宗宁曾识此!"命撤去。亟令进常膳,亲享毕,顾近臣曰:"却令设向来礼器,俾儒士辈行事。"至今太庙先进牙盘,后行礼。康节先生尝曰:"太祖皇帝其于礼也,可谓达古今之宜矣。"【50】

事实证明,真正对礼学起到普及作用的也正是聂崇义的《三礼图》和后来的《释奠仪图》。宋代有了金石学,有了《博古图》,但礼器的制作还是慢慢回到了礼图的旧路,精美的陶瓷、铜仿古礼器渐渐被用作玩好之具,服务于美好的人间社会。

如赵彦卫观察到的那样,皇家郊庙显然不肯使用依据《三礼图》和后来的《释奠仪图》制作的粗陋的礼器,并锐意依照真实的古礼器进行改良,但这与地方州县关系不大。在地方州县,某些礼器的真实面目更接近于葬礼中使用的明器。

---

【49】(元)脱脱等:《宋史》卷四百三十一,列传第一百九十儒林一。

【50】(宋)邵伯温:《河南邵氏闻见前录》卷一,《丛书集成初编》本,商务印书馆,1939年,第4页。

## 三 礼制局与新的礼器范式

### 礼制局

《三礼图集注》问世之后，在整个北宋不断受到指责。批评者既有仁宗时代沈括这样精通天文、历法的司天监官员，也有徽宗时期翟汝文这些参与"议礼"的儒臣。其情形正如《四库全书总目提要》所称："沈括《梦溪笔谈》讥其牺象尊、黄目尊之误。欧阳修《集古录》讥其簠图与刘原甫所得真古簠不同。赵彦卫《云麓漫钞》讥其爵为雀背承一器，牺象尊作一器绘牛象。林光朝亦讥之曰：'聂氏《三礼图》全无来历，谷璧则画谷，蒲璧则画蒲，皆以意为之。不知谷璧止如今腰带銙上粟文耳。'"【51】

《三礼图集注》自面世那一刻起就不断引起争议，【52】但我们也要看到，正是因为有了《三礼图集注》，宋代学者才有了可以讨论的"知识平台"，而且也正是在这样的争论中，宋代迎来了古器物研究的新高峰。

王国维曾说：

> 刘敞序其所撰《先秦古器图》，言攻究古器之法曰："礼家明其制度，小学正其文字，谱牒次其世谥，乃为能尽之。"故宋考订古器物之外，可分为文字、形制、事实三项论之。……至形制之学，实为宋人所擅场，凡传世古礼器之名，皆宋人之所定也。曰钟、曰鼎、曰鬲、曰甗、曰敦、曰簋、曰簠、曰壶、曰尊、曰盉、曰盦、曰盘、曰匜，皆古器自载其名，而宋人因以名之者也。曰卣、曰罍、曰爵、曰觚、曰觯、曰角、曰斝，于古器铭词中均无明文，宋人但以大小之差定之，然在今日，仍无以易其说。【53】

宋代学者依据出土实物明确了古物的形制和称谓，并通过著录性图谱加以确认。对于古老的礼书而言，这是一次视觉上的解放，无论是礼书的释读，还是仿古礼器的制作都得到了视觉经验的辅助。这种进步，在故宫博物院藏南

---

【51】《四库全书总目提要》卷二十二，经部二十二。

【52】（宋）李焘：《续资治通鉴长编》卷二（文渊阁《四库全书》本，第10页 a、b）记载："初，周世宗命国子司业、兼太常博士洛阳聂崇义详定郊庙器玉，崇义因取三礼旧图，考正同异，别为新图二十卷，丙寅来上，诏加褒赏，仍命太子詹事汝阴尹拙集儒臣参议。拙多所驳难，崇义复引经解释，乃悉以下工部尚书窦仪，裁处至当，然后颁行。"

【53】王国维：《宋代之金石学》，载王国维《静庵文集》，辽宁教育出版社，1997年，第211页。

宋无款《女孝经图》（事姑舅章）（图2.11）中可以得到生动的验证，画中男女主人公面前摆放的食器其实是古色古香的小型礼器——这显然不是真实的日用品。从思路或趣味上讲，这与文艺复兴时期意大利艺术家依据古罗马墓葬雕刻或各类英雄像、神像为现实世界人物绘制肖像的做法颇有暗合之处。

　　宋代的古器物研究，得益于儒士对古经、古史的讨论。在徽宗时期，这一类讨论变得更为热烈、急切。而且，徽宗本人也一直酝酿制作更为古典的"新式"礼器，借以改变汉唐以来伪讹乖陋的祭器形制。

　　徽宗朝的"议礼"和"作器"，其事经始于大观初年，之后一直延续到政和、宣和时期。最初是设议礼局修礼书，之后是设礼制局作器，其间不断诏求三代古器，编订古器图谱，以取代《新定三礼图》的旧有图样，"政和礼器"的出现则为此事画上了一个完美的句号。

　　大观初年（1107），徽宗设置议礼局，主要任务是编订新礼，以取代《开元礼》，宋徽宗有《改正礼制御笔》，称：

> 礼自汉以迄隋唐，其所存法，稽诸先王而不合，考于义理而不当，不足取法……礼当追述三代之意，适今之宜，《开元礼》不足为法。[54]

　　《政和五礼新仪》成书之后，徽宗遂罢除议礼局，改设礼制局。其主要功能是筹措制作新式仿古礼器。政和三年七月己亥，徽宗颁《置礼制局讨论古今礼制沿革诏》，称：

> 礼以辨上下，定民志。自秦、汉以来，礼坏不制……比裒集三代鼎、彝、簠、簋、盘、匜、爵、豆之类凡五百余器，载之于《图》，考其制而尚其象，与今荐天地、飨宗庙之器无一有合，去古既远，礼失其传矣。祭以类而求之，其失若此，其能有格乎！诏有司悉从改造。宫室、车服、冠冕之度，昏冠、丧葬之节，多寡之数，等衰之别，虽尝考定，未能如古，秦汉之弊未革也……可于编类御笔所置礼制局，讨论古今沿革，具画来上。朕将亲览，参酌其宜，蔽自朕志，断之必行，革千古之陋，以成一代之典，庶几先王，垂法后世。[55]

---

【54】（宋）郑居中等：《政和五礼新仪》卷首，文渊阁《四库全书》本，第14页a。

【55】宋徽宗政和三年七月己亥《置礼制局讨论古今礼制沿革诏》，收入（宋）杨仲良《皇宋通鉴长编纪事本末》卷一百三十四，清抄本，第1页a、b。

2.11 《女孝经图》（《事舅姑章》）（局部），南宋，无款，绢本设色，纵 43.8cm，横 68.7cm，故宫博物院藏

徽宗设置的礼制局，一项重要工作就是"讨论古今沿革，具画来上"，诏书中提到的"《图》"，就是依据内府收藏的"五百余器"而编订的《宣和殿古器图》，"诏有司悉从改造"即仿效《宣和殿古器图》样式，重新设计礼器。这批新设计出来的礼器即"政和礼器"。翟汝文曾经为几件政和礼器题写过铭文——政和洗、簠（三器）、簋（二器）、鸡彝（二器）、豆铭（三器）、明堂牺尊款识、圜丘牺尊款识、山罍铭（三器）、景钟铭。【56】南宋时期，翟汝文之子翟耆年也曾为高宗"纪宝十有二"，做过类似的题铭。

宋代的复古礼器，器名皆本于《三礼》中的簠、豆、簋、簋、尊、罍、鼎、彝、爵；或《周礼·司尊彝》中的六尊（牺尊、象尊、著尊、壶尊、大尊、山尊）、六彝（鸡彝、鸟彝、斝彝、黄彝、虎彝、蜼彝）、六罍（牺罍、象罍、著罍、壶罍、大罍、山罍）。而器形则根据《博古图》，以及古器铭文中的"自名"加以确认。但这也经常出现误解，古器的"自名"有时候是"共名"，有时为"专名"，且器物的形状和纹样亦变化多端，文献记载中的"牺象虎兕""鸡鸟凤蜼"，说的究竟是器形还是纹样，往往令儒臣费解——徽宗时期，黄伯思和董逌供事于秘阁，他们的《东观余论》和《广川书跋》就多次讨论过此类问题。后文"政和牛鼎"部分将具体讨论徽宗时期仿古礼器的制作细节。

### 牛鼎——一件幸存的政和礼器

徽宗曾主持修改"开元礼"，编《政和五礼新仪》，书成之后，徽宗遂设礼制局，仿效《宣和殿古器图》样式，制作新式仿古礼器，即"政和礼器"。"大晟钟""政和鼎""政和牛鼎"是流传到今天的几件政和礼器。

靖康之变后，"牛鼎"曾流入金营。蔡绦在《铁围山丛谈》中说：

俄遇僭乱，侧闻都邑方倾覆时，所谓先王之制作，古人之风烈，悉入金营。夫以孔父、子产之景行，召公、散季之文辞，牛鼎象樽之规模，龙瓶雁灯之典雅，皆以食戎马、供炊烹腥鳞，湮灭散落不存。文武之道，中国之耻，莫甚乎此。【57】

---

【56】翟汝文《忠惠集》卷十、（清）孙诒让《古籀拾遗》所附《宋政和礼器文字考》。孙诒让据《忠惠集》《政和礼器铭》十七篇，考证出所谓传世文物中有六件是政和礼器。

【57】（宋）蔡绦：《铁围山丛谈》卷四，第25页b。《铁围山丛谈》四库全书收录本相关内容为："俄遇丧乱……十鼎象樽之规模，龙瓶雁灯之典雅……莫甚乎此……""十鼎"当为"牛鼎"误笔。

蔡绦提到的"牛鼎",可能是指吕大临《考古图》中著录的"牛鼎"（图2.12），或政和年间仿效古鼎而制作的"牛鼎"——铸于政和甲午年（政和四年，1114）。有趣的是，"政和牛鼎"自明代出土以来一直流传到今天，为我们考察政和礼器提供了一个绝佳案例。[58]

明朝弘治年间，此"牛鼎"在河北丰润文庙被发现，《钦定日下旧闻考》卷一百四十四"京畿附编（玉田县丰润县）"记载：

丰润县治内有古鼎一，弘治间土人凿井得之，重五百斤，圜腹弇口四足，足上为牛首，下为牛蹄，款志甚古，一时莫能识。鬻古者谓是商鼎云。[59]

此后，这件牛鼎一直被称作"丰润牛鼎"，或"丰润学宫古鼎"。清代徐珂（1869-1928）编《清稗类钞》鉴赏类有"丰润学宫有古鼎"条，描述了清代学者对此件器物的考证活动，文如下：

康熙时，方朴山大令粲如宰丰润，著《浭阳杂兴》诗，中有"赝鼎摩挲学舍昏"之句。自注云："学宫古鼎，为某家师以赝者易之。"程瑶田言："余验是鼎，青绿透入铜质中，非近人所能赝造。且宋时于古铜器，皆磨治之，涂以蜡，今之鉴古者名曰宋磨蜡也。是鼎翡翠朱砂瘢，与铜质均平若一，殆经宋时磨治者欤？其铭乃六朝人追仿古篆，不能如秦、汉之古，所固然也。朴山但据谣谚云云，未之深考耳。"丰润县牛鼎，重五十五斤，两耳三足，承鼎腹处为牛首，足末为牛蹄，故铭曰牛鼎。《县志》谓明掘土得之。铭辞四十一字，有"甲午八月丙寅"及"宋器"字，适与刘宋孝武帝孝建元年为甲午，八月二日为丙寅相合。先是，汪翰林师韩推求史鉴，谓鼎当铸于赵宋政和年，疑有误。[60]

---

[58] 宋末陈世崇《随隐漫录》抄录了一条材料，称："绍兴初，有献鼎于行都，上赐白金三千两，赐三茅观。高一尺三寸有思，两耳旁出，三足与首皆牛半，腹外周纹如篆籀，腹内篆铭曰：'维甲午八月丙寅帝若稽古肇宋鼎审厥象作牛鼎格于太室从用享亿万宁神休惟帝时宝万世其永赖。'乃宋孝武孝建元年八月二日肇作以享太室者。"见（宋）陈世崇：《随隐漫录》卷五，明тать海木，第5页a。清人孙诒让引用此条材料，并结合《西湖游览志》，质疑牛鼎出自宋孝武帝时代的说法。参阅孙诒让：《古籀拾遗》卷上，清光绪十四年自刻本，第5页。

[59] 《钦定日下旧闻考》，北京古籍出版社，1983年。转引自周景宝：《河北丰润牛鼎及石幢》，《档案天地》，2015年第12期，第60页。更详细的考证，亦请参阅此文。

[60] （清）徐珂：《清稗类钞》（第9册），中华书局，1986年，第4331页。

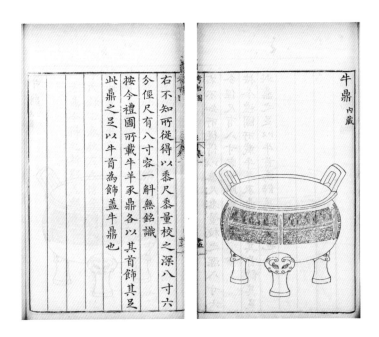

2.12 "牛鼎"

2.13 政和牛鼎，高 50cm，口径 52cm，河北博物馆藏

"丰润学宫牛鼎"一直留在河北，日寇侵华时期，"丰润牛鼎"被埋入地下，战后重返人间，并于 1953 年被上交河北省政府，之后一直收藏在河北省文物保护中心。2013 年 9 月 27 日至 2014 年 1 月 5 日，在河南省博物院举办的"中国鼎文化"展览中，"牛鼎"赫然在列（图 2.13）。

河北省文物保护中心的"牛鼎"，鼎腹有铭文四十一字，乾隆四十年十二月十六日，程瑶田著《记丰润县牛鼎呈朱竹君翁覃溪两太史》一文，对牛鼎铭文作了考证，并手摹铭文，其内容是：

> 惟甲午八月丙寅。帝若稽古，肇作宋器。审厥象作牛鼎，格于太室，迄用享，亿宁神休，惟帝时宝，万世其永赖。

程瑶田最初称此牛鼎为"宋器"，这个宋指的是"刘宋"，因为"甲午八月丙寅""适与刘宋孝武帝孝建元年为甲午、八月二日为丙寅相合"。[61] 后来，乾隆五十七年（1792），程瑶田又称"肇作宋器"应为"肇作宝器"，并作《考定丰润牛鼎非宋器记》，认为"丰润牛鼎"既非刘宋年间，也非赵宋时代的器物。[62]

《金石索》亦著录了"政和牛鼎"铭文，并作了考证，但未著录器形。针对铭文中的"惟甲午八月丙寅"，《金石索》中的考证文字称："惟北宋得三甲午，此盖徽宗之政和四年，其丙寅则八月之二十三四日也。其时诏求天下古器，更制尊爵鼎彝之属。"[63] 针对铭文中的"宋器"，《金石索》称："惟铭中宋字或释作宗。"

总体来看，铭文中"惟帝时宝"已经有一个"宝"字。程瑶田据薛尚功《钟鼎彝器款识法帖》释"肇作宋器"为"肇作宝器"，则两个宝字写法不一，总是令人生疑。

除了清代学者，今人李零先生在《铄古铸今》一书中也专门提到过这件器物。[64] 另外，台北故宫博物院藏《集古名绘》册内有传刘松年《博古图》（图 2.14），画面右上角书案上摆放一尊古鼎，器形与这件"牛鼎"类似。

---

【61】《通艺录·解字小记》，载（清）程瑶田撰、陈冠明等校点《程瑶田全集》（第 2 册），黄山书社，2008 年，第 531 页。

【62】同上，第 535 页。

【63】（清）冯云鹏、冯云鹓：《金石索》"金索一"，双桐书屋藏板清道光十六年（1836）跋刊本。

【64】李零：《铄古铸今：考古发现和复古艺术》，第 88 页。

2.14 （传）刘松年《博古图》

孙诒让在《宋政和礼器文字考》中提到，南宋人已经辨认不出政和 "牛鼎"
和 "钦崇豆"，认为是 "刘宋间物" 和 "商代之物"。【65】以此来看，南宋
人显然看到并研究过这件器物，所以刘松年也有可能画过这件作品。只不
过，我们看到的这件托名刘松年的画作是一件仿品，想来它应该有南宋的
底本。

---

【65】（清）孙诒让：《宋政和礼器文字考》，《续修四库全书》本，上海古籍出版社，2002 年，第 243 册，第
520-530 页。

　　"牛鼎"在吕大临《考古图》中有著录，称"内藏""不知所从得，以
黍尺黍量校之，深八寸六分，径尺有八寸，容一斛，无铭识"。【66】从名称上看，
这件"牛鼎"应该是政和"牛鼎"的原型。当时，曾有"工官"拿着"牛鼎"
的图样请教董逌，董逌做了回答，所提到的信息也是指向吕大临《考古图》
中著录的"牛鼎"：

　　牛鼎无铭识，昔内府出古器，使考法定制。工官图其状求余识之。曰：
深八寸六分，径尺有八寸，其容一斛，刻文涂金，世不知所本。乃考礼图，
图有牛鼎、羊鼎、豕鼎，其足以牛、羊、豕为饰，可以得其名矣。鼎足尽为
牛首，知其为牛鼎也。荀爽曰：鼎象三公之位，上则调和阴阳，下则抚育百
姓，牛鼎受一斛，天子饰以黄金，诸侯白金。三足以象三台，足上皆作鼻目
为饰……至于牛鼎，大鼎也，惟天子诸侯有之。其饰以金者，天子器也，以
爽说考之合矣，其三代之所用也。【67】

　　查考《博古图》，我们却找不到"牛鼎"。与吕大临"牛鼎"相近的器
物是"周兽足鼎"，共有三件（图2.15），无铭文，但记录的尺寸与吕大
临不符；复查《博古图》，与河北省博物馆"牛鼎"器形最接近的是"周晋
姜鼎"（图2.16-1、图2.16-2）。【68】

　　吕大临《考古图》中也有"周晋姜鼎"（图2.16-3、图2.16-4），【69】
称"《集古》作临江刘氏韩城鼎"，也就是说此器最早由刘敞收藏，欧阳修
著录，出土地点是韩城。《殷周金文集成释文》著录了"周晋姜鼎"，定为
春秋早期，其铭文为：

　　唯王九月乙亥，晋姜曰：余唯嗣朕先姑君晋邦。余不暇荒宁，经雍明德，
宣邲我猷，用召匹辝辟，每扬厥光烈，虔不坠。鲁覃京师，毕我万民。嘉遣我，
赐卤积千两，勿废文侯觐命。俾贯，通、弘，征繁阳雠，取厥古金，用作宝尊鼎，
用康柔绥怀远迩君子。晋姜用祈绰绾眉寿，作疐为极。万年无疆，用享用德，
畯保其孙子，三寿是利。【70】

────────────────

【66】《亦政堂重修考古图》卷一，（宋）吕大临撰，清乾隆十七年（1752）黄氏亦政堂校刊本，第15页b。

【67】（宋）董逌：《广川书跋》卷一，明津逮秘书本，第8页b至第9页b。

【68】同上，卷二，第6页a至第7页b。

【69】《亦政堂重修考古图》卷一，第6页a至第8页b。

【70】中国社会科学院考古研究所编《殷周金文集成释文》（第2卷），香港中文大学中国文化研究所，2001年，
　　　第392页。

2.15（1-3） 三件"周兽足鼎"

案《集古录跋尾》，对"韩城鼎"的铭文释读有刘敞、杨南仲两家：

> 右原甫既得鼎韩城，遗余以其铭。而太常博士杨南仲能读古文篆籀，为余以今文写之，而阙其疑者。原甫在长安所得古奇器物数十种，亦自为《先秦古器记》。原甫博学，无所不通，为余释其铭以今文，而与南仲时有不同。故并著二家所解，以俟博识君子……[71]

清《西清古鉴》也著录了"周晋姜鼎"，[72]铭文与《博古图》相关著录一致，但器形完全不同（图 2.16-5）——民国时期黄士陵还据此创作过一幅《周晋姜鼎》（图 2.16-6）。阮元《积古斋钟鼎彝器款识》卷四有"乙亥鼎"铭，称："草篆，可识者惟'王九月乙亥'及'乃吉金用作宝 尊鼎用孝享'等字，其余不可尽释。"[73]《全上古三代文》卷十三收录了"晋姜鼎铭"，在铭文小字注文部分，严可均称："又有新出土鼎，其铭阳文联绵纠结，人不能识，谓之草篆，谓之乙亥鼎，审视拓本，即晋姜鼎也。"[74]

---

【71】（宋）欧阳修：《集古录跋尾》卷一《韩城鼎铭》，第 4 页 a 至第 7 页 a。

【72】（清）梁诗正等：《西清古鉴》卷二，清乾隆时期内府刊本，第 13 页 a 至第 15 页 b。

【73】（清）阮元：《积古斋钟鼎彝器款识》卷四，清嘉庆九年（1804）阮氏刻本，第 41 页 b。

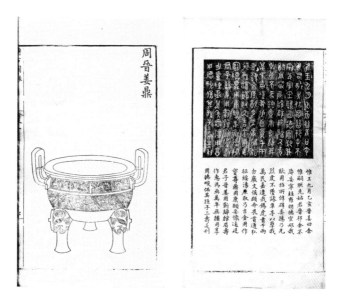

2.16-1、2.16-2 "周晋姜鼎"铭文、图形

2.16-3、2.16-4 "周晋姜鼎"铭文、图形

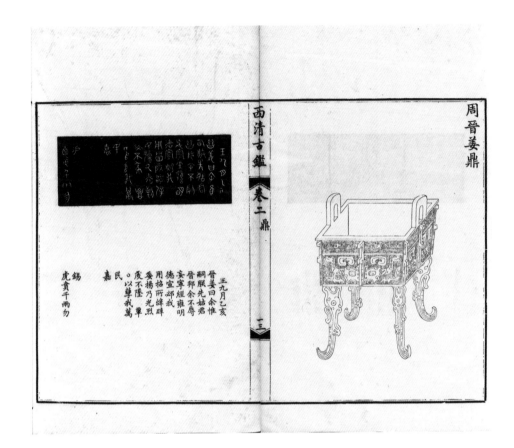

2.16-5 "周晋姜鼎"及铭文

阮元著录的"乙亥鼎",是一件伪器。同样道理,《西清古鉴》中的"周晋姜鼎"也不可靠。

这里有个关键词"草篆",特点是"联绵纠结,人不能识"(图2.16-7)。在复古、尚古的心态下,正如清代书法家王文治希望从"焦山鼎"中读出"楷法"一样,[75]清代的金石学家、书家总是希望能在篆籀古文字中找到草书的源头,以彰明浑厚的中锋。这件借用"晋姜鼎"铭文而做的草篆"乙亥鼎",极有可能是一件迎合金石学家、书家心理期待的伪器。

2005年8月至2006年10月,山西省考古研究所在山西省曲沃县史村镇羊舌村南的岭地上发掘了晋侯及其夫人"晋姜"异穴并列合葬墓。其中

<hr />

【74】(清)严可均校辑:《全上古三代秦汉三国六朝文》,中华书局,1958年,第93页。

【75】(清)王文治(1730-1802)《论书绝句三百首》开篇称:"焦山鼎腹字如蚕,石鼓遗文笔落酣。魏晋总教传楷法,中锋先向此中参。"

2.16-6 黄士陵绘《周晋姜鼎》彝器全形

M1 被推测为晋文侯墓，M2 则被
推测为文侯夫人晋姜墓。【76】晋文
侯死后不久，墓室即被盗掘。刘
敞说"晋姜鼎"出自韩城，这是
有原因的。

　　"晋姜鼎"涉及诸多重要的历
史事实，从形制上看，河北"丰润
牛鼎"仿自"周晋姜鼎"，而非吕
大临"牛鼎"，这一点应该是可以
确定的。类似的例子还有"宣和山尊"
（图 2.17-1），后者仿照的器形是"商
祖戊尊"（图 2.17-2）。【77】

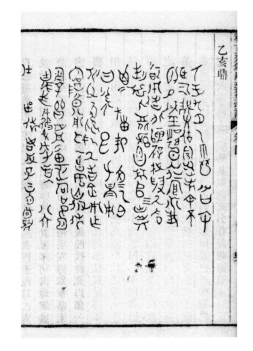

2.16-7　"乙亥鼎"铭文

　　《博古图》中没有"牛鼎"，
这完全可以理解。《博古图》不
是礼图，它可以为礼图和仿古礼
器提供参考，但本身却是对出土
器物的实录。吕大临《考古图》中的"牛鼎"是内府藏器，但他是如何得到
"图样"？是哪位"工官"绘制？其事已无法考订。从图形上看，他的"牛
鼎"应该和那三件"兽足鼎"有关。

　　宣和殿古器，除了专职绘图的"工官"，群臣其实也难得一见。那么，
董逌提到的"牛鼎"又该从何说起呢？他描述的"牛鼎"和吕大临著录的"牛
鼎"应该都是来自"工官"绘制的图样——颇似《重修宣和博古图》中的"周
兽足鼎"。"工官"把兽足画成"牛头"，可能是受了礼官的暗示。吕大临
和董逌则受了"工官"图画的暗示。

　　政和"牛鼎"在"周晋姜鼎"的基础上加了一个夸张而又逼真的牛头——
不是图案、浅浮雕，而是写实的圆雕，这也是一种智慧，但未必合于古法。
三代青铜器中，象形器绝大多数都是尊一类酒器，器形如犀、象、牛、羊、豕、
貘、凫、兔等，林巳奈夫对此有详细讨论，【78】这些器物具有极高的观赏性，

【76】吉琨璋、孙永和等：《山西曲沃羊舌晋侯墓地发掘简报》，《文物》，2009 年第 1 期，第 4–14 页。

【77】周铮：《宣和山尊考》，《文物》，1983 年第 11 期，第 75 页。

【78】〔日〕林巳奈夫：《神与兽的纹样学——中国古代诸神》，常耀华等译，生活·读书·新知三联书店，2009 年。

2.17-1 "宣和山尊"，内底5行26字："唯宣和三年正月辛丑，皇帝考古作山尊，龥于方泽，其万年永保用"，故宫博物院藏

2.17-2 "商祖戊尊"

整体器形类似雕塑，未必全是祭器、礼器，也非后世《礼图》所能规范。把一个逼真的牛头安在鼎足上，这是移花接木。

此外，三代铜器中还有一种象形手法，就是在器物纹样上进行设计。若主体形象为兽首，则器身、器腹为身体纹样。如果是"龙"，则为垂鳞纹；如果是饕餮，则为窃曲纹，如此等等。整个器身图案彼此呼应，是一个整体。这主要用于鼎一类器物，由于功能性太强，无法做成象形器物。如果从艺术史的角度观察，我们会发现文字、纹样和器形有时高度一致，平面的纹样甚至可以直接转换为立体的器型。

郑樵曾说：

祭器者，古人饮食之器也。今之祭器，出于礼图。徒务说义，不思适用。形制既乖，岂便歆享。夫制器尚象者，古之道也。器之大者，莫如罍，故取诸云山。其次莫如尊，故取诸牛象。其次莫如彝，故取诸鸡凤。最小者，莫如爵，故取诸雀。其制皆象其形，凿项及背以出内酒。惟刘杳能知此义，故

引鲁郡地中所得齐子尾送女器有牺尊，及齐景公冢中所得牛尊、象尊，以为证。其义甚明，世莫能用。【79】

汉以后的学者，由于深受礼书、礼图的影响，所以对三代古器形制和纹样的认识会产生严重的困惑。真正的三代古物，至少就铭文而论，绝无"牛鼎"二字，所谓"牛鼎"其实是礼学家对三代古物的想象。

《宣和殿博古图》的出现则多少突破了旧有礼图程式。不过，在《博古图》出现之后，古器物也开始呈现出两个意义系统：即具有象征意义的纯粹祭器，以及用于历史研究及艺术鉴赏的古物。这两者的分歧在宋以后一直存在，且相去日以远。祭器、礼器，有时候材质比较粗糙，其工艺水平接近明器。地方州县通用的祭器大多仿自礼图，或勉强参合了《博古图》的式样——《绍熙州县释奠仪图》就是一个例子。与此同时，用作玩好之物的仿古器物则制作精良，如果有真正的礼器出土，收藏者更会把它视为珍玩宝物，反复品鉴涵玩、摹图题咏。清代中期的"焦山鼎"及后期端方的"柲禁"组器都是我们熟悉的例子。

当然，我们这么关注"牛鼎"，也是因为它涉及了一个非常有趣的美术史问题，即观念与图像的不对称性。"牛鼎"是一个礼学家设想出的理想概念，为了实现这一概念，"政和牛鼎"的设计者在器身上半部分借用"晋姜鼎"，而后在器足部分构思出一个高度写实的牛头，以及两瓣同样真实的牛蹄甲，强化了牛这个意向。这个牛头非常突兀，和器身纹样并没有形式上的呼应关系，与三代古器物中频繁出现的、高度图案化的牛头绝非一类。

### "崇宁"——宣和时期的文化运动

徽宗喜功好事，对所要成就之事均兴致勃勃。以铸造九鼎为例，他先后下过《改鼎铭诏》《安置隆鼐八鼎事诏》《令礼制制造所铸鼐鼎诏》《复九鼎旧名诏》等诏书。工匠铸鼎时，他中夜起视，内心感慨起伏。而对于宫廷政务，徽宗又表现得反复无常，于是非曲直、忠邪善恶一直没有定见。例如，为了支持蔡京，他还两次亲手为"元祐党人碑"书写了"奸党"姓名。其后天垂异象，他又避开蔡京，让宦官深夜槌破石碑。

不过，在修礼书、做礼器这件事上，徽宗却是始终如一。《九朝编年备要》对徽宗"制礼作乐"的整个过程有完整的概括：

---

【79】（宋）郑樵：《通志》总序，文渊阁《四库全书》本，第10页a。

　　大观初，诏置议礼局于尚书省。二年，诏访求古礼器，又诏讨论臣庶祭礼。又诏言礼当追述三代之意，《开元礼》不足法。今亲制冠礼沿革，付议礼局，余五礼，视此编次，至是书成。又置礼制局，讨论古今宫室、车服、冠冕之度，冠昏、丧祭之节。时中丞王黼亦乞颁《宣和殿博古图》，命儒臣考古今之失。乃诏造礼器，自是鼎俎、笾豆之属精巧，始与古埒。【80】

　　"议礼局"设置于大观初年，但徽宗的整个"复兴礼乐"计划却开始得更早。从即位之初的崇宁年间，可能他就已经拿定了主意。徽宗在政和三年诏书中所说的"蔽自朕志，断之必行，革千古之陋"恐怕不是一时兴起。关于这一点，我们可以在蔡绦《史补·礼制篇》中看出端倪：

　　宋兴，崇宁、大观，已百六十年矣，而礼乐制度多阙，不及汉、唐。始神庙有一代典礼之制，不就，及上自亲政，慨然述作，故以属鲁公。崇宁中始讲求未暇，大观初，阴为有意。【81】

　　蔡绦说的鲁公是他的父亲权相蔡京。崇宁则是一个特殊的年号，徽宗即位初期，年号是"建中靖国"，次年即改为崇宁元年——崇宁意为崇尚熙宁。在古代中国，年号往往是帝王施政方向、施政意愿的集中表达。继承父兄遗志，这是徽宗内心深处难以去除的情结。在考察群臣之后，蔡京最终进入徽宗的视野，被确认为实现徽宗个人理想的人选。蔡京入相，徽宗赐座延和殿，说："昔神宗创法立制，中道未究，先帝继之，而两遭帘帷变更，国事未定。朕欲上述父兄之志，历观在廷，无与为治者，今朕相卿，其将何以教之？"蔡京回答："愿尽死！"【82】

　　在徽宗的眼中，蔡京就是神宗时期的王安石。【83】"制礼作乐"是神宗的未竟之业，徽宗对此念念不忘。而在这件事情上，蔡京给予了徽宗极

【80】（清）秦缃业、（清）黄以周等辑《续资治通鉴长编拾补》卷三十二，清光绪九年浙江书局刻本，第2页a。

【81】（宋）蔡绦：《史补·礼制篇》，收入《皇宋通鉴长编纪事本末》卷一百三十四，第2页a。

【82】（宋）陈均：《九朝编年备要》卷二十六，文渊阁《四库全书》本，第40页b。

【83】徽宗皇帝称赞蔡京说："眷惟神考励精求治之初，起王安石，相与图回至治，焕乎成一王法，休功盛烈，布在天下，其眷遇之隆，前无拟伦。属嗣初载以还，赖予良弼，祗循先志，以克用人，故于眷倚，比隆神考之于安石，罔敢后焉！"见（宋）佚名《宣和书谱》卷十二，文渊阁《四库全书》本，第5页b、第6页a。徽宗说的这位良弼是蔡京。

大的帮助——正如徽宗对蔡京的评价："前后三入相位……乃时丕承祇载，绍述先烈，于志无不继，于事无不述，缉既坠之典，复甚盛之举，奠九鼎，建明堂，制礼作乐，兴贤举能，其所以辅予一人，而国事大定者，京有力焉！"【84】

如果从这个角度来看，《博古图》的出现显然就是徽宗庞大政治理想中的一个细节，其完整的过程应该是：一，诏求天下古器，绘制和累积古器物图谱；【85】二，修改"开元礼"，编《政和五礼新仪》，对古器物进行考释；三，颁布《古器图》，展览新制作的政和礼器，出禁中古器供群臣观摩；【86】四，将新成礼器荐于太庙、圜丘，并分赐大臣。这是从徽宗即位之初的崇宁元年一直延续到宣和时期的漫长的文化运动，为了说明这一点，我们还可以再列举两条材料。

第一，蔡绦《史补·礼制篇》：

崇宁以来，稽古殿多聚三代礼器，若鼎彝、簠簋、牺象、尊罍、登豆、爵斝、珧洗，凡古制器悉出，因得见商、周之旧，始验先儒所传太讹。若谓罍山尊，但为器，画山雷而已……政和既制礼制局，乃请御府所藏悉加讨论，尽改以从古，荐之郊庙，焕然大备……至其制作之精，殆与古埒。盖自汉以来，不克有此，亦太平之盛举也。当是时，中书舍人翟汝文奏：乞编集新礼，改正《三礼图》，以示后世。有司因循，亦不克就。惜哉！【87】

第二，宋代孙觌（1081-1169）【88】《蔡京事迹》：

【84】（宋）佚名《宣和书谱》卷十二，文渊阁《四库全书》本，第5页b、第6页a。

【85】大观初年，宋徽宗设置议礼局"诏求天下古器，更制尊、爵、鼎、彝之属"（载《宋史·礼志第五十一》）；大观二年十一月，议礼局详议官薛昂上奏："今朝廷欲订正礼文，则苟可以备稽考者，宜博访而取资焉。臣愚欲乞下州县，委守令访问士大夫或民间有收藏古礼器者，遣人往诣所藏之家，图其形制，点检无差误，申送尚书省议礼局。其采绘物料，并从官给。"奉圣旨依所奏。载（宋）郑居中等：《政和五礼新仪》卷首，文渊阁《四库全书》本，第14页b。

【86】政和三年十月乙丑，徽宗"御崇政殿，阅举制造礼器所之礼器，并出古器宣示百官"。收入《皇宋通鉴长编纪事本末》卷一百三十四，第4页b。

【87】（宋）蔡绦：《史补·礼制篇》，收入《皇宋通鉴长编纪事本末》卷一百三十四，第3页a、b。

【88】旧传孙觌为苏轼弃婢所生。《武进阳湖县志·摭遗》："苏轼见孙治原愍，赠以孕妾，七月生子。后数载轼来常，妾携子谒，名之曰觌，谓既卖复见也。观子巷、显子桥传为孙妾携子谒轼之地。"载（清）王其淦修、（清）汤成烈纂《光绪武进阳湖县志》卷三十，清康熙三十四年刻本，第17页b。而赵翼《陔余丛考》"孙觌为

崇宁初置讲议司，讲求元丰已行法度，及神宗欲有为未暇者，官属朱锷、徐处仁等。局成，作编类御笔所，御笔皆赐京者。后君臣会庆阁成，又改作礼制局，凡尊罍、簠簋、笾豆、盘匜、鼎俎，皆不合古，于是禁中尽出古器，用铜依古制重造，惟笾以竹为之，如今绉竹丝器也。又用银铸爵五十枚。东坡常得古爵而不识，诗云："只耳兽啮环，长唇鹅擘喙。三趾下锐春蒲短，两柱高张秋菊细。"疑其饮器也。政和元年，会上御文德殿受朝，朝退，赐酒三爵，其制作如《诗》所云，乃爵也。时礼制局以从官兼领，俸赐比它局独厚。又有议礼局，知枢密院郑居中所领，今颁《五礼新仪》是也。【89】

河北大名县石刻博物馆有一通政和七年（1117）由大名府尹梁子美所立的"五礼记碑"，碑额阳面正中为宋徽宗篆额"御制大观五礼之记"，双行八字。此碑原石为唐碑，碑身两侧为柳公权字迹，碑阴刻唐"何进滔德政碑"，碑文则改刻为"御制五礼记碑文"。陆游《老学庵笔记》卷九称："北都有魏博节度傅使田绪《遗爱碑》，张弘靖书；何进滔《德政碑》，柳公权书，皆石刻之杰也。政和中，梁左丞子美为尹，皆毁之，以其石刻新颁《五礼新仪》。"【90】河北省的"五礼记碑"和存世"政和礼器"共同见证了"议礼局"和"制礼局"的功业。

---

东坡子"一条云："吾郡宋时有尚书孙觌，相传为东坡遗体，冯具区祭酒所云'阳羡孙老，得坡公弃婢而生'者也。觌所著有《鸿庆集》。今郡城外有降子桥，城中有观子巷，云是弃婢生觌，以觌见坡之遗迹。王阮亭则力辨之，谓坡往阳羡，见一童子颇聪慧，出对句云：'衡门稚子璠玙器。'童子对曰：'翰苑仙人锦绣肠。'即孙觌也。坡甚喜之。据此，则觌非坡子明矣。然是时已传播其事，至以之名桥巷，何耶？岂宋人好名，如童贯自托于韩魏公所出，梁师成自谓坡公所出耶？按觌在靖康时附耿南仲倡和议，有不同议者，则欲执送金人；又草表媚金，极其笔力。"载（清）赵翼《陔余丛考》卷四十一，清乾隆五十五年湛贻堂刻本，第8页b、第9页a。孙觌"草表媚金"之事，朱熹说得更为详细：靖康之难，钦宗幸虏营。虏人欲得某文。钦宗不得已，为诏从臣孙觌为之；阴冀觌不奉诏，得以为解。而觌不复辞，一挥立就，过为贬损，以媚虏人；而词甚精丽，如宿成者。虏人大喜，至以大宗城卤获妇餉之。觌亦不辞。其后每语人曰："人不胜天久矣；古今祸乱，莫非天之所为。而一时之士，欲以人力胜之；是以多败事而少成功；而身以不免焉。孟子所谓'顺天者存，逆天者亡'者，盖谓此也。"或戏之曰："然则子之在虏营也，顺天为已甚矣！其寿而康也宜哉！"觌惭无以应。闻者快之。乙巳八月二十三日，与刘晦伯语，录记此事，因书以识云。载（宋）朱熹：《晦庵先生文集》卷七十一《记孙觌事》，宋庆元嘉定间浙江刻本。

【89】《皇宋通鉴长编纪事本末》卷一百三十四，第3页b、第4页a。

【90】（宋）陆游：《老学庵笔记》卷九，明崇祯津逮秘书本，第14页a、b。

## 四 徽宗朝的古物聚藏与著录

和前代相比，北宋的古物聚藏颇为可观，而其中关于古代礼器、铜器的收藏更是远远超越了古人。蔡绦在《铁围山丛谈》中谈到，大观初，宋徽宗"乃效公麟之《考古》，作《宣和殿博古图》，凡所藏者，为大小礼器，则已五百有几……独政和间为最盛，尚方所贮至六千余数，百器遂尽……宣和后……累数至万余"。【91】

图谱是对实物的记录。宋帝室的钟鼎古物，主要集中收藏在三馆秘阁、太常寺等处。秘阁的工作之一是为古器制作图录，杨南仲《皇祐三馆古器图》就是一个例子——这部图录也是黄伯思编纂《博古图》时所参考的"秘阁旧籍"之一。徽宗时期，宣和殿、保和殿则成为古物聚藏中心，《宣和博古图》所著录的器物也主要来自这两处宫殿。

蔡京有《太清楼侍宴记》，记述了宣和殿景致：

政和二年三月……诏臣京曰："此跬步至宣和，即言者所谓金柱玉户者也，厚诬宫禁。其令子攸披入观焉。"东入小花径，南度碧芦丛，又东入便门，至宣和殿，止三楹，左右挟，亦三楹；中置图书、笔砚，古鼎、彝、罍、洗。陈几案台榻。漆以黑。下宇纯朱，上栋饰绿，饰缘无文采。【92】

政和五年，宣和殿始设学士职位，徽宗专为此事颁赐了手诏：

宣和秘殿，建自绍圣中。经毁彻废。更至崇宁初，继复缮完。朕万几余暇，游息须臾之间，未始不居于此。近置直殿，以左右近侍官典领，吾□□□□有以处之。宜置新妆，以彰荣近，以永其传。可置宣和殿学士，班在延康殿学士之下，以两制充，听旨除授。凡厥恩数，并依延康殿学士体例施行。【93】

蔡京长子蔡攸是首任宣和殿学士——蔡攸和王黼都是徽宗宠信的官员。蔡攸无学，宣和年间执掌秘书省，是近百位饱学儒臣的领袖。他曾召秘书省官员于道山食瓜，众人征说"瓜事"，每说一条，"食瓜一片"。儒臣回避

---

【91】（宋）蔡绦：《铁围山丛谈》卷四，第24页a至第25页a。

【92】（宋）王明清：《挥麈录余话》卷一，宋刻本，第11页a、b。

蔡攸，不敢尽言。校书郎董逌连说数条，多为人所未闻。其后，董逌即被贬黜出京。【94】学士蔡攸得宠时，"与王黼得预宫中秘戏。或侍曲宴，则短衫窄裤，涂抹青红，杂倡优侏儒中，多道市井淫媟谑浪语"。【95】蔡攸负责管理内府儒臣，组织古物、古礼的考订工作；和蔡攸共事的这位王黼，姿容俊美，多智善佞，是《宣和博古图》的主编。

徽宗时期，除了宣和殿，俟后新建的保和殿也是收藏古物的重要所在。政和三年九月保和殿落成之后，徽宗皇帝还写下了一篇《保和殿记》，云：

> 乃诏有司徒屯营于宫垣之外，移百官舍宇，俾就便利。得其地，迁延福宫于宫城之北，即延福旧址作保和殿。五楹挟三，东侧殿曰出光，西侧殿曰保光；保和之后有殿曰燕颐，西旁有殿曰怡神、曰凝神，其楹数如保和。总为屋七十五间。工制甚巧，人致其力。始于四月癸巳，至九月丙午殿成。上饰纯绿，下漆以朱，无文藻绘画五彩。垣墉无粉泽，浅墨作寒林平远禽竹而已。前种竹、木樨、梅、桐、橙橘、兰蕙，有岁寒秋香、洞庭吴会之趣。后列太湖之石，引沧浪之水。波池连绵，若起若伏，支流派判，萦纡清泚，方壶、长江远渚之兴。左实典谟训诰经史，以宪章古昔，有典有则；右藏三代鼎彝俎豆、敦盘尊罍，以省象制器，参于神明，荐于郊庙。东序置古今书画，第其品秩，玩心游思，可喜可愕；西夹收琴阮箫砚，以挥毫洒墨，放怀适情云云。【96】

宣和元年九月十二日，徽宗再次召蔡京入宴。蔡京留下了《保和殿曲宴记》，记录了保和殿的景致与古物收藏：

> 始至保和殿。三楹，楹七十架，两挟阁，无彩绘饰侈……中楹置御榻，东西二间列宝玩与古鼎彝器。王左挟阁曰"妙有"，设古今儒书、史子楮墨。

---

【93】宋徽宗政和五年四月二十四日《置宣和殿学士御笔》，载（宋）佚名《宋大诏令集》卷一百六十四，清钞本，第2页a。

【94】《挥麈前录》："宣和中，蔡居安提举秘书省。夏日，会馆职于道山，食瓜。居安令坐上征瓜事，各疏所忆，每一条食一片。坐客不敢尽言，居安所征为优。欲毕，校书郎董彦远连征数事，皆所未闻，悉有据依，咸叹服之。识者谓彦远必不能安，后数日果补外。苏训直云。"（宋）王明清：《挥麈前录》卷三，宋刻本，第8页b、第9页a。

【95】（清）毕沅：《续资治通鉴》卷九十三，清嘉庆六年冯集梧等递刻本。

【96】（宋）陈均：《九朝编年备要》卷二十八，文渊阁《四库全书》本，第14页a至第15页a。

右曰"日宣",道家金柜玉笈之书,与神霄诸天隐文。上步前行,稽古阁有宣王石鼓。历邃古、尚古、鉴古、作古、传古、博古、秘古诸阁,藏祖宗训谟,与夏商周尊、彝、鼎、鬲、爵、斝、卣、敦、盘、盂,汉晋隋唐书画,多不知识,骇见。上亲指示,为言其概……抵玉林轩、过宣和殿、列岫轩、天真阁,凝德殿之东,崇石峭壁高百丈,林壑茂密,倍于昔见。【97】

蔡京两次赴宴,其场景我们可以在徽宗《文会图》(图2.18)中揣摩一二。而蔡京的亲身经历也在他的四子蔡绦那里也得到了回应,蔡绦在《铁围山谈丛》中谈到,徽宗:

尝有旨,以所藏列崇政殿暨两廊,召百官而宣示焉……时所重者三代之器而已,若秦、汉间物,非殊特盖亦不收。及宣和后,则咸蒙贮录,且累数至万余……而宣和殿后,又创立保和殿者,左右有稽古、博古、尚古等诸阁,咸以贮古玉印玺,诸鼎彝礼器,法书图画尽在。【98】

"宣和殿""保和殿"是宋徽宗的起居殿,把古物集聚在此,显然不是祖宗典制。不过,这件事却标志着古物观念史上的一次重要变化,"墟墓之物"从此登堂入室,成为供人摩挲把玩的"审美对象"【99】——历史感与美感合二为一,此风气与做法一直延续到今天。

内府的古物并非凭空而降,而是通过一次又一次的诏令集聚得来。在古代中国,典籍、卷轴书画、鼎彝古物绝非普通的财物,而是古人灵魂与精神的重要象征,【100】北宋时期,惩戒邻国的方式之一就包括禁止向对方出售书籍,苏轼甚至还为此上过奏折。古物本身就是活着的历史,学者研究文物,可以寄托自己的生命。帝王研究古物,应该还有更丰富的含义。汇聚前代文物——正如在帝都经营建筑奇观、举办盛大集会一样——这也是

---

【97】(宋)王明清:《挥麈录余话》卷一,第14页a、b。

【98】(宋)蔡绦:《铁围山丛谈》卷四,第25页a、b。

【99】当然,更早的做法是始于北宋的文人群体,宋真宗时就有一个例子:"夏英公竦,性好古器奇珍宝玩。每燕处,则出所秘者,施青毡列于前,偃卧牙床,瞻视终日而罢。月常数四如此。"(宋)吴曾《能改斋漫录》卷十二《夏英公好古器珍玩》,文渊阁《四库全书》本,第7页a、b。

【100】考察或求证一个民族的精神面貌,最常见的方式就是阐释此民族法律、风俗、古文物或艺术的历史,在西方,黑格尔之后,艺术更成为验证或宣示民族精神的重要工具——此条见解得益于杨思梁先生,谨此致谢。

王庭威服四夷、宣示正统的重要活动。臣属有义务无条件地向帝室输献古物，同时，这也是邀宠的重要方式。《家世旧闻》中记载："至崇宁后，古器毕集于御府，至不可胜计。一器之值，或数千缗，多因以求恩泽，所至古冢劚凿殆遍。"【101】

《遵生八笺》引《西湖志》云："高宗幸张俊，其所进御物，有狮蛮乐仙带……龙文鼎、商彝、高足彝、商父彝、周盘、周敦、周举甒、兽耳周罍、汝窑酒瓶二对，有御宝画曹霸《五花骢》……皆珍品也。"【102】这样的例子在各个时代都不鲜见。而帝王在向臣属索取古物时，也不必有任何犹豫和心理负担。同样是宋高宗的例子：

> 番阳董氏，藏怀素草书千文一卷，盖江南李主之物也。建炎己酉，董公逌从驾在维扬，适敌人至，逌尽弃所有金帛，惟袖千文南渡。其子弅尤极珍藏。一日朱丞相奏事毕，上顾谓曰："闻怀素千文真迹在董弅处，卿可令进来。"丞相谕旨，弅遂以进。【103】

不过，在普通官员、商人和百姓那里，情形可能完全不同——叶梦得《避暑录话》：

> 宣和间，内府尚古器。士大夫家所藏三代、秦、汉遗物，无敢隐者，悉献于上。而好事者，复争寻求，不较重价，一器有直千缗者。利之所趋，人竞搜剔山泽，发掘坟墓，无不所至。往往数千载藏，一旦皆见，不可胜数矣。【104】

叶梦得是蔡京门客，经蔡京举荐，被徽宗特迁为祠部郎官。《避暑录话》还提到了发生在楚国故地几则故事，根据他的描述，这地方官员对古物的搜攫可谓不遗余力、如痴如狂：

> 吴珏为光州固始令。光，申伯之国，而楚之故封也。间有异物，而以僻远，人未之知，乃令民有罪皆入古器自赎。既而罢官，几得五六十器。与余遇汴上，出以相示。其间数十器尚三代物。后余中表继为守，闻之，微用其法，

---

【101】（宋）陆游：《家世旧闻》卷下，民国影明穴砚斋钞本。

【102】（明）高濂：《遵生八笺》卷十四，文渊阁《四库全书》本，第15页a、b。

【103】（宋）曾敏行：《独醒杂志》卷六，文渊阁《四库全书》本，第7页b。

【104】（宋）叶梦得：《避暑录话》卷下，文渊阁《四库全书》本，第18页b、第19页a。

亦得十余器，乃知此类在世间未见者尚多也。范之才为湖北察访，有给言泽中有鼎，不知其大小，而耳见于外，其间可过六七岁小儿。亟以上闻，诏本部使者发民掘之。凡境内陂泽悉干之，掘数十丈，讫无有，之才寻见谪。【105】

　　徽宗时期，内府的文物庋藏之盛，堪称中国艺术收藏史的又一个奇迹。然而数年之后，宣和殿、保和殿的旧藏便水流云散，浪荡西东。或依金人辗转北上，或随遗民飘摇南下（南下文物见于张抡《绍兴内府古器评》），或者是荼毒于水火兵燹，不知其所终。【106】北上的文物，多流入金人宫廷。【107】有一些也会中途流散，政和礼器中的一件"牛鼎"就在随金人北上时滞留河北——现陈列于河北省博物馆。流入北方的文物偶尔也会被使臣带回南方，【108】或通过榷场重新回流江南，类似今天的文物回流拍卖。【109】金覆灭后，诸多故宋文物依旧滞留北方，为元代"大都"文人提供了精神滋养。南下的图书文物，则为江南苏杭地区带来了好古、悦古的风气，成为士人追念故国的心理寄托。至元末昆山顾阿瑛以后，苏州、杭州地区的好古之风更是蒸蒸日上，一发而不可收。

---

【105】（宋）叶梦得：《避暑录话》卷下，文渊阁《四库全书》本，第19页a、b。

【106】（宋）邵博：《邵氏见闻后录》卷第二十七，第1页a："宣和殿殿聚周鼎、钟、尊、爵等数千百种。国破，寇尽取禁中物，其下不禁劳苦，半投之南壁池中。后世三代彝器，当出于大梁之墟云。"

【107】（金）张思颜《南迁录》：金章宗"幸蓬莱院，见所陈玉器及诸珍玩，视其篆识，多用宋朝宣和时物，恻然动色。宸妃曰：'作者未必用，用者不必作，南帝但能作，以为郎主用耳。'"钟渊映（约1640-约1680年）认为《南迁录》为伪书，《四库全书总目提要》认为《金史》引证过《南迁录》。此书多错乱之处，我们可作稗史看待。

【108】（清）潘永因：《宋稗类钞》卷三十二，文渊阁《四库全书》本，第14页a至第15页a："嘉泰间，章文庄公颖，以右史直禁林。时宇文绍节挺臣为司谏……一日宴聚，公出所藏玉杯侑酒，色如截肪，真于阗产也，坐客皆夸赏。挺臣忽旁睨微笑曰：'异哉！先肃愍公虚中使金日，尝于燕山获玉盘，径七寸余，莹洁无纤瑕，或以为宣和殿故物。平日未尝示人，今观此色泽殊似。'于是坐客咸欲快睹，趣使取之。既至。则玉色制作无毫发异。众客惊诧，以为干铘之合，不足多也。"

【109】王国维《书〈宣和博古图〉后》："盖金人不甚重视古器，而宋之君臣方悬重值购之。故汴京内府及故家遗物，往往萃于榷场。"载王国维：《观堂集林（外二种）》卷十八，彭林整理，河北教育出版社，2001年，第569-570页。

（清）乾隆 《范金作则图册》

# 第三章　　古器物图谱

　　宋代的古器物图谱存在着两个系统，一类是礼图，另一类则是研究和著录性的器物谱。前者保留了自汉儒以下图解《仪礼》的传统，并为仿制古礼器提供了参考图形。其特点是类型稳定，形制简略，错误也较多。这是一种概念化、标本化的图像系统。后者是对出土实物的著录，当然，也是儒臣研究成果的记录。这类图谱可以为仿古礼器制作提供修正意见，杨南仲《皇祐三馆古器图》、刘原父《先秦古器图》、胡俛《古器图》、李伯时《考古图》、吕大临《考古图》、王黼的《宣和博古图》等，都是这一类著作。其中，《考古图》与《博古图》的出现则代表了北宋古器物谱牒之学的高峰。诚如王国维在《宋代金文著录表》的《序》中所言：

　　国朝乾嘉以后，古文之学复兴，辄鄙薄宋人之书，以为不屑道。窃谓《考古》、《博古》二图，摹写形制，考订物名，用力颇巨，所得亦多。乃至出土之地，藏器之家，苟有所知，无不毕记，后世著录家当奉为准则。至于考释文字，宋人亦有凿空之功。国朝阮、吴诸家不能出其范围。若其穿凿纰缪，诚若有可讥者，然亦国朝诸老之所不能免也。【1】

　　以古物研究而论，清儒鄙薄宋儒，和宋儒鄙薄汉儒如出一辙。从现代的眼光来看，汉儒、宋儒和清儒其实方向一致，他们共同参与并见证了中国古典文化"文艺复兴"，其中宋代学者的创造性贡献尤其值得关注。

　　《博古图》成书后，为后世文人追查古物的流传脉络，评判古物的价值高下提供了可靠的依据，此书在元明清三代流行不绝。在明清时期，《博古图》还成为各类"玩古"题材人物画的图像渊薮。在各类笺谱、墨谱，或诸多表现室内景致的版画插图中，《博古图》也是重要的参考资料。可以这样说，在古器物全形传拓技术和摄影术问世之前，《博古图》一直是无可替代的古物图像典范。

---

【1】王国维：《〈宋代金文著录表〉序》，载《观堂集林（外二种）》卷六，第180页。

## 一 李公麟——《古器图》和洗玉池

### 古器图

推究宋代金石学的兴起，有两件事不得不提，其一是"庆历之际，学统四起"（全祖望《宋元学案》），自刘敞著《九经小传》以后，宋儒的史学意识渐渐高涨，古器物遂成为解说经史的重要凭证，这是中国学术史的一次重要变化。其情形正如南宋郑樵所言："方册者，古人之言语；款识者，古人之面貌。方册所载，经数千万传，款识所勒，犹存其旧。盖金石之功，寒暑不变。以兹稽古，庶不失真。"[2] 而关于宋代学者古物观念的变迁，阮元也有精辟的概括："高原古冢搜获甚多，始不以古器为神奇祥瑞，而或以玩赏加之。学者考古释文，日益精核……士大夫家有其器，人识其文，阅三四千年而道大显矣。"[3]

其二为古物图谱之学的滥觞。宋初的古物收藏，多集中于"三馆"和"秘阁"，同时还保留有相关图录。宋初太宗太平兴国三年（978），为了修纂《太平广记》等书，帝室便创立了昭文馆、集贤院、史馆三馆书院，并赐名崇文院。此三馆书院沿袭了唐弘文馆旧例，是收藏、校理古代典籍的学术机构，其后崇文院中堂又设立秘阁。郭若虚在《图画见闻志》中的《叙本朝求访》一节中记录：

端拱元年，以崇文院之中堂置秘阁，命吏部侍郎李至兼秘书监。点检供御图书，选三馆正本书万卷，实之秘监以进御。退余藏于阁内。又从中降图书并前贤墨迹数千轴以藏之。淳化中，阁成。上飞白书额，亲幸，召近臣纵观图籍，赐宴。又以供奉僧元霭所写《御容》二轴藏于阁。又有天章、龙图、宝文三阁，后苑有图书库，皆藏贮图书之府。秘阁每岁因暑伏曝晾，近侍暨馆阁诸公，张筵纵观。图典之盛，无替天禄、石渠、妙楷、宝迹矣。[4]

前文提到杨南仲《皇祐三馆古器图》，就是对三馆收藏古器物所作的图录。秘阁是端拱元年（988）五月新建成的崇文院中堂，后来被称为秘阁，也是各种古物的汇聚场所，如黄伯思曾留有《秘阁古器说》，记录了他在秘

---

【2】（宋）郑樵：《通志》总序，文渊阁《四库全书》本，第12页b。

【3】（清）阮元：《挈经室三集》卷三《商周铜器说下》，《丛书集成初编》本，商务印书馆，1936年，第594页。

【4】（宋）郭若虚：《图画见闻志》卷一《叙国朝求访》，明津逮秘书本，第2页b、第3页a。

阁工作期间的研究成果。宋代文人笔下也出现过"秘阁诏藏古器"，刘敞的弟弟刘攽还写过一首《同原甫咏秘阁诏藏古器图》，云：

> 昔占金宝气，天瑞告成功。
> 绘事今时绝，书文自古同。
> 剖钩记巫锦，按刻异桓公。
> 尘世无由睹，崑山策府中。[5]

从刘攽的诗来看，《秘阁诏藏古器图》应该是一部绘本，但其下落现已不得而知。不过，吕大临的《考古图》则一直流传至今，同后来的《宣和博古图》一样，这类著作为出土古物保留了最为珍贵的"目验"材料，从而使金石学成为可靠而又"真实"的学问，所谓"宋世著录之器不下数百，而存于今者不及百分之一。惟《考古》《博古》二图全帙具存，固知竹帛之寿有永于金石者"。[6]

宋代非官方文人群体的古器物图谱之学，当以刘敞为先驱，这一点自然无可非议，而欧阳修能够撰成《集古录》，在很大程度上也是得益于刘敞所发现的古物。关于刘敞在金石学上的贡献，王国维有明确的定论，他在《〈随庵吉金图〉序》中说：

> 私家藏器，莫先于宋刘仲原父。为古器之学及著录所藏者，亦自原父始。原父知永兴军，日得古器十有一，使工摹其文，图其象，刻诸石，名之曰《先秦古器记》。其自序中具言攻究古器之法曰："礼家明其制度，小学正其文字，谱牒次其世谥，乃为能尽之。"鸣呼！古器之学略尽于此数语，著录古器之法亦蔑以进于此矣。[7]

刘敞曾留有《先秦古器图》，记录了他在陕西收藏的古器，与杨南仲《皇祐三馆古器图》或《秘阁诏藏古器图》不同，这是一部非官方的图谱。而在这方面，李公麟的影响更为深远，其绘本《古器图》（已佚）更是开辟了古器物图录的新风，并为《宣和博古图》提供了范本。

---

【5】（宋）刘攽：《彭城集》卷十一，清刻武英殿聚珍版丛书本，第4页a。
【6】王国维：《〈随庵吉金图〉序》，载《观堂集林（外二种）》卷二十三，第716页。
【7】同上，第715页。

在宋代艺术史中，李公麟（1049-1106）是一位出类拔萃的人物，他与苏轼、王晋卿、秦观、米芾的交游一直为人们称道。传世的各类《西园雅集图》就再现了这样一个理想的宋代文人群体，成为后世不断效仿的对象。历史上的李公麟，除了是一位画家，还是一位"籍籍有声"的官员和知识渊博的"古物学家"——蔡绦《铁围山丛谈》记载：

> 初，原父号博雅，有盛名，曩时出守长安。长安号多古簋、敦、镜、甗、尊、彝之属，因自著一书，号先秦古器记。而文忠公喜集往古石刻，遂又著书名集古录，咸载原父所得古器铭款。繇是学士大夫雅多好之，此风遂一煽矣。元丰后，又有文士李公麟者出。公麟字伯时，实善画，性希古，则又取平生所得暨其闻睹者，作为图状，说其所以，而名之曰考古图，传流至元符间。太上皇帝即位，宪章古史，眇然追唐虞之思，因大崇尚。【8】

蔡绦提到的《考古图》即《籀史》中著录的《李伯时考古图五卷》。翟耆年称此书："每卷每器各为图叙，其释制作铸文、款字义训、及所用。复总为前序后赞，天下传之。士大夫知留意三代鼎彝之学，实始于伯时。"【9】

参照上述材料，《李伯时考古图五卷》或为刊刻付梓的书籍。此书曾被吕大临称作《李氏录》，【10】而且对《宣和博古图》的编撰起了重要参考作用。【11】实际上，除了这部五卷本的《考古图》，李公麟应该还有一件绘本《古器图》。在赵明诚《金石录》和《宋史·艺文志》中，有《古器图》一卷的记录——不过，岑仲勉认为，此《古器图》就是李公麟的《考古图》。【12】

关于这件绘本《古器图》，宋人王明清《挥麈后录余话》卷二"王兵部跋李伯时古器图语"一条，可供我们玩味：

> 李伯时自画其所蓄古器为一图，极其精妙。旧在上蔡毕少董良史处。少

---

【8】（宋）蔡绦：《铁围山丛谈》卷四，第 24 页 a、b。

【9】（宋）翟耆年：《籀史》卷上，《丛书集成初编》本，商务印书馆，1935 年，第 11 页。

【10】容庚：《容庚文集》，中山大学出版社，2004 年，第 90 页。

【11】蔡绦在《铁围山丛谈》卷四中记述："及大观初，乃效公麟之《考古图》，作《宣和殿博古图》，凡所藏者为大小礼器，则已五百有几。"

【12】《金石录》卷十一"祖丁彝铭"条："李氏名公麟，字伯时父，有《古器图》一卷行于世云。"岑仲勉认为，此《古器图》为李公麟的《考古图》。见岑仲勉：《四库提要古物器铭非金石录辨》，《台湾历史语言研究所集刊》第 12 本，1947 年，第 323-352 页。

董尝从先人求识于后。少董死，乃归秦伯阳熺。其后流转于其婿林子长桷，今为王顺伯厚之所得。真一时之奇物也。

先人跋语云："右《古器图》，龙眠李伯时所藏，因论著自画，以为图也。今藏予友毕少董家。凡先秦古器源流，莫先于此轴矣。昔孔子删《诗》、《书》，以尧、舜、殷、周为终始，至于《系辞》，言三皇之道，则罔罟、耒耜、衣裳、舟楫所从来者，而继之曰：'后世圣人者，欲知明道、立法、制器咸本于古也。'本朝自欧阳子、刘原父始辑三代鼎彝，张而明之，曰：'自古圣贤所以不朽者，未必有托于物，然固有托于圣贤而取重于人者。'欧阳子肇此论，而龙眠赓续，然后涣然大备。所谓'三代邈矣，万一不存，左右采获，几见全古'，惟龙眠可以当之也。此图既物之难致者而得之，又少董以闻道知经，为朝廷识拔，则陈圣人之大法，指陈根源，贯万古惟一理，其将以春秋侍帝傍矣。"

顺伯录以见予。[13]

文中的王兵部是王铚，[14]也是《挥麈后录余话》作者王明清的父亲。唐宋之际，传统的高门大族渐渐被新兴的"世业儒"的科宦家族取代，王铚的家族就是一个代表。王铚五世祖王昭素是北宋初著名的易学大师，著有《易论》；其伯父王得著有《麈史》。据《建炎以来系年要录》：绍兴十三年癸亥（1143），王铚向朝廷献《太玄经解义》，得赐金；又与毕良史游，作《跋古器图》《题五老图》——《式古堂书画汇考》卷四十五载王铚《题五老图》，末属"汝阴老民王铚谨书"。

毕良史（？ -1150），字少董，毕士安五世孙。绍兴初进士。据徐梦莘（1126-1207）《三朝北盟会编》（卷二百八·炎兴下帙）记载，良史："略知书传，喜字学，粗得晋人笔法。少游京师，以买卖古器书画之属出入贵人之门。当时谓之毕偿卖。遭兵火后侨寓于兴国军。江西漕运蒋杰喜其辩慧，资给，令赴行在。遂以古器书画之说动诸内侍，内侍皆喜之。"[15]

类似的记载在其他史料中也可以看到，如（元）佚名《宋史全文》（卷二十一中·宋高宗十四）称："良史初补文学，既得三京地，东京留守司俾

【13】（宋）王明清：《挥麈录余话》卷二，宋刻本，第27页a至第28页a。

【14】按王明清《挥麈录后录》卷六："曾文肃为相，王明清祖王兵部郎。"这个王兵部是王莘，是王明清的祖父，卒于宣和四年，因此与史实、文意都不合。所以此处的王兵部应该是王明清对先人王铚的敬称。

【15】（宋）徐梦莘：《三朝北盟会编》卷二百八，文渊阁《四库全书》本，第12页a、b。

权知东明县。良史乃搜求京城乱后遗弃古器、书画。金人败盟，良史乃教学讲《春秋》。及复得还归，乃尽载所有骨董而至行在。上大喜，于是以解《春秋》改京秩。自此人号良史为'毕骨董'。"【16】

《画史》《杨诚斋集》《图绘宝鉴》《书史会要》《画鉴》等文献也抄录了徐梦莘等人的记载。这是一位和晚明项元汴颇为类似的人物。

实际上，毕良史是受高宗委托在北方榷场秘密收购北宋流散文物的官员，王国维在《书〈宣和博古图〉后》专门提到了这一点：

> 盖金人不甚重视古器，而宋之君臣方悬重值购之。故汴京内府及故家遗物，往往萃于榷场，如刘原父旧藏张仲簠，刘炎于榷场得之。毕良史亦得古器十五种于盱眙榷场，上之秘府，其中八种，亦《博古图》中物也。《建炎以来系年要录》云"绍兴十五年，以毕良史知盱眙军"。案《三朝北盟会编》谓"良史以买卖书画古器得幸于思陵"，则良史之知盱眙，当由高宗使之访求榷场古器耳。此事前人未悟，故并著之。【17】

李公麟的这件《古器图》，有可能就是经毕良史之手从北方购回，而后流入秦桧之子秦熺的手中，之后又辗转出现在王厚之（1131-1204）的书斋里。

王厚之字顺伯，号复斋，江西临川人，《会稽续志》卷五有传。据《宋元学案》卷五八：其先曾高祖为王安石弟王安礼，曾祖为金紫光禄大夫王防，祖父王榕知诸暨县，父王咸，知通州，徙诸暨璜山镇。另据《宋会要辑稿》职官七三之一八：高宗绍兴二十六年（1156），王厚之以乡荐入太学。孝宗乾道二年（1166）进士，光宗绍熙五年（1194），由知临安府以事放罢。

王厚之嗜古好学，精通籀篆文字，著有《复斋金石录》《复斋印谱》《钟鼎款识》《考异》《考古印章》《汉晋印章图谱》《题跋周宣王石鼓文》《石鼓音释》《考订秦惠王诅楚文》诸书。明代沈明臣（1518-1596）在《集古印谱》序中说："古无印谱，谱自宋王厚之顺伯始。"清代全祖望（1705-1755）《答临川杂问帖》云："顺伯长碑碣之学。今传于世者，有《复斋碑录》。宋人言金石之学者，欧、刘、赵、洪四家而外，首推顺伯。"清代李遇孙（生

【16】（元）佚名《宋史全文》卷二十一中，文渊阁《四库全书》本，第 2 页 a、b。

【17】王国维：《观堂集林（外二种）》卷十八，第 569-570 页。

卒年不详，约嘉庆中前后在世）《金石学录》有关于"王厚之"的记录，其中提道：

> 绍兴中，秦相子熺居赐第十九年，日治书画碑刻，因辑所藏《钟鼎款识》一册，后归顺伯，每款钤以"复斋珍玩""厚之私印"，且为释文，疏其藏弄之所。此册辗转流传。国初曹倦圃、朱竹垞、马衎斋藏后，今为阮氏琅嬛仙馆所刊。又案，积古斋跋云："王氏款识五十九种，皆复斋所辑，拓本中有毕良史笺识十五器，乃秦熺之物"。[18]

翁方纲认为，此书铭文皆就原器拓印。但容庚认为，王厚之的《钟鼎款识》，"惟毕良史笺十五种似是原拓"，其余多数辗转摹刻，部分铭文"非翻刻变易其位置，则属伪作之器"。[19]王厚之的《钟鼎款识》是辑录诸家钟鼎文字而成的一部"工具书"——在他的案头，我们还可以想象一下"左图右史"的盛况：其中或有李公麟（1049-1106）《古器图》绘画长卷、吕大临（1044-1092）的《考古图》、王黼（1079-1126）《宣和博古图》这一类图像资料，又有徐铉（916-991）《古钲铭碑》、欧阳修《集古录》、王楚《钟鼎篆韵》、赵明诚（1081-1129）《金石录》、[20]《古器物铭碑》、薛尚功（生卒年不详，南宋绍兴年间为通直郎）《历代钟鼎彝器款识法帖》（刊行于宋绍兴十四年, 1144）、《广钟鼎篆韵》《款识法帖》、晏溥（生年不详，殉靖康之难）《晏氏鼎彝谱》、王俅《啸堂集古录》等诸多篆籀古文资料。

王厚之之后，李公麟的《古器图》画卷下落不明，我们也一直看不到相关记载。不过，类似李公麟《古器图》的古器物绘本在南宋高宗时期又出现了——这就是《绍兴稽古录》。李公麟的后世仰慕者赵孟𫖯（1254-1322）曾提到这件物品。周密（1232-1298）《云烟过眼录》卷下记载：

> 赵松雪又云：北方好事者收《绍兴稽古录》二十册，皆高宗时所收三代古器各图。其物或青或绿或红，各抚其款于右，亦各有考证，如《宣和博古

---

【18】（清）李遇孙：《金石学录》卷二，清道光二年丹徒刘氏刻本，第8页a、b。

【19】容庚：《钟鼎款识述评》，载《钟鼎款识》，宋人著录金文丛刊本，中华书局，1985年，第2页。

【20】《金石录》初稿完成于高宗建炎三年（1129），定稿两年后由李清照完成。《金石录》有宋淳熙龙舒郡斋刻本传世。

图》加详。近世诸公所收者多在焉。[21]

按照这一描述，《绍兴稽古录》是一部彩色图录，赵孟頫按图索骥，发现宋高宗内府的古物已经流传到元初"诸公"的手中。除了周密，元代陆友仁（1301-1348）《研北杂志》也收录了这条信息，内容大致相同：

京师人家，有《绍兴稽古录》二十册，盖当时所藏三代古器各图，其物以五采饰之，又摹其款识而考订之，如《宣和博古图》而加详，近世诸家所收者咸在焉。[22]

容庚在《宋代吉金书籍述评》中提到了上述两条信息，并参考《宣德鼎彝谱》中的记载，认为"此书在宣德时尚存也"。[23]明代张应文（1524-1585）《清秘藏》[24]"叙古今名论目"一条称："《绍兴稽古录》等书，皆考古之士不可缺者也。"以此，此图册或在万历时尚存。伯希和在论证《历代名瓷图谱》是"伪书"时，认为作伪者参考了《绍兴稽古录》。[25]

《绍兴稽古录》二十册应该不是一般性书籍，而是宋高宗内府专门著录古器物的独立图册，类似于今天的大开本画册。就其性质而言，很可能是李公麟《古器图》那一类绘本，其形制与体例类似宋徽宗的《宣和睿览册》，其作者当为南宋宫廷画师。韩巍在《宋代仿古制作的"样本"问题》一文注16中引周密、陆友仁关于《绍兴稽古录》的记载，认为："由此亦可推知《博古图》原本应为彩绘。"[26]这个推测有一定道理。

《铁围山丛谈》说："及大观初，乃效公麟之《考古图》作《宣和殿博古图》。"徽宗对李公麟的《考古图》"大崇尚"，李公麟的《考古图》五

---

【21】(宋)周密：《云烟过眼录》卷三，文渊阁四库全书影印本，台湾商务印书馆，1986年，第871册，第72页b。

【22】(元)陆友仁：《研北杂志》卷下，文渊阁四库全书影印本，第866册，第592页b。

【23】容庚：《宋代吉金书籍述评》，载《容庚文集》，中山大学出版社，2004年，第95页。

【24】张应文是《清河书画舫》的作者张丑的父亲。据《四库全书总目提要》，此书成书时间为"应文临没之日"。书名《清秘藏》者，"王穉登序谓取倪瓒清秘阁意也"，"其文则多采前人旧论……皆不著所出，盖犹沿明人剽剟之习"。

【25】伯希和认为项元汴的《历代名瓷图谱》于17世纪中叶或末期的伪造，伪造的器形图来自《考古图》和《博古图》，其参考资料来自《绍兴稽古录》《格古要论》等。参阅伯希和：《历代名瓷图谱真伪考》，1936年发表在法国《东方学刊》32期。冯承钧译文于1942年刊于《中国学报》第2卷第2期。

【26】韩巍：《宋代仿古制作的"样本"问题》，注16。

卷及绘本《古器图》有可能同时进入内府——此绘本随后流入北地，并由"毕古董"购回。李公麟的绘本《古器图》应该是其刻本《考古图》五卷的底稿。同样，《宣和殿博古图》在刻印之前也应该有（彩色）画稿。中国社会科学院考古研究所藏有《西清古鉴》彩绘本，[27]是刻本《西清古鉴》的样稿，乾隆亦有《范金作则图册》，用以记录他钟爱的古铜器，也是彩图。所以，《宣和殿博古图》有彩色绘稿——而且正是在这个画稿的基础上出现了一部"定本古器图"，这是可以说通的。退而言之，如果在徽宗皇帝庞大的《宣和睿览册》系统内出现彩绘古器图册，那这也不是意料之外的事情。

此外，虽然宋辽时期就已出现套色印刷技术——如山西应县佛宫寺发现的《释迦说法相》，但同时期迄无彩色印刷的图书实物和文献记载。[28]而且，周密对《绍兴稽古录》的记载也是称"册"，不称"卷"。同时，检查《郡斋读书志》《直斋书录解题》《读书敏求记》诸书，我们也未发现有关《绍兴稽古录》的记载。所以，《绍兴稽古录》应该是一部手绘本画册。在后世的记述中，《绍兴稽古录》《绍兴稽古图》《绍兴鉴古录》《绍兴鉴古图》也应该是同一部文献，或至多是依据绘本《绍兴稽古录》而刊刻的书籍。

关于《绍兴稽古录》在后世学者心目中的地位，我们还可以补充一个更晚的例子：清道光二十六年，学者许瀚（1797-1866）与六舟上人释达受有过一次聚会，二人"互示所藏，喜不自胜"。据袁行云《许瀚年谱》，许瀚在这次见面时留下了一段文字——跋《六舟手拓彝器全图》：[29]

　　陆友仁《研北杂志》云："京师人家有《绍兴稽古录》二十册，盖当时所藏三代古器，各图其物，以五采饰之。又摸其款识而考订之，如《博古图》而加详。"余每□其文辄神往，恨不与同时手披而目览之也。丙午之夏，六

【27】刘雨：《跋考古研究所藏彩绘本〈西清古鉴〉》，《古文字研究》第十六辑，中华书局，1989年。

【28】中国现存最早的朱、墨两色套印书籍的实物是元代顺帝至元六年（1340）《无闻和尚金刚经注解》，由中兴路（今湖北江陵）资福寺刻印。发现于1941年，经文为红色，注解为黑色，卷首灵芝图两色相间。现藏台北故宫博物院。现存明代最早的套版印刷书籍是万历年间刻印的《闺苑十集》，于1602年由安徽歙县黄尚文作传，程起龙绘图，黄应瑞刻印出版。另外一部套印本是《程氏墨苑》，1605年左右刻印。此书仍为朱、墨两版套印，其余颜色用的涂色方法。新安黄一明刻《风流绝畅图》也采用涂色方法进行彩色印刷。他刻印的《花史》，是在一块雕版上，按照花的特点在不同部位涂上不同的颜色，然后一次印刷出彩色品。在此基础上，逐渐出现依据颜色分别刻版、逐色套印的饾版、拱花印刷技术。另请参阅张树栋等：《中国印刷通史》，印刷工业出版社，1999年。

【29】袁行云：《许瀚年谱》，齐鲁书社，1983年，第193页。

舟上人过浦，示余手拓彝器全形款识种种，精巧出人意表，如人意中，皆就原器拓出，不爽豪发，觉采色摸饰之图，又不足系余怀矣。【30】

从李公麟的绘本古器图，到五彩斑斓的《绍兴稽古录》，再到《西清古鉴》彩绘本，我们看到了中国艺术史中的一个特殊类型。李公麟的《古器图》彻底打开了一个崭新的图像世界，也让古器物的著录方法获得了绘画类著录文献所无法媲美的优势——至少在《顾氏画谱》等出现之前是如此。《博古图》出现之后，其精美的图像反过来又成为画家借用的范本。明代中后期，在表现文人生活的《雅集图》《文会图》《学士图》中，《博古图》中的古物频繁出现，成为制造画面隐喻的重要道具。

### 洗玉池

刘敞有《先秦古器图碑》，这是一组石刻鼎彝古物图像，总数有十一件，后来被收入吕大临《考古图》。【31】晚年的李公麟也制作过一组石刻古器物图像，不过内容却是玉器。南宋洪适《隶续》记载了东汉碑刻《六玉图》，但这一类"六玉"属于"礼器瑞物"系统，和李公麟的古玉图不是同一类型。

翟耆年《籀史》【32】记载：

（李公麟）晚作洗玉池，东坡居士铭之。又刻所得拱宝琥瑞等，自作钟鼎笈窠于池，云：元祐惟五年庚午，正月初吉，舒李伯时公麟父曰：友善陈散候，惠我泗滨乐石，□敬怀义德不敢辞，乃用珚古宝十有六玉，环四周，受泉其中，命曰洗玉池。永嘉明德，恭祈寿康。子子孙孙，无疆惟休，其宝用之无已。【33】

"钟鼎笈"是钟鼎字体——如"八分笈"为"八分书体"。泗滨乐石是山东古汶泗流域所产"浮石"，是可以用作乐器的石材。《书·益稷》云：

---

【30】（清）许瀚：《攀古小庐杂著》卷十二《跋六舟手拓彝器全图》，清刻本，第23页 b。

【31】这是容庚的判断，见《容庚文集》，第87页。

【32】关于《籀史》，《四库全书总目提要》称：耆年字伯寿，参政汝文之子，别号黄鹤山人。是书首载《宣和博古图》，有"绍兴十有二年二月帝命臣耆年"云云，盖南宋初所作。本上下二卷，岁久散佚。惟嘉兴曹溶家尚有钞本，然已仅存上卷。今藏弆家所录，皆自曹本传写者也。王士祯尝载其目于《居易录》，欲以访求其下卷，卒未之获，知无完本久矣。其以籀名史，特因所载多金石款识，篆隶之体为多，实非专述籀文。

【33】（宋）翟耆年：《籀史》，第12页。

"予击石拊石，百兽率舞。"《尚书·禹贡》称："禹别九州，随山浚川，任土作贡……海岱及淮惟徐州，淮沂其乂，蒙羽其艺……厥贡……峄阳孤桐，泗滨浮磬。"山东曲阜大成殿的"响石"即产于泗滨。1999 年山东洛庄汉墓出土一百零七枚泗滨浮磬，灰褐色带黄斑，也是"泗滨乐石"。

在中国文化史中，"泗滨乐石"是庙堂文化的典型象征，也是文人寄托怀古幽思的对象。唐代李勋有《泗滨得石磬》诗，云：

> 浮磬潜清深，依依呈碧浔。
> 出水见贞质，在悬含玉音。
> 对此喜还叹，几秋还至今。
> 器古契良觌，韵和谐宿心。
> 何为值明鉴，适得离幽沈。
> 自兹入清庙，无复沙土侵。

李公麟接受的"泗滨乐石"是一件贵重礼物。在唐代，至少是天宝年间，宫廷还在用它制作乐器。白居易《华原磬》诗序中说："天宝中，始废泗滨磬，用华原石代之。询诸磬人，则曰：故老云：泗滨磬下调不能和，得华原石考之乃和，由是不改。"

诗句是：

> 华原磬，华原磬，古人不听今人听。
> 泗滨石，泗滨石，今人不击古人击。
> 今人古人何不同？用之舍之由乐工。
> 乐工虽在耳如壁，不分清浊即为聋。
> 梨园弟子调律吕，知有新声不如古。
> 古称浮磬出泗滨，立辨致死声感人。
> 宫悬一听华原石，君心遂忘封疆臣。
> 果然胡寇从燕起，武臣少肯封疆死。
> 始知乐与时政通，岂听铿锵而已矣。
> 磬裹入海去不归，长安市儿为乐师。
> 华原磬与泗滨石，清浊两声谁得知？

李公麟那个时代，泗滨乐石虽然退出了庙堂，但它依旧是醇厚深沉的古典文化的象征。按照翟耆年的记载，李公麟"自作钟鼎笺，篆丁池"，在泗滨乐石上留下了一段古雅的文辞。需要指出的是，在北宋，古文字的辨识和书写则又是一门高雅精深的学问，是高层文人的学术时尚。

在李公麟之前，欧阳修是引导古文字研究的一个核心人物，除了前文提到的刘敞，杨南仲和章伯益也是非常重要的古文字研究者。欧阳修在编撰《集古录》时，所得三代器铭，会经常向杨南仲、章友直请教。

章友直即章伯益，《步辇图》后有他题写的篆书跋语。其同时代人郑獬曾向他求字，并留下了一首诗《题名碑石琢之已成求章伯益先生篆额》，诗曰：

老匠隳山斩苍石，偃然巨璞长于席。
锐凿飞椎日钄击，金鐏嘈轰满虚室。
白沙礲就大禹圭，绀滑自同青玉色。
两螭攫拿相斗立，欲求大篆冠其额。
先生绝妙不须言，引墨为我一落笔，蟠屈玉箸入石壁。
吾曹名氏遂辉赫，异物不复容侵蚀。【34】

关于杨南仲，《籀史》"皇祐三馆古器图"一条记载："皇祐三年，诏出秘阁及太常所藏三代钟鼎器，付修太乐所，参较齐量，又诏墨器篆以赐宰执，丞相平阳公、命承奉郎知国子监书学杨元明南仲释其文。"【35】

从前引郑獬请章伯益题写篆额诗可以看出，书写篆籀古文甚至成了一种时尚和风气，所谓"学士大夫雅多好之"。苏轼还有一篇《文勋篆铭》——"世人篆字，隶体不除。如浙人语，终老带吴。安国用笔，意在隶前。汲冢鲁壁，周鼓秦山"，从诗文透露的信息来看，这两段诗文恰好可以和蔡绦的记述相互印证，称得上"此风遂一煽矣"。《籀史》的作者翟耆年，其父亲翟汝文（公巽）"少时从苏轼、黄庭坚游"，并擅长作篆书。【36】翟耆年自己也是善作篆书的高手，且喜着"唐装"，以为风雅。陆游《老学庵笔记》卷八云：

---

【34】傅璇琮等主编：《全宋诗》，北京大学出版社，1992年，第10册，第6847页。

【35】（宋）翟耆年：《籀史》，第10页。

【36】《全宋文》第193册，第3页。

翟耆年，字伯寿，父公巽参政之子也。能清言，工篆及八分。巾服一如唐人，自名唐装。一日往见许顗彦周。彦周鬖髿，著犊鼻裈，躡高屐出迎，伯寿愕然。彦周徐曰："吾晋装也，公何怪。"【37】

当然，李公麟本人也是一个熟谙篆籀古文字的学者，翟耆年说他"闻一器，捐千金不少靳。既得，则剖磨探考，稽证诗书百氏，审谛若符契乃已"。【38】洗玉池以"钟鼎篆"题铭，在古乐石上雕刻古瑞玉图像，并有苏轼的《洗玉池铭》为之"画龙点睛"，称得上是一件神物了。

不过，李公麟的洗玉池故事还有另外一个版本，（南宋）高似孙（1158-1231）《纬略》（成书于嘉定七年，1214之前）有"洗玉池铭"一条，内容为：

东坡为龙眠李伯时作洗玉池铭曰："世忽不践，以用为急。秦汉以还，龟玉道熄。六器仅存，五瑞莫辑。赵璧妇玩，鲁璜盗窃。鼠乱郑璞，鹊抵晋棘。维伯时父，吊古啜泣。道逢玉人，解骖推食。剑璏珹琬，错落其室。晚获拱宝，遂空四壁。哀此命世，久就沦蛰。时节沐浴，以幸斯石。孰推是心，施及王国。如伯时父，琅然环玦。援手之劳，终睨莫拾。得丧在我，匪玉欣戚。仲和父铭之，维以咏德。"按伯时石刻序跋曰："元祐八年，伯时仕京师，居红桥。子弟得陈峡州峡州名彦默字子真马台石，爱而致之斋中。一日东坡过而谓曰：斫石为沼，当以所藏玉时出而浴之，且刻其形于四旁。予为子铭其唇，而号曰洗玉池。而所谓玉者凡一十六，双琥、璩、三鹿卢、带钩、瑲琰、璃琭、杯、水苍佩、螳螂钩、佩柄、珈、瑱、拱璧是也。"伯时既下世，池亦湮晦。徽宗尝即其家访之，得于积壤中。其子硕以苏文有禁，磨去铭文，以授使者。于是置宣和殿。十六玉，唯鹿卢环从葬龙眠，余者咸归内府矣。伯时序跋，世不多见，庸载于此。【39】

在这条材料中，高似孙记载的"洗玉池"是一块"马台石"，不是"泗滨乐石"，引用的李公麟文字是《石刻序跋》。这与前引翟耆年的记录颇有出入。

---

【37】（宋）陆游：《老学庵笔记》卷八，明崇祯津逮秘书本，第9页a。

【38】（宋）翟耆年：《籀史》，第12页。

【39】（宋）高似孙：《纬略》卷一，文渊阁四库全书影印本，子部第852册，第257页a、b。

翟耆年活跃于高宗时代，高似孙为孝宗淳熙十一年（1184）进士，[40] 活跃的年代晚于翟耆年，所著《纬略》刊印年代不详。翟耆年的父亲认识苏轼，翟耆年距李公麟的时代也更近。综合两处记载，我们只能得出如下判断：

一，元祐五年，李公麟在"洗玉池"上环刻家藏古玉，于"元祐惟五年庚午正月初吉"日，用钟鼎古文字体雕刻了题记，感谢陈散候。

关于苏轼的洗玉池铭，前引翟耆年文字称：李公麟"晚作洗玉池，东坡居士铭之。又刻所得拱宝琥瑞等"，这说明苏轼洗玉池铭文出现在雕刻古玉图案之前。苏轼的铭文也有可能刻在洗玉池上，由于不是篆籀和八分字体，所以《籀史》未予收录。《籀史》没有记录苏轼撰写铭文的时间，但肯定早于元祐五年正月。

二，元祐八年，李公麟得到了"马台石"，并在苏东坡的建议下将其改作石沼，刻下了十六枚瑞玉的图形，上面还刻有苏东坡的洗玉池铭。李公麟为此做了石刻序跋，两文由高似孙收录。苏轼撰写《洗玉池铭》的时间为元祐八年。

两相比较，笔者更倾向于第一种看法。苏轼以元祐四年（1089）七月三日出知杭州，抵达任所，元祐六年二月以翰林学士承旨诏归。所以，李公麟与苏轼相会，以及苏轼作《洗玉池铭》的时间应该是元祐四年七月之前，或元祐六年之后。按赵德麟《侯鲭录》："东坡云：元祐三年二月二十一日，与鲁直、蔡天启会于伯时舍，录鬼仙诗文。"[41]《洗玉池铭》很有可能就创作于这段时间，之后李公麟又用了一年多的时间完成了洗玉池的制作，并于元祐五年正月用篆书刻写了题记，这种推测与翟耆年的记录吻合。

相比之下，高似孙的记载演绎色彩更浓厚。宋徽宗崇宁元年，蔡京拜相，在德殿门外树"党人碑"，刻写司马光、苏轼等三百零九位党人姓名，两处文献提到的陈彦默也名列其中。苏轼的铭文原来是刻在"洗玉池"唇口，后来，李公麟后人"以苏文有禁，磨去铭文以授使者"。按照高似孙的记载，李公麟应该另有一篇《石刻序跋》传世，而且这篇文章完美地解释了苏轼《洗玉池铭》的写作动机。陈峡州不过提供了一块劣质石头——甚至都不是赠送给李公麟的礼物。这一切都是为了美化苏轼，至少在这段故事里，苏轼才是真正的主角。

---

【40】见清光绪《余姚县志》卷二四的记载。

【41】（宋）王宗稷：《东坡先生年谱》，明天启元年刻东坡诗选本，第33页a、b。

这或许是向苏轼致敬的特殊方式，无论是在南宋，还是在今天，苏轼《洗玉池铭》的创作动机和时间都一直令人困惑。【42】例如，宋代胡仔（1110-1170）《苕溪渔隐丛话后集》（成书于孝宗乾道三年，1167）卷二十九引《复斋漫录》云：

> 《洗玉池铭》，始予读之，皆不得其说。其后得伯时石刻序跋，乃能明其意。盖元祐八年，伯时在京师，居红桥，子弟得陈峡州马台石……徽宗尝即其家访之，得于积壤中，其子硕以时禁苏文，因潜磨去铭文，以授使者，于是包以裀褥，栖以鬃匣，舁致京师，置之宣和殿中……东坡铭刻与伯时序跋，昔虽有之，今皆亡去，而池亦归天上。惜其本末不著，因存之。【43】

《复斋漫录》原书无存，此书可能就是吴曾的《能改斋漫录》【44】——此书卷十四有"东坡铭李伯时洗玉池"一条云：

> 东坡有《李伯时洗玉池铭》，始予读之，皆不得其说。其后……惜其本末不著，后世将有读坡铭而不能晓者，因具于此。陈峡州即陈彦默，字子真，自号懒散云。【45】

吴曾其人，【46】聪慧倜傥。绍兴十一年，以献书秦桧得官，后人因此对吴曾褒贬不一。其《能改斋漫录》也颇有失实之处，今人余嘉锡《四库提要辨证》对吴曾的人品也评价很低。【47】《能改斋漫录》初刊于绍兴二十四至二十七年间（1154-1157），和《籀史》的刊刻时间相去不远。孝宗隆兴初

---

【42】周裕锴认为《洗玉池铭》创作于元祐八年。见周裕锴：《苏文系年补正》，《四川大学学报》（哲社版），1996年第1期，第64-71页。

【43】（宋）胡仔：《苕溪渔隐丛话后集》卷二十九，乾隆刻本，第2页a、b。

【44】钱钟书曾说：南宋人书中所引《复斋漫录》多见于今本《能改斋漫录》中……斯类疑莫能明。《四库全书总目提要》卷一百十八《能改斋漫录》提要云："辗转缮录，不免意为改窜，故参错百出，莫知孰为原帙也。"卷一百三十五《白孔六帖》提要小注云："按《复斋漫录》今已佚，此条见胡仔《苕溪渔隐丛话》所引。"然于两《漫录》之莫辨葛龚，初未措意也。见钱钟书《谈艺录》，中华书局，1984年，第391页。关于两书之关系，亦请看看宁稼雨《中国文言小说总目提要》"能改斋漫录"条，齐鲁书社，2011年。

【45】（宋）吴曾：《能改斋漫录》卷十四，文渊阁四库全书影印本，第850册，第766页b-d。省略部分同《复斋漫录》。

【46】孙赫男：《吴曾生平仕履考补》，《历史教学》（下半月刊），2013年第2期，第59-65页。

【47】余嘉锡：《四库提要辨证》卷十五，中华书局，1980年，第882页。

（1163），此书因"事涉讪谤"而被禁毁，其间流传十余年。至光宗绍熙元年（1190）删削后重刊。这部书初名或为《复斋漫录》，禁毁后重刊时遂称《能改斋漫录》（或有过而能改之意）。现在来看，有关《洗玉池铭》的成因，其说法都是出自吴曾。但这些说法还是有瑕疵：徽宗"即其家访之"，其后人"包以裀褥，栖以髹匣，舁致京师"云云，读起来更像是小说——李公麟旧宅就在京师红桥，那么"舁致京师"又是什么意思呢？这段话被高似孙的《纬略》删掉了。

事情还没有结束。吕大临的《考古图》卷八收录了李公麟所藏古玉，器物图像和考释文字多出自《李氏录》——李公麟的《考古图》，[48] 这应该没有问题。但其中所给出的补充说明，却有很大的问题。

《考古图》卷八专列玉器，并注明"皆庐江李氏所藏"。[49] 内容为"琥铭三字、瑑珌、璧、瑞玉璂、水苍珮、玉带钩、玉杯、它鹿卢、白玉云钩、玉环、玉玦、琱玉蟠螭、[50] 玉环玦"，共计十三件，其内容与《复斋漫录》所言并不完全一致。在"琥"的说明文字中，有一段话还特别令人怀疑：

> 按东坡洗玉池铭：维伯时父，吊古啜泣。道逢玉佩，解骖推食。剑璏铋柲，错落其室。《复斋漫录》云李伯时石刻，谓："元祐八年，伯时仕京师，居红桥。子弟得陈峡州马台石，爱而致之山中。一日东坡过而谓曰：斫石为沼，当以所藏玉时出而浴之，具刻其形于四旁。予为子铭其唇，而号曰洗玉池。而所谓玉者凡十有六，双琥、璂、三鹿卢、带钩、瑑珌、璃璆、杯、水苍珮、螳螂带钩、佩刀柄、珈、瑱、拱璧是也。伯时既没，池亦湮晦。徽宗尝即其家访之，得于积壤中。其子硕以时禁苏文，因潜磨其铭文，以授使者。"[51]

吕大临怎么会引吴曾的《复斋漫录》呢？容庚发现了这个问题，他在《〈考

【48】吕大临《李氏录》即翟耆年所说的《李伯时考古图五卷》，容庚已做过推定。见《考古图述评》。

【49】李公麟收藏的这批玉器，吕大临也注明了来源，其中，"璧"得于洛阳，"璃玉璂"得于寿阳，"玉带钩""玉鹿卢"得于长垣，"玉杯、白玉云钩、玉环、玉玦、琱玉蟠螭、玉环玦"不知所得，余者皆得自京师。

【50】《研北杂志》：李伯时《古器图》有"雕玉蟠螭"之名。今世所见者，皆出太康古圹中。姚端夫学士，得其三，独李广叔所藏差小而特妙。后见龙川李叔购得齐叔刚者，玉质蚀尽，而琢饰奇古。一螭角上有小鼠，或名"太虚负鼠"，又名"虚木相符"，皆不可晓。环窍仅若当五钱，钩之首正方，径围二寸强，以铜尾并带，贯环窍中，乃可系。梁江总诗云："绿楠朱帘金刻凤，雕梁绣柱玉盘螭。"岂伯时取其语以名之乎？（鲜于伯机家，一玉钩制作精古，盖亦具中物。）

【51】《亦政堂重修考古图》卷八，（宋）吕大临撰，清乾隆十七年（1752）黄氏亦政堂校刊本，第3页b、第4页a。

古图〉述评》中说："卷八'琥'引《复斋漫录》谓元祐八年（1093），伯时仕京师，居红桥。子弟得陈峡州马台石，斫石为沼，号为洗玉池。所谓玉者凡一十六，伯时既没，池亦湮晦。徽宗尝即其家访之，得于积壤中。十六玉唯鹿卢环从葬龙眠，余者咸归内府。此书自序作于元祐七年，而所记乃及徽宗取玉事，若非后人所增，则其作序乃在成书十年以后矣。"【52】

不过，容庚未就此问题再作深论。《考古图》引《复斋漫录》其实是另有原因。目前看到的《考古图》最善本是四库本，其底本是钱曾"影抄北宋本"。但据李玉奇教授考证，钱曾影抄的"宋本"，其实是元大德间茶陵陈才子、陈翼子兄弟修订本。【53】此书是陈氏兄弟及罗更翁采前贤如欧阳修、刘敞、赵九成、薛尚功、吴曾等人之说增补而成。这部书就是钱曾影抄的"宋本"，现已无存。此后的泊如斋本、宝古堂本、四库本都与它有关系。【54】所以，容庚看到的关于《洗玉池铭》的记载，其实是陈氏兄弟、罗更翁从《复斋漫录》中摘录而出，陈氏兄弟未注明出处，造成了我们在认识上的混乱。

关于《考古图》目前所知较好的版本还有中国国家图书馆藏的一部黑字本，图识不精。王重民、容庚认为是元本，但不是大德本——容媛疑为明刻（见《金石书录目》卷二·金类·图像之属）；此外，明万历二十七年（1599）程士庄泊如斋刻本，底本为元陈氏兄弟大德本，古器物图形由丁云鹏、吴左干、汪耕摹制，黄德时、黄德懋镌刻，图像质量很高。万历二十九年（1601）吴万化宝古堂翻刻泊如斋本，最为流行。明代晚期的画家，在绘制各类"博古图""鉴古图"题材人物故事画时，多参考这个版本。

吕大临的《考古图》、翟耆年的《籀史》，及绍兴年间苏轼"平反"运动中出现的《东坡七集》，【55】这或许就是《复斋漫录》中《洗玉池铭》故事的底本。关于李公麟的洗玉池，我们倾向于认可翟耆年的记录，苏轼《洗玉池铭》的创作时间应该是元祐五年。就艺术史研究而言，李公麟的"洗玉池"可能还有特别的意义。具体而言，就是其笔法的渊源问题。南宋邓椿《画继》中记载：

【52】容庚：《〈考古图〉述评》，载吕大临、赵九成：《考古图、续考古图、考古图释文》，中华书局，1987年，第1页。

【53】即元大德己亥（1299），茶陵陈翼子重刊、罗更翁考订本《考古图十卷》。

【54】李玉奇：《〈考古图〉钱曾藏本非影宋本考》，《古籍整理研究学刊》，2001年第5期，第50-54页。

【55】《郡斋读书志》中著录的"苏子瞻《东坡集》四十卷、《后集》二十卷、《奏议》十五卷、《内制》十卷、《外制》三卷、《和陶集》四卷、《应诏集》十卷"。这些著作在南宋初年开始流行。

龙眠居士李公麟，字伯时，为舒城大族，家世业儒。父虚一，尝举贤良方正科。公麟熙宁三年登第，以文学有名于时。陆佃荐为中书门下省删定官。董敦逸辟检法御史台，官至朝奉郎。元符三年病痹致仕，终于崇宁五年。学佛悟道，深得微旨，立朝籍籍有声。史称以画见知于世，非确论也。平日博求钟鼎古器，圭璧宝玩，森然满家。以其余力留意画笔，心通意彻，直造玄妙。盖其大才逸群，举皆过人也……故坡诗云："龙眠胸中有千驷，不惟画肉兼画骨。"山谷亦云："伯时作马，如孙太古湖滩水石。"谓其笔力俊壮也。【56】

这里有两条信息值得关注，一是李公麟博求钟鼎古器，圭璧宝玩，"以其余力留意画笔"，二是东坡称赞他"不惟画肉兼画骨"，黄山谷称赞他的笔法如"孙太古湖滩水石"。李公麟笔法"俊壮"，清劲而又柔和，我以为这与他对古玉雕刻的认识有关，《籀史》称：

哲宗皇帝治圣五年春，得玉玺，下礼部，集诸儒参定。公麟时为御史掾，献言秦玺用蓝田玉，色正青，书以龙蚓鸟鱼为文，著帝王受命之符，玉质坚甚，非昆吾刀蟾肪不可治。自汉雕法中绝，此玺真秦李斯所作，可考不疑。【57】

李公麟能判断秦玺的雕法自汉代中绝，自然说明他对古玉雕刻手法有极高认识。李公麟的笔法或许也是得益于此。具体而言，这是一种在硬质材料，如甲骨文字刻画及玉器雕琢过程中培养出的趣味，之后又向纸绢等软质材料转移。【58】给人的视觉感受即所谓"细劲""劲利如锥刀焉""紧劲连绵、超乎循环"，这也是顾恺之、陆探微的笔法。李公麟在"泗滨乐石"上雕刻的古玉图形，应该就是这种趣味。这一说法可能无法验证，但在理论上可以得到学者约翰·奥尼恩斯的支持，【59】姑且聊备一说。

【56】(宋) 邓椿：《画继》卷三，文渊阁四库全书影印本，第 813 册，第 511 页 c-d。

【57】(宋) 翟耆年：《籀史》，第 12 页。

【58】晚清民国画家喜欢在纸面上表达钟鼎文字、魏碑的趣味，风格与李公麟不同，但道理是一样的。

【59】参阅〔英〕约翰·奥尼恩斯：《神经元艺术史》，梅娜芳译，江苏凤凰美术出版社，2015 年。

## 二 吕大临的《考古图》

吕大临的《考古图》成书于宋哲宗元祐七年（1092），[60] 所著录器物的出处，除秘阁、太常、内府外，共三十七家。而私家所藏明显以庐江李氏（伯时）为最多，铜器四十九件，玉器十三件，共六十二件。这里面可能存在一个原因，即李公麟有现成的《考古图》可供吕大临摹取。以吕大临那个时代的实际古物收藏数量而言，当远远不止区区二百四十二器。[61] 容庚发现，《考古图》"所订器名多舛"，[62] 这原因恐怕就是吕大临汇编诸书所致。《籀史》中提到的吕大临之前的诸家图录——如刘原父《先秦古器图碑》一卷、《皇祐三馆古器图》、李伯时《周鉴图》一卷、胡俛《古器图》、李伯时《考古图》五卷等，应该都是他的参考材料。这一点可以从《考古图》的目录中一窥端倪。其书体例为：

卷首——"考古图所藏姓氏"；

卷一鼎属 18 器；

卷二鬲、甗、鬶（甑）19 器；

卷三簠属目列 25 器，实录 30 器；

卷四彝、卣、尊、壶、罍 47 器；

卷五爵属、豆属、杂食器 18 器；

卷六盘、匜、盂、弩机、戈、削 11 器；

卷七钟、石磬、錞目列 10 器，实录 15 器；

卷八玉器 13 器；

卷九秦、汉器 39 器；

卷十秦、汉器原目 24 器，实录 28 器。

除了前面提到的"庐江李氏"藏品，容庚研究后发现，刘敞《先秦古器图》中著录的十一器，全部被《考古图》收录。[63]

---

【60】关于此书的版本，请参阅范桢：《北宋吕大临考古图的版本考察》，载《艺术生活－福州大学厦门工艺美术学院学报》，2014 年第 2 期，第 74-77 页。

【61】《四库全书总目提要》卷一百一十五记载：清内府藏钱曾手录宋本，共收 242 器。

【62】容庚：《考古图述评》，载《考古图、续考古图、考古图释文》，第 1 页。

【63】容庚：《宋代吉金书籍述评》，载《容庚文集》，中山大学出版社，2004 年，第 87 页。

其实，《考古图》真正重要的成就是对"经传"的发明，以及对铭文的考释。[64]翟耆年称赞他的书"讨论深远，博而合经，非寡闻浅学所能窥识"，[65]说的主要是他在经典阐释上的贡献。吕大临《考古图》序中更是表明了此书的目的：

> 庄周氏谓儒者逐迹丧真……予于士大夫之家，所阅多矣，每得传摹图写，浸盈卷轴，尚病窾启，未能深考，暇日论次成书，非敢以器为玩也。观其器、诵其言，形容仿佛，以追三代之遗风，如见其人矣。以意逆志，或探其制作之原，以补经传之阙亡，正诸儒之谬误。[66]

在古文字考释上，吕大临亦有特殊贡献。例如，他在《考古图释文》序中说："以今所图古器铭识考其文义，不独与小篆有异，而有同是一器，同是一字，而笔画多寡，偏旁位置左右、上下不一者……乃知古字未必同文。至秦既有省改，以就一律，故古文笔画，非小篆所能该也。"[67]可见，他对钟鼎古文字与小篆的区别已有清晰的认识，至于铭文的释读，吕大临的成就也是异常醒目。如容庚所言，《考古图》收录"铜器之有铭者。九十六件，《释文》采用铜器八十五，铭文之要者尽备于是"。[68]此外，《考古图释文一卷》，过去翁方纲认为是赵九成所作，现在已经得到容庚的纠正。

## 三 黄伯思与《宣和博古图录》

### 博古图

《宣和博古图》十五册三十卷，宋徽宗敕撰，宰相王黼编纂，著录了宣和殿等处所藏的八百三十九件铜器。此书于大观初年（1107）开始编纂，约成书于宣和五年（1123）之后。笔者认为，此书当为《秘阁诏藏古器图》和《宣和

---

【64】（宋）吕大临《考古图释文》据《广韵》四声隶字，每字有隶定和反切，后列疑字、象形、无所从三部分，
共收录了八百二十一字，对《考古图》所收青铜器铭文做了详细考释。

【65】（宋）翟耆年：《籀史》，第14页。

【66】《亦政堂重修考古图》序。

【67】（宋）吕大临：《考古图释文》，《金文文献集成》本，线装书局，2005年，第1册，第180页。

【68】《容庚文集》，第54页。

殿古器图》【69】的合集，故称"博古"，因成书于宣和五年，故称《宣和博古图》，宣和二字非专指宣和殿，而此书的著录文字也是众多儒臣研究成果的汇编。

《宣和博古图》于元明清各代均有翻印重修，传世最佳版本为明嘉靖七年（1528）蒋旸翻刻版至大本。目前流传较多的是清乾隆十七年（1752）亦政堂重修本。在《博古图》的诸多版本中，还有一部是英文节译本，由阮元同时代稍晚的英国人彼得·佩林·汤姆斯（Peter Perring Thoms）【70】译出，并加以改编，即 *A Dissertation On the Ancient Chinese Vases of the Shang Dynasty from 1743 to 1496, B.C., Illustrated with Forty-two Chinese Wood Engravings*, London, 1851。

在宋代晁公武（1105-1180）《郡斋读书志》中，"考古"与"博古"一类著作被视作文字音韵之书，【71】从这一角度出发，他著录了三部具有连带关系的著作：《钟鼎篆韵》《考古图》和《博古图》，而且后两部还带有图像。我们且引用《郡斋读书志》卷一"小学类"中的相关记录：

> 《钟鼎篆韵》七卷
> 右皇朝薛尚功集。元祐中，吕大临所载，仅数百字。政和中王楚所传，亦不过数千字。今是书所录，凡一万一百二十有五。【72】

---

【69】北宋文人笔下的《宣和殿古器图》《古器图》即后世各类《博古图》的前身。宋室南渡之后，文人追记前事，遂有《宣和殿博古图》《宣和博古记》《博古图一类说法》。关于《宣和博古图》的作者，参阅岑仲勉：《宣和博古图撰人》，《台湾历史语言研究所集刊》第 12 本，1947 年，第 353-361 页；以及陈梦家遗稿、王世民整理：《〈博古图〉考述》，《湖南省博物馆文集》第四辑，1998 年，第 8-20 页。关于《宣和博古图》的版本，参阅刘明、甄珍：《〈宣和博古图录〉版本考略》，《图书馆理论与实践》，2012 年第 5 期，第 55-59 页。关于《宣和博古图》的成书过程，参阅叶国良：《〈博古图〉修撰始末及其相关问题》，《幼狮学志》，第 18 卷第 1 期，1984 年，第 130-142 页。

【70】1814 年 4 月，英国东印度公司董事会曾雇佣汤姆斯携带一台印刷机、一副活字及其他设备来华，汤姆斯于 1814 年 9 月到达澳门，建立了东印度公司澳门印刷所。美国哈佛大学比较文学系主任大卫·达姆罗什提到，汤姆斯与一位英国书商曾以《中国故事》为题出版了抱瓮老人的《今古奇观》英文版。这部小说对于歌德的文学创作，及"世界文学"这一概念都产生深远影响。参阅大卫·达姆罗什：《世界文学是跨文化理解之桥》，李庆本译，《山东社会科学》2012 年第 3 期，第 37 页。

【71】例如，在著录《钟鼎款识》二十卷时，晁公武就说："右皇朝薛尚功编。《考古》《博图》之类，然尤为详备。"

【72】马端临《文献通考》卷一百九十经籍考十七，称："《钟鼎篆韵》七卷，晁氏曰：皇朝薛尚功集。元祐中，吕大临所载，仅数百字。政和中，王楚所传，亦不过数千字。今是书所录，凡一万一百二十有五。陈氏曰：不著名氏。按《馆阁书目》此书有二家，其一七卷，其一一卷。七卷者，绍兴中通直郎薛尚功所广。一卷者，政和中主管衡州露仙观王楚也。则未知此书之为王楚欤？薛尚功欤？尚功有《钟鼎法帖》十卷，刻于江州，当是其《篆韵》之所本也。"（明冯天驭刻本，第 15 页 b、第 16 页 a。）

《考古图》十卷

皇朝吕大临与叔撰。裒诸家所藏三代、秦、汉尊彝鼎敦之属，绘之于幅而辨论形制文字。

《博古图》三十卷

右皇朝王楚集三代、秦、汉彝器，绘其形范，辨其款识，增多吕氏《考古》十倍。【73】

这三部书，除了吕大临的《考古图》，其余两部均已散佚，《钟鼎篆韵》可以在《历代钟鼎彝器款识法帖》中找到影子，而王楚的《博古图》又该如何呢？按照晁公武的说法，这是一部与吕大临《考古图》类似，而容量更为庞大的著作。

除了著录、阐释古文字，吕大临的《考古图》还抄录了李公麟等诸家图录，并注明出处。李公麟原图虽逸，形模犹存。所以《考古图》不仅是一部小学书，还是一部图谱类的著作。在陈振孙（约1183-约1262）的《直斋书录解题》中，《考古图》就被列入了目录类。同类的著作还有《博古图说》和《宣和博古图》。

《直斋书录解题》卷八目录类记载：

《考古图》十卷

汲郡吕大临与叔撰。其书作于元祐七年，所纪自御府之外，凡三十六家所藏古器物，皆图而录之。

《博古图说》十一卷

秘书郎邵武黄伯思长睿撰。有序。凡诸器五十九品，其数五百二十七，印章十七品，其数二百四十五。案李丞相伯纪为长睿志墓，言所著《古器说》四百二十六篇，悉载《博古图》。今以《图说》考之，固多出于伯思，亦有不尽然者。又其名物亦颇不同，钱、鉴二品至多，此所载二钱、二鉴而已。《博古》不载印章，而此印章最夥。盖长睿没于政和八年，其后修《博古图》颇采用之，而亦有所删改云尔。其书大抵好傅古人名字，说已见前。

《宣和博古图》三十卷

宣和殿所藏古器物，图其形制而记其名物，录其款识。品有总说，以举其凡。而物物考订，则其目详焉。然亦不无牵合也。【74】

---

【73】（宋）晁公武：《郡斋读书志》卷一下，文渊阁《四库全书》本，第21页a至第22页a。

【74】（宋）陈振孙：《直斋书录解题》卷八，文渊阁《四库全书》本，第8页b至第9页b。

晁公武和陈振孙著录的书籍都为他们所经眼，所以这些记载是可信的。综合两处记录，我们看到了三部《博古图》，即王楚《博古图》三十卷、黄伯思《博古图说》十一卷和《宣和博古图》三十卷。除了《宣和博古图》，前面两部《博古图》已散佚无存，它们和《宣和博古图》的关系成了一个谜，引起学者的反复争论。[75]

在中国金石学史中，《宣和博古图》是一部里程碑似的著作，在学术史上一直备受关注。由于《宣和博古图》并非出自一时一人之手，所以关于此书的名称、作者、成书过程[76]等问题一直众说纷纭。例如，王国维在《书〈宣和博古图〉后》中提道：

蔡绦《铁围山丛谈》载其所作古器说云"太上皇帝即位，宪章古始。及大观初，乃效李公麟之《考古图》，作《宣和殿博古图》，凡所藏者为大小礼器，则已五百有几。独政和间为最盛，尚方所贮，至六千余数百器，时所重者三代之器而已。若秦汉间，非殊特盖亦不收。及宣和后，则咸蒙贮录，且累数至万余，若岐阳宣王之石鼓，西蜀文翁礼殿之绘象，凡所知名，闾间巨细远近，悉索入九禁。而宣和殿后，又创立保和殿者，左右有稽古、博古、尚古等阁，咸以古玉、玺印、诸鼎彝、法书、图画咸在"云云。案此说，记徽宗一朝最为详尽，然亦有夸诞失实处，如谓《宣和博古图》之名，取诸宣和殿，又谓其书成于大观之初，而不在宣和之末，其实不然。翟耆年《籀史》谓："政和癸巳秋，获兕敦于长安。"而《博古图》中已著录是敦。又赵氏《金石录》谓："重和甲戌，安州孝感县民耕地得方鼎三、圆鼎三、甗一，谓之安州六器，而此图中已著录其四，其二旧失其名，谅亦必在图中。"又赵氏谓："宣和五年，青州临淄县民于齐故城耕地得古器物数十种，其间钟十枚尤奇，

___

【75】比如，陈梦家说晁公武《郡斋读书志》的早期版本并未提到《博古图》撰人，并认为，"王楚编撰之说最为无据，徽宗王黼之说亦只是参与其事而已，此书之成，从大观初至宣和末约二十年间由内廷主编，而又有若干人参加讨论"。见陈梦家遗稿、王世民整理：《博古图考述》，载《湖南省博物馆文集》第四辑，1998年，第17页。

【76】叶国良认为，仅徽宗主持的《博古图》就有三个版本，即宣和殿《博古图》（百器，内府藏，内府撰，政和三年六月以前完成）；初修本《博古图》（五百余器，政和三年七月完成）；宣和重修《博古图录》（八百余器，其中五百余器为彝器。王黼为提调者，修于宣和五年至七年之间。三十卷）。他提出，王楚《博古图》二十卷、宣和印谱俱与今传《博古图》无涉；黄伯思《博古图说》十一卷系私人著作，与官修《博古图》亦非一书。参阅叶国良《〈博古图〉修撰始末及其相关问题》，《幼狮学志》，第18卷第1期，1984年，第130-142页。

而此图已著录其五。"则此书之成，自当在宣和五年之后，不得在大观初。【77】

实际上，远在王国维之前，有关《宣和博古图》的说法就一直很混乱，容庚讲："薛尚功《钟鼎款识》引《博古图录》或言《博古》，或言《博古录》，或言《重修博古图录》，或言《宣和重修博古图录》。"【78】对此，陈梦家有一个详细的说明。他说，南宋对《博古图》共有六种称谓，即：

《宣和殿博古图》

《宣和博古图》

《重修博古图录 宣和重修博古图录》

《徽宗宣和博古图》

《宣和博古记》

《博古图》

并认为"博古图"一名，最早见于南宋初绍兴时。此书在徽宗朝重修以前，曾名为《宣和殿古器图》或《古器图》。【79】

而关于《宣和博古图》的底稿、初修、考订、重修则又是一个漫长的过程，从《四库全书总目提要》的介绍中，我们亦可见其梗概：

《宣和博古图》 三十卷

按晁公武《读书志》称《宣和博古图》为王楚撰，而钱曾《读书敏求记》称元至大中重刻《博古图》，凡臣王黼撰云云，都为削去，殆以人废书。则是书实王黼撰，"楚"字为传写之讹矣。曾又称《博古图》成于宣和年间，而谓之重修者，盖以采取黄长睿《博古图说》在前也。

考陈振孙《书录解题》曰，《博古图说》十一卷，秘书郎昭武黄伯思长睿撰，凡诸器五十九品，其数五百二十七，印章十七品，其数四十五。长睿没于政和八年，其后修博古图，颇采用之，而亦有删改云云。钱曾所说，良信然。

考蔡绦《铁围山丛谈》曰，李公麟，字伯时，最善画，性喜古，取生平所得及其闻睹者，作为图状，而名之曰《考古图》。及大观初，乃仿公麟之《考古》作《宣和殿博古图》。则此书踵李公麟而作，非踵黄伯思而作，且作于大观初，不作于宣和中。

【77】王国维：《观堂集林（外二种）》卷十八，第569页。

【78】《容庚文集》，第60页。

【79】陈梦家遗稿、王世民整理：《博古图考述》，载《湖南省博物馆文集》第四辑，1998年，第10页。

……自洪迈《容斋随笔》始误称政和、宣和间朝廷置书局以数十计，其荒陋而可笑莫若《博古图》云云。钱曾遂沿以立说，亦失考也。

……然其书考证虽疏，而形模未失，音释虽谬而字画具存，读者尚可因其所绘以识三代鼎彝之制、款识之文，以重为之核订，当时裒集之功，亦不可没。其支离悠谬之说，不足以当驳诘，置之不论不议可矣。【80】

关于《宣和博古图》的作者，容庚判断，此书"乃由徽宗亲御翰墨，王黼为编撰之人"。【81】当然，这一说法是出自翟耆年，《籀史》中的第一条著录就是"徽宗圣文仁德显孝皇帝宣和博古图三十卷"。翟耆年称：

（徽宗）文武生知，神圣天纵，酷好三代钟鼎书，集群臣家所蓄旧器，萃之天府，选通籀学之士，策名礼局，追迹古文，亲御翰墨，讨论训释，以成此书。【82】

从前引《籀史》来看，徽宗时期宣和殿中的古器物主要来自群臣献纳，相关的图像及器物解说也同样出自群臣，【83】工作的机构是礼局，这部著作即后世通行的《博古图录》三十卷，主持其事者为宋徽宗，而且徽宗还留下了《博古训》——宋室南渡之后，宋高宗曾召见翟耆年，请他著录器物（可能是仿效政和礼器铭文的做法，为新成"重器"题写铭文），并向他赐赠徽宗《博古训》：

维绍兴十有二年二月，帝命臣耆年纪宝十有二。帝曰："昔保氏以六书诏国子……今汝追迹古文，博极篆籀，俾枸鼎悝铭，弗斁是赖。肆余命汝，仿商戈之书，著兹重器。锡汝先帝《博古训》、象圭、暨笔墨若茶、药物惟旅。"【84】

---

【80】《四库全书总目提要》卷一百十五，子部二十五·谱录类。

【81】《容庚文集》，第59页。

【82】（宋）翟耆年：《籀史》，第1页。

【83】翟耆年提到的"礼局"即徽宗设于大观元年（1107）正月的尚书省"议礼局"，这是一个临时机构，"凡礼制本末，皆议定取旨。政和三年（1113），《五礼议注》成，罢局"。（《宋史》卷一百六十一《职官志》）"议礼局"的提举官是枢密院使郑居中，周邦彦亦曾做过议礼局检讨。"议礼局"罢局之后，徽宗曾于政和三年"冬十月乙丑，阅新乐器于崇政殿，出古器以示百官"。（《宋史》卷二十一本纪第二十一徽宗三）
翟耆年的父亲翟汝文就"策名礼局"，任议礼局的编修官。政和三年，他曾"奏乞编集新体，改正《三礼图》以示后世"。

【84】（宋）翟耆年：《籀史》，第1页。

《博古训》是什么内容，现在已不得而知。但从《宣和博古图》的著录文字忖度，其基本指导思想当为"崇文""从周" 一类，即对于无法断代的器物，无法确认的历史人物，儒臣往往会托为周器、周人。这是一个权宜之计，其中有政治寓意，有解释的智慧，也有无可奈何的穿凿附会。如洪迈《容斋随笔》在批评《宣和博古图》时说：

> 政和、宣和间，朝廷置书局以数十计，其荒陋而可笑者莫若《博古图》。予比得汉匦，因取一册读之，发书捧腹之余，聊识数事于此。父癸匦之铭曰："爵方父癸。"则为之说曰："周之君臣，其有癸号者，惟齐之四世有癸公，癸公之子曰哀公，然则作是器也，其在哀公之时欤？故铭曰'父癸'者此也。"夫以十干为号，及称父甲、父丁、父癸之类，夏、商皆然，编图者固知之矣，独于此器表为周物，且以为癸公之子称其父，其可笑一也。【85】

其实，这部三十卷本《宣和博古图》还有一个早期版本，即政和三年《宣和殿古器图》一百卷，其图像仿自李公麟的《考古图》模式，而阐释文字则部分采用了宋代黄伯思（1079-1118）的《古器说》，其余阐释文字出自礼局儒臣，如翟耆年的父亲翟汝文等，未可尽考。

黄伯思《东观余论》【86】中有"跋定本《古器图》后"一条，其内容为："政和五年十一月十一日于山阳，以张丈人家本校，并补所乏，黄长睿父书。"

黄伯思提到的这部"定本《古器图》"就是《宣和殿古器图》——和刘敞兄弟看到的《秘阁诏藏古器图》属于同一性质。黄伯思留下的校订文稿，以及其他讨论古器的文稿即《古器说》四百二十六篇。

在黄伯思离世十七年之后，李纲为黄伯思做了墓志铭，其中提道：

> （黄伯思）在馆阁时，当天下承平无事，诏讲明前世典章文物，修舆地图，集鼎彝古器考订真赝。公以素学与闻议论，发明居多。所著《古器说》

---

【85】（宋）洪迈：《容斋随笔》卷十四，常熟瞿氏铁琴铜剑楼藏宋刊本，第4页b、第5页a。

【86】黄伯思卒后，其子黄以"先人所著《法帖刊误》《秘阁古器说》、论辨题跋共十卷（《东观余论》黄跋）"，编成《东观余论》。目前所见《东观余论》最早版本为上海图书馆藏南宋宁宗嘉定三年温陵庄夏所刊二卷本。庄夏于宋嘉定庚午，以建安漕司初刻本为底本，以楼钥手校善本补校，同时参校蜀本、金陵汪氏所藏三刘本，集众本之长增删而成。此书详细情况，请参阅赵彦国：《黄伯思〈东观余论〉成书及其版本考》，《艺术百家》，2008年第3期，第103-107页。

凡四百二十六篇，地志、文字尤富。《古器说》悉载《博古图》。【87】

　　《古器说》四百二十六篇后来被收入和《博古图说》十一卷。容庚"疑此为《博古图录》之初本"【88】，但陈梦家考证："李纲以为黄说多采入《博古》，并不可据。近人或以为《博古图说》为《博古图录》之初本，亦不可信。"【89】事实上，黄伯思《博古图说》十一卷，其体例与《宣和殿博古图》完全不同——如其中讨论的"印章十七品，其数二百四十五"就没有进入《宣和殿博古图》——前引陈振孙《直斋书录解题》已然详言，此处不赘。

　　就《宣和殿博古图》而言，其内容也并非仅仅取材于黄伯思的《博古图说》，这部书同时也融合了其他阁臣的考订文字。按照陈梦家的说法，《宣和殿博古图》的编撰人当为徽宗皇帝、权贵幸臣、馆阁学士、礼局礼官，是一个庞大的团体。而在《宣和殿博古图》的背后，我们还可以看到一个更庞大的图景：以徽宗所居处的"宣和殿"为中心，《宣和殿博古图》和《宣和睿览册》《宣和画谱》二十卷、《宣和书谱》二十卷、《宣和印谱》（已佚）等【90】共同构成了一个完整的系统，其寓意正如"大晟钟"一样，标志了"文治"的巅峰。

　　《宣和殿博古图》成书后，内府续有所获，遂于宣和年间予以重修，被学人称作《宣和重修博古图录》，内容增至八百三十九器，其编撰体例是：

　　　　卷一至卷五：鼎、鬲 126 器

　　　　卷六、七：尊、罍 41 器

　　　　卷八：彝、舟 27 器

　　　　卷九至十一：卣 53 器

　　　　卷十二、十三：瓶、壶 56 器

　　　　卷十四：爵 35 器

　　　　卷十五、十六上：斝、觚、斗、卮、觯、角等 64 器

　　　　卷十六下、十七：敦 28 器

【87】（宋）黄伯思：《东观余论》卷下，宋嘉定三年（1210）温陵庄夏刊本，第 87 页 a。

【88】《容庚文集》，第 92 页。

【89】陈梦家遗稿、王世民整理：《博古图考述》，《湖南省博物馆文集》第四辑，1998 年，第 13 页。

【90】容庚认为，黄伯思《博古图说》中的"印章十七品"，被"析出另成《宣和印谱》，此虽忖测，不中不远矣"。见《容庚文集》，第 61 页。

卷十八：簠、簋、豆、铺 11 器，甗、锭 15 器

卷十九：鬲、鍑 18 器，盉 14 器

卷二十、二十一：盦、鐎斗、瓴、罂、冰鉴、冰斗 14 器，匜、匜盘、洗、盆、铞、枵 28 器

卷二十二至二十五：钟 118 器

卷二十六，磬 4 器，錞 19 器，铎、钲、铙、戚 15 器

卷二十七：弩机、镦、衾、钱、砚滴、托辕、承辕、舆辂饰、表座、刀笔、杖头等 40 器

卷二十八至三十：鉴 113 器

## 四　秘阁——董逌与黄伯思

### 定本《古器图》

政和五年十一月，黄伯思曾校订定本《古器图》，"并补所乏"，关于这部"定本《古器图》"，董逌也做了记录，《广川书跋》卷一"蜼敦"条记载：

> 政和三年，内降宣和殿古器图，凡百卷，考论形制甚备。于是馆下以藏古器，别为书谱上。校书郎黄伯思以图示余，曰商素敦者……其制两蜼首，耳下有珥，其尾歧出。且曰古器之存于今者，若周宰辟父敦……皆有款识，此器特异，疑为商人制也。余考之，蜼，寓属，其尾歧出，古之宗彝也，虞舜已然，岂特商邪！于是定为蜼鼎。【91】

董逌明确提到了《宣和殿古器图》一百卷，而且还与黄伯思做了讨论。黄伯思和董逌曾经共事于秘阁。

政和中，董逌官徽猷阁待制，徽宗时官校书郎，【92】与黄伯思同一职事。四库馆臣称，"逌在宣和中与黄伯思均以考据赏鉴擅名"（《四库全书总目提要·广川画跋》）。董逌在《广川书跋》中屡次提及"秘书郎黄伯思""黄

---

【91】（宋）董逌：《广川书跋》卷一，明津逮秘书本，第2页a、b。

【92】（清）陆心源：《宋史翼》卷二十七（清光绪刻潜园总集本，第13页a）："宋董逌，字彦远……徽宗时官校书郎。"

伯思学士"。黄伯思亦多次言及董逌，《东观余论》"论汉晋碑"一条，生动记录了二人论学的情景：

> 与董彦远同观《文翁学生题名》。
>
> 予谓董云："结体殊不类隶。"董云："《集古录》以为文翁学生。"予云："尝考此碑，其郡望有云江阳、宁蜀……"彦远击节此言，以为辨证精详。
>
> 又问予云："《周公礼殿记》云甲午年故府梓潼文君，不审文君之名。"予云："《华阳国志》载文参字子奇，梓潼人，平帝用为益州太守。记中文君，乃此人也。"
>
> ……予又云："备员秘馆累年，御府降出，太清楼奇书异传甚富，令参校得失……"董云："异书不可不看。逌初除正字，供职未几，乃以平日所疑故事，因阅传记决疑者多。自此后论议觉进，信知书不负人也……"
>
> 予又论《集古录》疏脱处……彦远云恐忘记，遂尽录去。【93】

秘馆之内，黄伯思与董逌一问一答，情景不免令人羡慕。台北故宫博物院藏《集古名绘》册中有传为刘松年的《博古图》一页，【94】画面中的四位文士正在揣摩、鉴赏三代古器，我们还不了解谁是画面的主人公。结合其余古器物和画面整体气氛判断，其内容应该是内府或秘阁的文臣正在考订古物。如果其中的两位就是黄伯思和董逌，那实在是令人惊喜！不过，这也有可能是一幅纪念性绘画，表现了北宋仁宗皇祐三年诏出秘阁及太常所藏三代钟鼎器，并诏命杨南仲考释文字这件事，如此，画中人物或为刘敞、欧阳修、杨南仲、章伯益诸公。当然，这仅仅是对这件托名之作的猜想。（图见第二章）

前引《广川书跋》中，董逌记录了黄伯思对"商素敦"的见解，以及他自己的看法。而这件事情在黄伯思那里也有记载，《东观余论》"商素敦说"称：

> 案古敦之存于今者，若周宰辟父敦……率皆有款识，言时称伐，比他器为详，大底皆周器也，此敦……质古不华，疑若商器。然又诸敦之有铭者往往皆宗器也，此既无铭，岂非燕飨所用，与周大方鼎同义乎？【95】

---

【93】（宋）黄伯思：《东观余论》卷下，第70页a至第71页a。

【94】何传馨主编《故宫书画图录》，台北故宫博物院，2010年，第29册，第278页。

【95】（宋）黄伯思：《东观余论》卷上，第80页a。

实际上，董逌和黄伯思的交流远远不止"商素敦"这一件器物，《广川书跋》卷一、卷二、卷三著录了《父乙尊彝》《蝉敦》等商周铜器六十五则，东观余论中提到的器物，在《广川书跋》中大多数都可以找到。可以想象，其中很多器物可能都经过了二人的共同讨论。

### 《秘阁古器说》

针对秘阁收藏的古物，黄伯思有《秘阁古器说》传世，其部分内容被收入了《东观余论》。四库馆臣称，《东观余论》：

> 所载古器亦不足四百二十六条，则疑讹于其未定之说有所去取，较务矜繁富，不辨美恶，徒夸祖父之长而适暴所短者，其识特高。【96】

"讹"是黄伯思之子黄讹，他在《东观余论》跋语中称："以先人所著《法帖刊误》、《秘阁古器说》、论辨题跋共十卷，总目之曰《东观余论》。"很明显，黄伯思在此所著录的是"秘阁古器"，而非太常、宣和殿、内府藏器，董逌的《广川书跋》对此亦有明确说明（见《广川书跋》卷一）。

《东观余论》有黄伯思所作古器考释文稿二十五篇，【97】另有《汉简辨》《古瓦辨》两篇。这二十五篇的条目是：《铜戈辨》《弶仲医辨》《古器辨》《商著尊说》《秦昭和钟铭说》《商素敦说》《商山觚、圜觚说》《周狸首豆说》《周史伯硕父鼎说》《周举鼎说》《周宋公鼎说》《周方鼎说》《周宝和钟说》《周云罍钟说》《周罍、周洗说》《周一柱爵说》《周云罍斝说》《周螭足豆说》《周素盦、汉小盦说》《宋钟说》《汉金錞说》《汉螭纹瓿说》《汉象形壶说》《汉小方壶说》《汉漏壶说》。

那么，《秘阁古器说》和后来的《宣和博古图》是什么关系呢？我们不妨做一简单分析。

《宣和博古图》收录有"周史伯硕父鼎、周举鼎、周宝和钟、周宋公钟"，与《东观余论》中提到的这几件古器吻合。其中的著录文字，如"周史伯硕父鼎"，内容与黄伯思出入极大，明显与黄伯思无关；"周举鼎"较黄伯思简略，但其底稿明显是出自黄伯思；另外，黄伯思讨论的"周宝和钟"有二

---

【96】《四库全书总目提要》卷一百十八，子部二十八"杂家类"。

【97】陈梦家说《东观余论》中有"秘阁古器说"二十二篇（见陈梦家遗稿《博古图考述》第13页），疑有误。

器，《宣和博古图》著录的是三器，其考证文辞较黄伯思简略，但举证的材料与黄伯思一致。《宣和博古图》中的"周宋公钟"，在《东观余论》中作"宋公成之钟"，两书都是六器，考证文辞以黄伯思为详。黄伯思提到，徽宗作"大晟钟"时，曾取法于"宋公成之钟"六器，《宣和博古图》刻意强化了这一点，云：

> 惟太祖有天下，实起于睢阳，故国号大宋。是六钟既出于宋地，而铭文又有曰"宋公成"，则其于受命之邦，出为太平之符者，正其时欤！由是作乐之初，特召大晟府取是为式，遂成有宋一代之乐焉。当知古今符命，莫不各有所感召云。【98】

《东观余论》中的二十五篇考释文字应该是提交给秘阁，为重修《博古图》提供了参考。其后宣和年间重修《博古图》，主事者为王黼，其间肆为删改，也在情理之中。这应该是《东观余论》中的《秘阁古器说》与《宣和博古图》的关系。下文以"周史伯硕父鼎"为例，作具体分析。

"周史伯硕父鼎"得于北宋仁宗至和元年（1054），【99】《东观余论》对它的解说是：

> 右二器形制款识悉同，而文字刓缺。以二鼎参读而互辩之，可识者四十有三字，不可见五字而已。
>
> 案史伯，周宣王臣，硕父，其字也。郑桓公为周司徒，问王室于史伯，史伯具以诸国及晋、楚所以兴对。《春秋外传》是之，而《汉书古今人表》于厉王、宣王时皆书史伯。疑非二人，盖羡文耳。
>
> 此二鼎铭文著史伯硕父所以作鼎，曰："朕皇考僖仲王母舟母尊鼎。"而周器之拓文有曰："史颖作朕皇考僖仲王母舟母尊鼎。"款识字画大致皆同。则知颖者，盖硕父之名，三鼎之文互相见耳。
>
> ……古文舟与周同，史伯周臣，故称其王母曰周母，犹周之姜任、大姒号曰周室，三母亦以国著也……今先僖仲而后周母，盖僖仲实王父耳。下言王母则上为王父可知，故但曰皇考铭之。

---

【98】《泊如斋重修宣和博古图录》卷二十二，（宋）王黼等撰，明万历十六年（1588）泊如斋刻本，第33页b。

【99】（宋）董逌《广川书跋》卷二"史伯硕父鼎铭"：史伯硕父鼎二，至和元年虢州得之。

首曰"惟六年八月初吉己子",以己配子,则于十日刚柔,疑若弗类,然三代鼎彝铭刻若此者尚多……所谓己子乃甲子也,丁子、乙子,义亦如之,其说未知孰是。

铭之卒章曰"用祈绰绾眉寿",晋姜鼎铭亦有此语,盖祈天永命,俾弗中绝,故曰"绾",垂裕后昆,俾昌而大,故曰"绰",与万年子孙永保同意,皆善祷之辞也。鼎唇之文镂为龙及饕餮之象,而腹皆作龙鳞,与周窦父鼎颇相类,皆合而成体,散而成章之义,所谓龙纹之鼎,盖取诸此。【100】

在这段文字中,黄伯思对"周史伯硕父鼎"的铭文释读、人物身份考订、文辞含义及图案纹饰都有全面的说明,材料引证丰富,语气从容不迫,足称古物著录文字典范。在《宣和博古图》中,黄伯思提到的"二鼎"只出现了一件,被称作"周伯硕父鼎"(图3.1);黄伯思提到另一件拓文作"史颖作朕皇考僖仲王"的周器,在《宣和博古图》中也出现了,题为"周史颖鼎"(图3.2)。

《宣和博古图》中对"周伯硕父鼎"的说明文字为:

曰"子史伯硕父"者,伯硕父虽不见于经传,然周有太史、内史之官,谓之子史,则称于父曰子,举其官曰史,而伯硕父则又其名也。曰"追孝于朕皇考僖仲,王母乳母"者,用昭孝享于其考妣也。僖,谥也。而曰僖仲者,盖古人以字为谥,因以为族,则仲疑其族也。若"王母乳母",则追孝皇考而并及之。其曰"绾绰",则祝以优裕之辞耳。【101】

和黄伯思相比,后者显然文辞庸弱,考证荒疏。另外,二书对铭文的释读也有出入,如黄伯思说的"王母舟母",在《博古图》中作"王母乳母"。查《殷周金文集成》【102】和《殷周金文集成释文》,【103】"史伯硕父鼎"的铭文为:

唯六年八月初吉己巳,史伯硕父追孝于朕皇考僖仲、皇母泉母尊鼎,用祈介百禄、眉寿、绾绰、永命万年无疆,子子孙孙,永宝用享。

【100】(宋)黄伯思:《东观余论》卷上,第82页a至第83页b。

【101】《泊如斋重修宣和博古图录》卷二,第9页a、b。

【102】中国社会科学院考古研究所编《殷周金文集成》,第5册,"史伯硕父鼎",中华书局,2007年,第1444页。

【103】中国社会科学院考古研究所编《殷周金文集成释文》,第2卷,香港中文大学中国文化研究所,2001年,第355页。

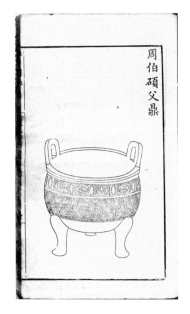

3.1 "周伯硕父鼎"铭文、图形

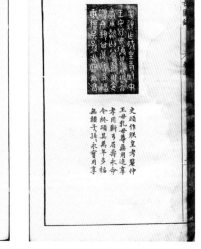

3.2 "周史頵鼎"铭文、图形

在"王母舟母""王母乳母""皇母泉母"这三条释文中，以《重修宣和博古图》"王母乳母"一条最为可疑。

黄伯思对"史伯硕父鼎"的解释带有深厚的历史意识，他认为"史伯硕父"是文献记载中的周宣王臣，并列举了郑桓公向他问政的历史典故。这件事情在《国语》和《史记》中都有记载。[104]此外，黄伯思还据"頔父鼎"（图3.3），考证出史伯硕父的名字为"頔"（淳熙本《东观余论》中作"颖"，疑误刻）。上述例子可以看出，黄伯思的确"信而好古"，其考古方法正与刘敞、欧阳修、赵明诚相同，即高度信奉经典，倚重文献。但在后世考古家的眼中，又难免会有附会之嫌。

### "古器辨"

除了讨论"秘阁古器"，《东观余论》中还有"古器辨"一条，其内容应该是对"定本《古器图》"所提的意见。"古器辨"中的讨论意见也多被《重修宣和博古图》采纳，或涵容。而黄伯思的见解，也足以代表宋代文人对古器物形制的认识水平。试分析如下：

古器辨

鼎属七：甲鼎、乙鼎非鼎也，乃甗也，盖甑之类。丙鼎中有人形，盖古子孙字。丁鼎、戊鼎中文，两目之间非鼻，乃父字耳上两目，乃古瞿字。盖其人曰瞿父也。己，敦也，古盛黍稷器，《仪礼》所谓全敦，非鼎也。庚，此汉人所谓香炉耳，非鼎也。

钟属四：其三是钟，最后丁号者，柄差长，当是钲也。

尊爵属四：甲是卣，中尊也。中有人形，亦古子孙字。乙，爵也，文曰"祖甲"。丙爵，丁爵。

---

【104】《史记·郑世家》云："郑桓公友者，周厉王少子而宣王庶弟也。宣王立二十二年，友初封于郑。封三十三岁，百姓皆便爱之。幽王以为司徒。和集周民，周民皆说，河雒之间，人便思之。为司徒一岁，幽王以褒后故，王室治多邪，诸侯或畔之。于是桓公问太史伯曰：'王室多故，予安逃死乎？'太史伯对曰：'独雒之东土，河济之南可居。'公曰：'何以？'对曰：'地近虢、郐，虢、郐之君贪而好利，百姓不附。今公为司徒，民皆爱公，公诚请居之，虢、郐之君见公方用事，轻分公地。公诚居之，虢、郐之民皆公之民也。'公曰：'吾欲南之江上，何如？'对曰：'昔祝融为高辛氏火正，其功大矣，而其于周未有兴者，楚其后也。周衰，楚必兴。兴，非郑之利也。'公曰：'吾欲居西方，何如？'对曰：'其民贪而好利，难久居。'公曰：'周衰，何国兴者？'对曰：'齐、秦、晋、楚乎？'夫齐，姜姓，伯夷之后也，伯夷佐尧典礼。秦，嬴姓，伯翳之后也，伯翳佐舜，怀柔百物。及楚之先，皆尝有功于天下。而周武王克纣后，成王封叔虞于唐，其地阻险，以此有德与周衰并，亦必兴矣。'桓公曰：'善。'于是卒言王，东徙其民雒东，而虢、郐果献十邑，竟国之。"（《史记·郑世家·第十二》）

3.3 "史伯硕父鼎"铭文

鉴二：甲，其文曰："仙山并照，智水齐名。花朝艳彩，月夜流明。龙盘五瑙，鸾舞双精。传闻仁寿，始验销兵。"文体乃唐人镜，其体制亦不甚古。乙，铭曰：青盖作竟四夷服，多贺国安人民（一字不明），胡虏殄灭天下得，一雨旸节五资（上二字不明）长保二亲（下一字不明）。凡三十字，三字不明。此乃汉鉴，胜前一鉴远甚。乙铭不可晓，考之《博古图》，汉有青盖鉴铭，青羊做青盖，又宜子孙，鉴铭五资作五谷熟。【105】

"鼎属七"是对鼎的形制的讨论。北宋时期，一般的文人看到古容器都会称之为鼎。秀才胡穆赠给苏轼一件古酒器爵，并称之为鼎。苏轼表示怀疑，但又不能判明何物，只好暂称为饮器，并作诗云："嗟君一见呼为鼎。"北宋文人会有这样的误判，是因为在《考古图》《宣和博古图》出现之前，一般学者对爵、斝、甔、簋、敦之类尚无明确的认识。还有一个原因，就是魏晋时期鼎炉、丹炉的概念过于深入人心。【106】

---

【105】（宋）黄伯思：《东观余论》卷上，第 66 页 b 至第 67 页 a。

【106】在苏轼及稍早时代，爵与鼎的区别一直还不是那么明确。如吴曾《能改斋漫录》卷十四《答刘保衡投进古器诏》记载："大中祥符五年，南康军建昌县李士衡庄，遇晦冥，即光彩出没。一夜，雷电风雨暴作，翌旦山拆泉涌，急流中得一古器，篆文款识甚奇。太守刘保衡指以为鼎，投进，答诏云：'眷彼名区，出兹古器，既瑰奇而有异，爰贡奉以斯来。省阅之余，嘉尚良切。'保衡绘形刻石尚在。今观石刻，制作精巧，正古酒爵，非鼎也。当时失于稽考，故诏书亦但言古器云。"

黄伯思对"瞿父鼎"的见解被《重修宣和博古图》所质疑,《重修宣和博古图》"商瞿父鼎"一条称:"铭二字,曰瞿父,商器以父铭者多矣,瞿则莫详其为谁。然瞿作两目,与商瞿祖丁卣之两目相似,固未易以名氏考也。"(图3.4、图3.5)【107】查考《西清古鉴》卷十五卣一:"商瞿卣"一条,我们发现,《重修宣和博古图》中的问题在《西清古鉴》中得到了回应——如四库馆臣所言:"商瞿卣旧无实证,则引《竹书纪年》注,定瞿为武乙之名。"【108】黄伯思对钲的认识也值得我们注意。苏轼《新城道中》云"岭上晴云披絮帽,树头初日挂铜钲",他说的铜钲是宋人所使用圆形铜锣、铜盘一类器具。黄伯思则据器形指出了钲和钟的区别,对于宋人而言,这应该是极为专门的知识。宋初徐铉有《古钲铭碑》一卷(佚),其中提道:"建阳有越王余城,城临建溪。村人于溪中获一器,状如钟,长八寸,径六寸,柄一尺。柄端有双角相向箝。重十斤,铭四十八字。献之刺史王延政。有摹其字以示余者,惟'连钲'二字可识。"【109】黄伯思有可能读过《古钲铭碑》,但是否见过徐铉说的古钲,其事不得而知。他从四枚钟中剔出了一件"钲",这件事的确是来自个人之"目验",或至少是对《宣和殿古器图》的直接判断。

在"鉴二"一条中附有一小段考订文字云:"乙铭不可晓,考之《博古图》,汉有……"这部分文字为庄夏所加。按《东观余论》刊刻时间计,庄夏补注的时间应该是"绍兴丁卯(1147)春正月初三"。检视泊如斋本《重修宣和博古图》"青盖鉴",其铭文释读为"青盖作竟四夷服,多贺国家人民息,胡虏殄灭天下阳,风雨时节五谷熟……"明显比黄伯思通顺。

从《东观余论》的"秘阁古器说"和"古器辨"中,我们隐约感受到《宣和博古图》背后所隐藏的复杂的知识结构。金石学者面对的是一个真切的物质世界,那些器物、图像和铭文既古老又新奇,既熟悉又陌生,散发出几乎令人窒息的历史感——金石古物本身就是事实,更是历史本身,它铭刻了生命的印记,并顽强地对抗着时间的侵蚀。古老的历史遗物,正如沉默而又急于倾诉的目击证人,不断地把历史召唤回现实世界,让"寄居"在文献中的古人重新获得了生命。

---

【107】《泊如斋重修宣和博古图录》卷一,第9页b。

【108】《四库全书总目提要》卷一百十五,子部二十五·谱录类。

【109】(宋)翟耆年:《籀史》,第9页。

右高五寸二分耳高一寸闊一寸二分深三
寸二分口徑五寸腹徑五寸二分容二升二
合重二斤十有四兩三呂銘二字曰瞿父商
器以父銘者多矣瞿則莫詳其為誰然瞿作
兩目與商瞿祖丁卣之兩目相似固未易以
名氏考也是器耳呂純素無紋緣之外作
雷紋饕餮歷年滋多如碧玉色宜為商器也

商瞿父鼎

瞿父

3.4 "商瞿父鼎"铭文、图形

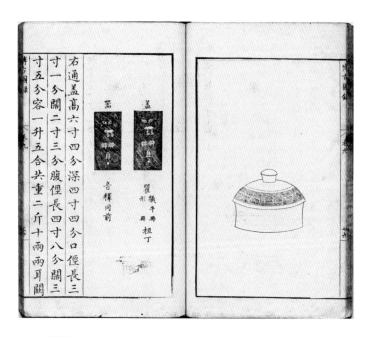

右通盖高六寸四分深四寸四分口徑長三
寸一分闊二寸三分腹徑長四寸八分闊三
寸五分容一升五合共重二斤十兩兩耳闊

器 盖

瞿作午册
瞿形册祖丁

音釋同前

3.5 "商瞿祖丁卣"铭文、图形

## 五 地方州县的"礼图"及仿古礼器

### 南渡之后的"礼图"

"国之大事，在祀与戎"，这句话在宋王朝或许还有着特殊的含义。在宋代，战争和祭祀这两件大事都有"图"——作战的"阵图"和祭祀的"礼图"，其制作与颁行的权力均牢牢掌握在帝王手中。有了这两种图，武官作战，上下掣肘，文官祭祀，左右为难。

翟汝文曾经建议"改正《三礼图》，以示后世"，政和、宣和时期也不断有官员提出申请：

> 宣和元年五月二十七日，永兴军路安抚使董正封言："窃惟朝廷讲明祀事，颁降五礼规矩仪式具备……及臣前任知杭州日，蒙朝廷降式样制造上件礼器，与今来逐处见用全然不同，恐失朝廷奉祀之意。望下有司彩画式样，降付逐路制造以供祭祀。贵上尊朝廷奉祀之礼意。"诏送礼制局绘图颁降，令诸路州军依图样造。【110】

不过，但直到宋室覆亡，新的《三礼图》始终没有出现，地方州郡使用的只是临时颁布的"彩画式样"。宋室南渡之后，这种窘境并未改观。综观整个南宋的礼器图样，其实一直处于《三礼图》和《博古图》混用的状态，如《中兴礼书》卷九《嘉礼九·郊祖祭器》所载：

> （绍兴十三年二月）二十七日，礼部言……绍兴元年有司始造明堂祭器，止依旧图之说。四年亲祀，议者以新成礼器为合于古，请复用其礼度。事下礼官，谓无《博古图》本，遂不果行。十年亲祀，前期内出古制爵坫，以易雀背负盏之陋，然而笾、豆、尊、罍、簠、簋、彝、鼎诸器至今依《三礼图》。【111】

南宋绍兴十年，礼部尚无《博古图》，除了一件"爵"是古制，余者均仿自《三礼图》。绍兴十三年之后，礼部才开始重新借鉴《博古图》式样。【112】

---

【110】《宋会要辑稿》礼一四，中华书局影印本，第7册，1957年。

【111】（清）徐松：《中兴礼书》卷九《嘉礼九·郊祀祭器一》，清蒋氏宝彝堂抄本，第2页b、第3页a。

【112】《中兴礼书》卷九，第3页b："（绍兴十三年）四月二十九日礼部太常寺言……今来若并仿《博古图》样制改造，内铜器约九千二百余件……"

如《中兴礼书》卷十《郊祀祭器二》所载："著尊……惟《博古图》载周著尊二，其体制高耸，无足胫。作夔龙蟠屈之势，腹有雷云回旋之状，精致高古，可按以为定式……山罍……《博古图》所载周之诸罍，其制皆口圆，肩耸两耳，举以两环……今《博古图》所载罍为饕餮雷文，而洗著龟鱼之势，形制高古，宜为定饰。"【113】

宋代的礼器，陶土、铜铁、竹木并用，但不论何种材质，受礼学的规范，器类与器形始终比较稳定。韩巍《宋代仿古制作的"样本"问题》一文对此多有讨论，可供我们参考。【114】

《博古图》的出现。这使得宋及宋以后的礼器突破了《三礼图》模式，器形更为精美典雅。如南宋大儒朱熹所言："某伏见政和年中议礼局铸造祭器，皆考三代器物遗法，制度精密，气象淳古，足见一时文物之盛，可以为后世法，故绍兴十五年曾有圣旨，以其样制开说印造，颁付州县遵用。"【115】后世的礼器制作，始终以《博古图》为理想范式。

此外，陶瓷礼器的出现，其意义也颇值得玩味。宋代郊祀礼器多为仿青铜礼器瓷。所谓"凝土为质，陶以为尊，贵本尚质而已，用于禘祫而报本，反始之意寓焉"，【116】实际上，以陶土礼器进行郊祀，这是礼学一直强调的传统。在北宋官窑烧制陶瓷祭器之前，陶质祭器就已经普遍应用于郊祀。郊庙陶土祭器，因为建筑被毁，大多无存，但从地下出土的北宋之前的陶土礼器中，我们还是可以对地上之物揣摩一二。这一类礼器瓷深得士民喜爱，其含义也迅速从祭器转换为"清玩"，民间使用的礼器瓷，器形较为随意，用途极为多样，这一变化直接导致了后世陶瓷艺术的蓬勃发展。

### 地方州县的礼器

宫廷制作礼器，有《五礼新仪》《博古图》可供参考，有礼部工官监督制造。地方州县使用的礼器，一直是依靠朝廷颁赐图样仿制，其事烦琐难行，多有不便。从器物制作标准来看，地方州县使用的祭器，无论是器形、材质还是工艺水平，都没有必要，也无法一一仿效宫廷的标准。因此，宋代的礼

---

【113】《中兴礼书》卷十《郊祀祭器二》，第 2 页 a 至第 7 页 b。

【114】载《宋韵——四川窖藏文物辑粹》，中国社会科学出版社，2006 年。

【115】（宋）朱熹：《晦庵别集》卷八《释奠申礼部检状》，文渊阁《四库全书》本，第 8 页 a。

【116】绍兴十六年七月二十四日，给事中段拂等人的礼器进呈报告。见《中兴礼书》卷十，第 3 页 b。

器制作，除了内府郊庙之外，尚有地方州县这一系统。《绍熙州县释奠仪图》的出现就是一个例子，它为地方州县制作"礼器"提供了便利。

《绍熙州县释奠仪图》是南宋绍熙时由朝廷统一颁布的礼书，也是一部便于地方州县使用的工具书。四库馆臣介绍，此书"首载淳熙六年《礼部指挥》一通，《尚书省指挥》一通，次《绍熙五年牒潭州州学备准指挥》一通，皆具录原文。次《州县释奠文宣王仪》，次《礼器十九图》。其所行仪节，大抵采自杜氏《通典》及《五礼新仪》，而折衷之"。[117]

《绍熙州县释奠仪图》为朱熹编订，而编辑此书的初衷正是苦于地方州县的礼器图像资料的匮乏。其事最早始于绍兴二十五年，朱熹"官同安主簿。以县学释奠旧例，止以人吏行事，求《政和五礼新仪》于县，无之。乃取《周礼》《仪礼》《唐开元礼》《绍兴祀令》，更相参考，画成礼仪、器用、衣服等图。训释辨明，纤微必备。此《释奠礼》之初稿也"。[118]《绍熙州县释奠仪图》一书中，朱熹对礼器与形制做了详细的说明，并附有"照礼器尺"做参考。他所列举的祭器主要是：笾、笾巾；豆、俎、簠、簋；牺尊、象尊、太尊、山尊、著尊、壶尊；幂尊疏布巾；洗罍、洗；爵；祝板坫、龙勺、筐。显然，这是一组极为简便易行的礼器制作图样。依照此类图样制作的礼器大多无审美可言，其实用意义与象征意义已经远远超出了我们对古物与古典文化的审美期待——当然，后者主要是通过《博古图》这一系统得以实现，我们不能对礼图系统有过多的要求。

朱熹这部书，对整个南宋后期地方州县的礼器制作提供了极大的便利。近年来，不断有学者利用新出考古材料讨论这一问题。陈子凤的《湖州"皇宋州学宝尊"铭青铜牺尊考》，[119]向我们介绍了湖州州学旧址出土的礼器（图3.6），按照作者的分析，这批礼器形制就是来自朱熹的《绍熙州县释奠仪图》。类似的例子还有海盐镇海塔出土青铜贯耳壶[120]，萧山衙前出土青铜兽面簋[121]，以及诸暨桃花岭南宋纪年墓出土的鬲式炉[122]。王正华在《〈听琴图〉的政治意涵：徽宗朝院画风格与意义网络》一文中提到，徽宗《听琴

【117】《四库全书总目提要》卷八十二，史部三十八。

【118】《四库全书总目提要》卷八十二，史部三十八。

【119】陈子凤：《湖州"皇宋州学宝尊"铭青铜牺尊考》，《东方博物》，2009 年第 4 期，第 39-44 页。

【120】李林：《海盐镇海塔及出土文物》，同上，第 28-38 页。

【121】张学惠：《萧山衙前出土的青铜器》，同上，第 45-49 页。

【122】宋美英：《诸暨桃花岭南宋纪年墓研究》，同上，第 13-23 页。

3.6　萧山衙前出土青铜兽面簋，高 9.6cm，口径 11.4cm，底径 9cm

图》中"盛折枝花卉的铜鬲中铜绿满布，当为古铜器。经查徽宗朝敕制《宣和博古图录》，并未发现一式一样者，据造型来看，应为西周晚期之物，因颈部凸显且折角明显"。[123] 不过，结合当时批量出现的仿古礼器来看，徽宗画面上的鬲也有可能是同时代的仿古制品——"考证之中，图谱为难"，我们并不能排除这种可能性。

　　《释奠仪图》对元代仿古礼器制作也产生了影响，许雅惠《〈宣和博古图〉的"间接"流传——以元赛因赤答忽墓出的陶器与〈绍熙州县释奠仪图〉为例》一文，[124] 对此有精彩研究，可供我们参考。面对此类仿古礼器，我们或许还可以提出一个问题：地上的仿古礼器何以会成为地下陪葬的明器？如果这是一个普遍的历史现象，那我们能通过地下仿古明器重构地上礼器的真实面貌吗？在汉以前的墓葬文化中，这一问题是不是要比汉以后更为重要呢？

【123】王正华：《〈听琴图〉的政治意涵：徽宗朝院画风格与意义网络》，《台湾大学美术史研究集刊》第 5 期，1998 年，第 77-122 页。

【124】许雅惠：《〈宣和博古图〉的"间接"流传——以元赛因赤答忽墓出的陶器与〈绍熙州县释奠仪图〉为例》，《台湾大学美术史研究集刊》第 14 期，2003 年，第 1-26 页、第 243 页。

（宋）佚名《牡丹图》

# 第四章　　"芙蓉蘸鼎" ——古器物与绘本 "博古花卉"

以古器物配置花卉，这是中国古代艺术史中的一个特殊题材，我们不能把它简单地归类于 "花鸟画"，更不能将之认作各类 "礼器图"。将芬芳馥郁的鲜花置于彩色斑斓的古器物之中，这是一种典型而又纯粹的 "审美" 文化，它改变了古物的属性，同时也为自然之物赋予了新的意义。

反映在绘画中，我们可以看到清供、岁朝两种图像类型。前者得益于以鲜花礼佛的传统，后者取义于 "花时" "花信"，并辅以种种象征性含义。从花型上来看，这类图画在不同时期有不同的表现重点，六朝至隋唐的 "芙蓉"（荷花）、唐宋的牡丹、宋之后的 "梅兰竹菊" 各自扮演了不同的角色。从器型上来看，早期的 "花屋" 多为金铜日用器皿，宋以后，地下出土的古器物和仿古瓷器则频繁出现。而在明代，专门为摆放鲜花而制作的仿古器物开始大行其道，三代铜器和唐宋窑器（及其仿品）流行一时。

从文献记载中的 "芙蓉蘸鼎"，到近代拓本 "博古花卉"，我们看到了一个相对稳定的传统。画家依照出土实物、公私收藏的古器物和古器物图谱而制作的博古花卉，精致优雅且含义丰富，为我们理解美术史，或花鸟画史提供了一个新的角度。

## 一　芙蓉蘸鼎

### 芙蓉蘸鼎

古器配置花卉作图，最早的记载出自张彦远《历代名画记》。张彦远称：
"梁元帝……有《游春苑白麻纸图》《鹿图》《师利像》《鹈鹕陂泽图》《芙蓉蘸鼎图》，并有题印。传于后。"（图 4.1）[1] 在无实物确认的情况下，我们只能将梁元帝绘制《芙蓉蘸鼎图》的记载视为寄托历史想象的道具。不过，借助这一道具，我们却可以吸附更多的文献和图像，重新勾描、揣摩当时的文化气氛。

---

【1】（唐）张彦远：《历代名画记》卷七，第 6 页 a。

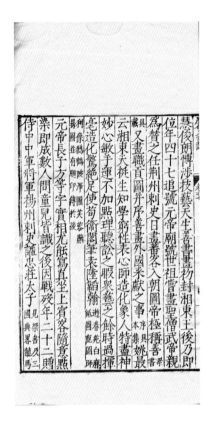

4.1 张彦远《历代名画记》内页，
明嘉靖刻本，天津图书馆藏

南朝诸帝，自梁武帝起就一直倡导学术和艺术。梁武帝萧衍是"竟陵八友"中的一位。《隋书·音乐志》中还说：梁武帝"既善钟律，详悉旧事，遂自制定礼乐"。梁元帝萧绎（508-554）为梁武帝萧衍（464-549）第七子，《梁书》卷五《本纪第五·元帝》称赞他聪悟俊朗，天才英发，五岁能诵《曲礼》。在梁武帝、元帝时期，文物典籍充牣内府，[2] 同时期大臣中也颇多好古嗜奇之士——如刘显（481-543）、刘之遴（478-549）、刘杳（479 528）等人。

《梁书》记载了刘显的事迹：

> 显与河东裴子野、南阳刘之遴、吴郡顾协，连职禁中，递相师友，时人莫不慕之。显博闻强记，过于裴、顾。时魏人献古器，有隐起字，无能识者，显案文读之，无有滞碍，考校年月，一字不差，高祖甚嘉焉。[3]

同书还记载了刘之遴的事迹：

> 之遴好古爱奇，在荆州聚古器数十百种。有一器似瓯，可容一斛，上有金错字，时人无能知者。又献古器四种于东宫。其第一种，镂铜鸱夷榼二枚，两耳有银镂，铭云"建平二年造"。其第二种，金银错镂古樽二枚，有篆铭云"秦容成侯适楚之岁造"。其第三种，外国澡灌一口，铭云"元封二年，龟兹国献"。

---

【2】《历代名画记》中记载："元帝雅有才艺，自善丹青。古之珍奇，充牣内府。侯景之乱，太子纲数梦秦皇更欲焚天下书。既而内府图画数百函，果为景所焚也。及景之平，所有画皆载入江陵，为西魏将于谨所陷。元帝将降，乃聚名画、法书及典籍二十四万卷，遣后阁人高善宝焚之。帝欲投火俱焚，宫嫔牵衣得免。吴越宝剑并将斫柱令折，乃叹曰：'萧世诚遂至于此，儒雅之道今夜穷矣。'于谨等于煨烬之中，收其书画四千余轴，归于长安。故颜之推《观我生赋》云：'人民百万而囚虏，书史千两而烟扬，史籍以来，未之有也！溥天之下，斯文尽丧。'"出处同上书，卷一，第5页a、b。

【3】（唐）姚思廉：《梁书》卷四十《列传第三十四·刘显》，武英殿本。

其第四种，古制澡盘一枚，铭云"初平二年造"。【4】

而《梁书》还记录了刘杳与沈约关于宗庙牺樽问题的讨论，沈约用郑玄旧说，认为是刻画凤凰尾的器物。刘杳反驳了这一观点，并得到沈约的认同：

> 杳少好学，博综群书，沈约、任昉以下，每有遗忘，皆访问焉。尝于约坐语及宗庙牺樽，约云："郑玄答张逸，谓为画凤皇尾娑娑然。今无复此器，则不依古。"杳曰："此言未必可按。古者樽彝，皆刻木为鸟兽，凿顶及背，以出内酒。顷魏世鲁郡地中得齐大夫子尾送女器，有牺樽作牺牛形；晋永嘉贼曹嶷于青州发齐景公冢，又得此二樽，形亦为牛象。二处皆古之遗器，知非虚也。"约大以为然。【5】

三代古器物最初多延续上古木质、石质或陶土器具的造型——顾颉刚先生早年曾根据出土实物做过这方面的判断。就名物研究而论，刘杳所言：古尊彝"皆刻木为鸟兽，凿顶及背以出内酒"既否定了经学大师郑玄的见解，又在同时代出土的古器物中得到验证。他的例子就是鲁郡及齐景公冢出土物。在今天，这类器物也多次出土，不断证实着刘杳的判断。

前引数条材料，目的是想说明，在梁元帝的宫廷及周围学者群中存在着收集和研究古器物的风气。在这种情况下，梁元帝作《芙蓉蘸鼎图》也就不会令人感到意外了。

当然，还有一件前朝典故，可能对梁元帝也会有所触动。《南史》记载：

> 晋安王子懋，字云昌，武帝第七子也，诸子中最为清恬，有意思，廉让好学。年七岁时，母阮淑媛尝病危笃，请僧行道。有献莲花供佛者，众僧以铜罂盛水渍其茎，欲华不萎。子懋流涕礼佛曰："若使阿姨因此和胜，愿诸佛令华竟斋不萎。"七日斋毕，华更鲜红，视罂中稍有根须，当世称其孝感。【6】

---

【4】（唐）姚思廉：《梁书》卷四十《列传第三十四·刘显》，武英殿本。
【5】同上书，卷五十《列传第四十四·刘杳》。
【6】（唐）李延寿：《南史》卷四十四，武英殿本。

在佛教文化中，莲花具有神圣的象征意义，除了圣洁、远离生死烦恼，以及"法身、报身、应身"三身同驻等含义之外，莲花还有生命不朽不坏的寓意。【7】僧众以铜罍盛水供养莲花，子懋流涕礼佛，虔心祈祷，此事在当时盛称"孝感"。梁元帝本人也是躬行孝道，其谥号即为"孝元"，他留给后人的著作和图画——《孝德传》《忠臣传》《全德志》《宣尼像》《贡职图》等亦颇具伦理与教化色彩。那么，《芙蓉醮鼎图》是不是也投射了这样一个历史典故呢？是不是"孝感"的寓意画呢？

除了象征性的含义，莲花在生活中也是美好的事物。梁元帝作《芙蓉醮鼎图》也许没有深意，用意也不在于教化风俗，而仅仅是日常生活经验和个人情志的自由表达。梁元帝有《采莲赋》，我们不妨一读：

> 紫茎兮文波，红莲兮芰荷，绿房兮翠盖，素实兮黄螺。于时妖童媛女，荡舟心许，鹢首徐回，兼传羽杯。棹将移而藻挂，船欲动而萍开。尔其纤腰束素，迁延顾步。
>
> 夏始春余，叶嫩花初，恐沾裳而浅笑，畏倾船而敛裾。故以水溅兰桡，芦侵罗襦，菊泽未反，梧台迥见。荇湿沾衫，菱长绕钏，泛柏舟而容与，歌采莲于江渚。
>
> 歌曰：碧玉小家女，来嫁汝南王。莲花乱脸色，荷叶杂衣香。因持荐君子，愿袭芙蓉裳。【8】

"夏始春余，叶嫩花初""莲花乱脸色，荷叶杂衣香"，这样的情形，总是令人怦然心动。以此来看，芙蓉醮鼎，又难免令人起美人君子之思。其情绪类似于我们常说的"金屋藏娇"——这一典故出自东汉班固《汉武故事》"若得阿娇作妇，当作金屋贮之"，【9】并在后世成为铜器贮花的转喻，"金谷园"主人石崇就有过这样一个比喻，北宋王禹偁在《诗话》中说："石崇见海棠叹曰：'汝若能香，当以金屋贮汝。'"【10】

---

【7】这种隐喻应该有现实基础。莲子是寿命最长的种子，可以千年复生。（明）谈迁（1594-1658）《北游录记闻》卷五十五记述："赵州宁晋县有石莲子，皆埋土中，不知年代。居民掘土，往往得之数斛者，状如铁石，肉芳香不枯，投水中即生莲。"1918年初夏，孙中山先生把辽东半岛普兰店出土的四粒古莲子带到日本，经日本古生物学家培育后重生开花。而这些古莲子寿命已在千年以上。

【8】（明）张溥编《汉魏六朝百三名家集》，明娄东张氏刻本，《梁元帝集》第5页b、第6页a。

【9】（汉）班固：《汉武故事》，文渊阁《四库全书》本，第2页a。

【10】（清）汪灏：《御定佩文斋广群芳谱》卷三十五《花谱十四》，文渊阁《四库全书》本，第2页b。

金屋是以金铜等贵重器皿做容器，娇是艳美的鲜花，以金盘衬花待客，或是古人贵重的礼节。庾信有《杏花诗》云："春色方盈野。枝枝绽翠英。依稀映村坞。烂漫开山城。好折待宾客。金盘衬红琼。"【11】而"金屋藏娇"这样的比喻在后世同样屡见不鲜，南宋周密有《依风娇近》：

> 云叶千重，麝尘轻染金缕。弄娇风软、霞绡舞。花国选倾城，暖玉倚银屏，绰约娉婷，浅素宫黄争妒。 生怕春知，金屋藏娇深处。蜂蝶寻芳无据，醉眼迷花映红雾。修花谱。翠毫夜湿天香露。【12】

不过，"金屋"这一类古代礼器最初用来盛放的并非娇柔的花卉，而是献祭的"腥膻血食"以及酒浆、谷粱。【13】三代之后，或者说"礼崩乐坏"之后，礼器的实用功能渐渐弱化，地下出土的上古三代器物变成了人们爱重的珍宝，甚至被视为财产的一部分。古器物本身充满历史气息，具有特殊的吸引力，其审美意义在宋人那里得到了极大的延伸。宋代之后，特别是在晚明，用来焚香的鼎彝盥簠，插花的觚尊罍壶，以及用来陈设的觥觯和造型奇特的象形尊，都是三代食器和酒器。正如张丑在《瓶花谱》中所说："铜器之可用插花者曰尊、曰罍、曰觚、曰壶。古人原用贮酒，今取以插花，极似合宜。"【14】

### 金屋、花器

在梁元帝那个时代，真正流行的花器是"铜罍"，而非鼎彝。这是伴随佛教文化而传入中国的"瓶供"。黄永川认为，这种瓶供"方法与古埃及类似，在印度其渊源便是肾瓶与莲花的组合。在印度有一种阔嘴小颈壶称为卡拉萨（Kalasa），据说它有盛装一切万物之德，故称肾瓶（Bhadraghatah）或满瓶、宝瓶、吉祥瓶、如意瓶，尤其因其盛置甘露，也称甘露瓶。以之插

---

【11】（南北朝）庾信：《庾子山集》卷五，明屠隆刻本，第13页b。

【12】（宋）周密：《苹洲渔笛谱集外词》卷二，（清）江昱疏证，清乾隆五十一年江恂刻本，第7页a。

【13】《大戴礼记·曾子天圆》："诸侯之祭，牲牛，曰太牢。大夫之祭，牲羊，曰少牢。士之祭，牲特豕，曰馈食。"除了"太牢""少牢""特牢"这完整的"三牢"，其余如牲体、肠、胃、心、肺、舌、肤、鱼、腊也是祭祀中的常设之物，它就盛放在鼎一类古器中。在商周墓葬中，墓室内的棺椁里或椁顶板上经常发现猪、牛、羊、人、狗、鱼骨骼，有的还盛在鼎一类器皿中，如羊腿、兽骨、牛腿、猪腿、牛下颚骨和狗头、狗骨、猪头、鱼、兔等。在三代墓葬随葬古器物中，盛放牲骨、稻粮和酒水的例子并不罕见。

【14】（明）张丑：《瓶花谱》，明万历宝颜堂秘笈本，第2页a。

置那象征天宝、无上庄严的莲花以供佛便是'瓶供'的开始，大约在南北朝时期传入我国"。【15】在视觉艺术中，以容器盛放荷花，这种图样最初多见于埃及、印度。在印度的佛陀时代及佛陀涅槃之后，"花供"的图像实例屡见不鲜（图4.2）。如印度"巴尔户特佛塔"（Bharhut stupa）、"桑奇塔"（Sanchi stupa）等处的佛塔的塔门、栏柱上都雕刻有以花供佛的图案，内容有瓶供莲花、大象鼻卷莲枝、灵鸟背驮花叶等形态。【16】至贵霜王朝佛像开始出现之后，"花供"图案依旧流行不衰。

以莲花、鲜花供佛是佛教文化之常态，在佛像、佛塔、金刚上师、经书等"三宝"之前，佛徒或供养人会随时供养莲花、曼陀罗花、青莲花，以及各式花鬘。在相关礼仪中，如"四供养""六供养""八供养""十供养"等，鲜花都被摆在重要位置，方式则有散花、花鬘、皿花、瓶供等形态。《法华经》提到的"十供养"中，"花供"则居于首位。至此，"花供"开始与传统的"牲供"和"酒食之供"分庭抗礼。而在日常生活中，"花供""清供"也更容易被人们所接受。南北朝、隋唐时期，在云冈、龙门石窟、敦煌壁画及南朝陵墓雕刻中，有关"花供"的佛教造像层出不穷，持莲花或"瓶莲"的礼佛者、供养人比比皆是，为中国六朝的"清供"图案，或梁元帝的《芙蓉蘸鼎图》提供了直观的材料。在敦煌莫高窟第159窟，药师经变之供养菩萨图像中，可以看到这样一个例证，此壁画中供奉鲜花的鼎沿用的是汉代画像石中常见的鼎的式样（图4.3），在明代佛教主题的版画插图中，我们仍然可以看到这一图式在延续（图4.4）。

与瓶花相比，真正可称作传统"花艺"的或许是"假盆盂以作地"的"盆栽"艺术，随着佛教文化的传播及"闺塾"【17】、"书斋"文化的兴起，厅堂的"缸花"与书斋案头的"瓶花"开始成为典型的"插花艺术"，并直接影响了"岁朝""清供"一类的绘画创作。

殷墟妇好墓有汽柱甑，汽柱作花形，汉代随葬明器中也有花树陶盆，但这些都不是用来摆放"折枝"的花器。汉代出现的花树陶盆，极有可能是后世盆栽花卉的原型。在唐代，这类盆栽曾被称作"春盘"，唐人欧阳詹有《春盘赋》云：

---

【15】黄永川：《中国插花史研究》，西泠印社出版社，2012年，第10页。

【16】扬之水：《桑奇三塔：西天佛国的世俗情味》，生活·读书·新知三联书店，2012年。

【17】〔美〕高彦颐：《闺塾师——明末清初江南的才女文化》，李志生译，江苏人民出版社，2005年。

4.2　阿旃陀石窟花供柱头，笔者摄于 2016 年夏

多事佳人，假盘盂而作地，疏绮绣以为春，丛林具秀，百卉争新，一本一根，叶陶甄之妙致，片花片叶，得造化之穷神。日惟上春，时物将革。柳依门而半绿，草连河而欲碧。室有慈孝，堂居斑白。命闻可续，年知暗惜。研秘思于金闺，同献寿乎瑶席。昭然斯义，哿矣而明。春是敷荣之节，盘同馈荐之名。始日春令，受春有未衰之意；终为盘也，进盘则奉养之诚。倪观表以见中，庶无言而见情。【18】

欧阳詹提到的"春盘"或许就是后世的各类"山子""盆景"。后世各类《岁朝图》，表现的多是这种"假盘盂而作地，疏绮绣以为珍"的盆栽、盆景艺术，或许可以令我们遥想唐人的风雅。不过，唐宋时代还有另一种"春盘"——周密《武林旧事》"立春"条："是日……后苑办造春盘供进，及分赐贵邸宰臣巨珰，翠缕红丝，金鸡玉燕，备极精巧，每盘值万钱。"【19】这可能与花无关。

欧阳詹说的"春盘"是盆栽。花篮与"占景盘"则是盛放折枝

【18】（唐）欧阳詹：《欧阳行周文集》卷一，四部丛刊本，第 16 页 a、b。
【19】（宋）周密：《武林旧事》卷二，文渊阁《四库全书》本，第 10 页 b、第 11 页 a。

4.3 中唐《药师经变之供养菩萨图像》
（局部），敦煌莫高窟第159窟

4.4 《仙佛奇踪》插图，明万历刻本

鲜花的常见花器，前者见于宋人的《花蓝图》，后者见于考古实物及相关文献，[20]绘画中的例子也不在少数。

宋人的花器有大小两种类型，大者如花鉴、花缸、春盘、花槛，小者如铜瓶、瓷瓶。在大型容器内安置盛开的鲜花，适用于厅堂或庭院。在宋人《二我图》（图4.5）或宋靖康山林寺舍利石函线刻画中，可以体会其摆放的环境。宋人《胆瓶秋卉图》页中是一件摆放在室内的小型花器，此外，在许多带有室内景致的人物题材绘画中，也可以看到各类盛放鲜花的铜器、瓷器。

明人的"鲜花插瓶"在此基础上又向前迈了一步，其具体表现就是对养护鲜花的铜器、瓷器的认识更为精微，对"瓶花"安放的场所、位置也有了明确的说明。高濂讨论了"瓶花之宜"，并将其细分为厅堂与书斋两类：

> 高子曰：瓶花之具有二用，如堂中插花，乃以铜之汉壶，大古尊罍，或官哥大瓶如弓耳壶，直口敞瓶，或龙泉蓍草大方瓶，高架两旁，或置几上，与堂相宜。折花须择大枝，或上茸下瘦，或左高右低，右高左低，或两蟠台接，偃亚偏曲，或挺露一干中出，上簇下蕃，铺盖瓶口，令俯仰高下，疏密斜正，各具意态，得画家写生折枝之妙，方有天趣。若直枝擎头花朵，不入清供。花取或一种两种，蔷薇时即多种亦不为俗。冬时插梅必须龙泉大瓶，象窑敞瓶，厚铜汉壶，高三四尺以已上，投以硫黄五六钱，砍大枝梅花插供，方快人意。近有饶窑白磁花尊，高三二尺者，有细花大瓶，俱可供圣上插花之具，制亦不恶。

> 若书斋插花，瓶宜短小，以官哥胆瓶、纸槌瓶、鹅颈瓶、花觚、高低二种八卦方瓶、茄袋瓶、各制小瓶、定窑花尊、花囊、四耳小定壶、细口扁肚壶、青东磁小蓍草瓶、方汉壶、圆瓶、古龙泉蒲槌瓶、各窑壁瓶。次则古铜花觚、铜觯、小尊罍、方壶、素温壶、匾壶，俱可插花。又如饶窑宣德年烧制花觚、花尊、蜜食罐、成窑娇青蒜蒲小瓶、胆瓶、细花一枝瓶、方汉壶式者，亦可文房充玩。[21]

---

【20】（宋）陶穀《清异录》卷下记载："郭江州有巧思，多创物，见遗占景盘，铜为之，花唇平底，深四寸许，底上出细筒殆数十，每用时，满添清水，择繁花插筒中，可留十余日不衰。"（明）高濂《遵生八笺》卷十四也有相同记载："郭从义掘地，得绿玉四方小杵臼，四角有胡人坐顶，旁有篆文'仙台秘府小中日'。元自诚有抵鹊盆，色类珉，夏月浸果，果水皆寒，冬月不冻。郭江洲有占景盘，以铜为之，上出细管，插花可留十余日不败。"

【21】（明）高濂：《遵生八笺》卷十六，清嘉庆十五年（1810）弦雪居重订本，第1页a至第2页a。

4.5 宋人《二我图》册页，
台北故宫博物院藏

　　关于花器，明人又总括出古铜器和唐宋窑器这两种类型，并分别给出了细致的"使用说明"。南宋赵希鹄《洞天清录》"古铜瓶钵养花果"一条称："古铜器入土年久，受土气深，以之养花，花色鲜明。如枝头开速而谢迟，或谢则就瓶结实。若水锈、传世古则尔，陶器入土千年亦然。"【22】《洞天清录》中的见解在明代得到了延续，明人《瓶花谱》《瓶史》《遵生八笺》《长物志》诸书均引述了这条内容。与此同时，明人著作中对铜质花器的认识更为丰富微妙，其内容完全超越了《洞天清录》。【23】张丑《瓶花谱》中说："凡插贮花，先须择瓶：春冬用铜，秋夏用磁，因乎时也；堂厦宜大，书室宜小，因乎地也；贵瓷铜，贱金银，尚清雅也。忌有环，忌成对，像神祠也。口欲小而足欲厚，取其安稳而不泄气也。大都瓶宁瘦毋过壮，宁小毋过大。极高者不可过一尺，得六七寸、四五寸瓶插贮，佳；若太小，则养花又不能久。"【24】而袁宏道的《瓶史》更是道尽了花器的奥妙：

---

【22】(宋) 赵希鹄：《洞天清录》，文渊阁《四库全书》本，第23页b。

【23】关于铜质花器，《洞天清录》中仅有"古铜瓶钵养花果"这一条记录。

【24】(明) 张丑：《瓶花谱》，第1页b。

养花，瓶亦须精良，譬如玉环、飞燕，不可置之茅茨。又如嵇、阮、贺、李，不可请之酒食店中。尝见江南人家所藏旧觚，青翠入骨，砂斑垤起，可谓花之金屋。其次官、哥、象、定等窑，细媚滋润，皆花神之精舍也。大抵斋瓶宜小而矮，铜如花觚、铜觯、尊、罍、方汉壶、素温壶、區壶，窑器如纸槌、鹅颈、茹袋、花樽、花囊、蓍草、蒲槌，皆须形制减小者，方入清供。不然，与家堂香火何异？虽旧亦俗也。然花形自有大小，如牡丹、芍药、莲花，形质既大，不在此限。

尝闻古铜器入土年久，受土气深，用以养花，花色鲜明如枝头，开速而谢迟，就瓶结实，陶器亦然。故知瓶之宝古者，非独以玩。然寒微之士，无从致此，但得宣、成等窑磁瓶各一二枚，亦可谓乞儿暴富也。【25】

在袁宏道的记述中，我们充分领略了明人花艺的神采——以铜为"金屋"，以瓷为"精舍"，同时，花器之大小、形状和纹饰亦随环境与花型而不断变化。明人论铜花器，对于相应的配件（如锡管），水质（滚水还是生水）、安放的位置以及具体的功用（如浇花器）都给予以热切研讨。此处以《遵生八笺》为例：

觚、尊、觯，皆酒器也。三器俱可插花。觚尊口敞，插花散漫，不佳，须打锡套管入内，收口作一小孔，以管束花枝，不令斜倒。又可注滚水，插牡丹芙蓉等花，非此，花不可久。

古之壶瓶，用以注酒。观《诗》曰："清酒百壶。"又曰："瓶之罄矣。"若古素温壶，口如蒜榔式者，俗云蒜蒲瓶，乃古壶也，极便注滚水插牡丹芍药之类，塞口最紧，惟质厚者为佳。他如粟纹四环壶、方壶、區壶、弓耳壶，俱宜书室插花。以花之多寡，合宜此五器分置。

若周之蟠螭瓶、螭首瓶，俗云观音瓶者，今之酒壶，全用此式。更变汉之麟瓶，形若瓠子稍弯，背有提把。此瓶也，俗例为瓠子壶类误矣。另有瓠壶，取《诗》云"酌之以匏"之义。今以此瓶注水灌溉花草，雅称书室育蒲养兰之具。周有蟠虺瓿、鱼瓶、罂瓶，与上蟠螭、螭首二瓶，俱可为多花之用。【26】

【25】（明）袁宏道：《瓶史》卷下，清嘉庆借月山房汇钞本，第2页b、第3页a。
【26】（明）高濂：《遵生八笺》卷十四，第35页a、b。

### 古器与花——卷轴画中的例子

陆治（1496-1576）有一轴《瓶花图》（图4.6），以古青铜尊为花器，内有一丛水仙，一枝海棠。画面上方有当时的长洲名流——彭年、王延陵、王毂祥、文嘉的题跋。这件作品，包括画中的跋语反映了苏州文人的流行趣味。陈栝有一件类似的作品《平安瑞莲图》（图4.7），花器作尊形（或变形的觚），内有莲花、莲叶和蒲苇。莲花用没骨法。莲叶、蒲草用花青挥写，用墨勾筋、点茎。画面上方有彭年、顾闻（九峻山人）、陆治、王毂祥、文仲义、周天球、文伯仁跋语。很明显，陆治与陈栝是同一个文人群体。

陈栝是陈淳之子，善画花卉，能诗。先其父而亡。细审陈栝画中的花尊，与陈淳《花觚牡丹图》（图4.8）中的花觚颇为相似，两器腰部皆有一个"人面纹"，圈足至腰皆有蕉叶纹。所不同者，陈栝的器形近乎尊，腰部凸出部位有连个铺首衔环，而陈淳在同一部位画的是乳钉纹（或出戟）。陈栝笔下的器形颇为古怪，笔法也更为恣纵。实际上，父子二人画的可能是仿古器物。和陆治那件作品相比，陈家父子笔下的花器，器形和纹样的随意性很大，它们极有可能是一件玉雕仿古兽面纹觚，或白瓷仿古花觚，而不是铜器。如果参考一下类似花器，我们的印象可能会更为强烈。

以仿古瓷器尊、觚等做花器，这种用法在《瓶花谱》中也有明确的记录，张丑说："古无磁瓶，皆以铜为之，至唐始尚窑器。厥后有柴、汝、官、哥、定、龙泉、均州、章生、乌泥、宣、成等窑，而品类多矣。"[27]而瓷器中的妙品，则是宋代以后开始出现的精美花器：

> 磁器以各式古壶、胆瓶、尊、觚、一枝瓶为书室中妙品。次则小著草瓶、纸槌瓶、圆素瓶、鹅颈壁瓶亦可供插花之用。余如暗花、茄袋、葫芦样、细口、匾肚，瘦足药坛等瓶，俱不入清供。
>
> 古铜壶、龙泉、均州瓶，有极大高三二尺者，别无可用，冬日投以硫黄，斫大枝梅花插供亦得。[28]

在文震亨的《长物志》中，我们又看到了类似的说法：

---

【27】（明）张丑：《瓶花谱》，第2页a、b。

【28】（明）张丑：《瓶花谱》，第2页b。

4.6 （明）陆治《瓶花图》，纵64cm，横32.5cm，私人藏

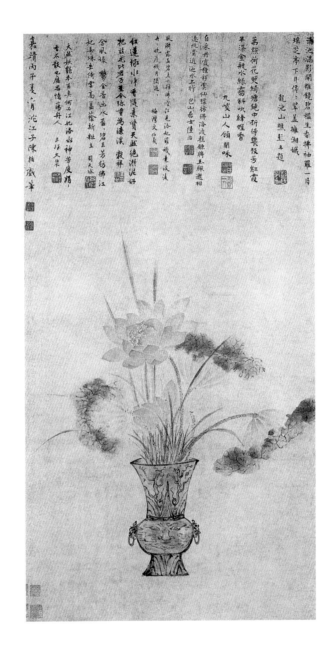

4.7 （明）陈栝《平安瑞莲图》，纵 90.4cm，横 46.4cm，南京博物院藏

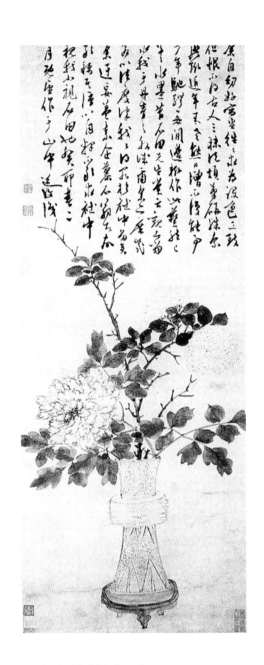

4.8 （明）陈淳《花觚牡丹图》，

纵 135.6cm，横 48cm，广州美术馆藏

磁器用官哥定窑古胆瓶、一枝瓶、小蓍草瓶、纸槌瓶。余如暗花、青花、茄袋、葫芦、细口、匾肚、瘦足、药坛，及新铸铜瓶、建窑等瓶，俱不入清供。尤不可用者，鹅颈壁瓶也。古铜汉方瓶，龙泉、均州瓶有极大高二三尺者，以插古梅，最相称。瓶中俱用锡作替管盛水，可免破裂之患。大都瓶宁瘦，无过壮，宁大，无过小。高可一尺五寸，低不过一尺，乃佳。【29】

袁宏道（1568–1610）曾任吴县知县，高濂（1573–1620）是杭州人，张丑（1577–1643）是昆山人，文震亨（1585–1645）是文徵明的曾孙。这些文人要稍晚于前面提到的陈淳、陈栝、陆治等画家，他们留下的文献完全可以视为这些画家的共同趣味，同时又展示了画面所无法表达的生活细节和生活经验。【30】

当然，更重要的一点是：这些人都与文徵明、与苏州有着千丝万缕的直接或间接的联系。因此，我们所说的明代的"花器"知识及相关绘画，主要就是方圆几百里之内、以苏州为中心的文人群体的学问和艺术。

## 二　花事与花品

### 《牡丹图》

《宋画全集》收录了一件传为钱选的作品——《牡丹图》，【31】其意味颇值得深究。画面上，几簇黄、紫、红、白色牡丹花摆放在窃曲纹铜盘中，柔软、精致而又艳丽。娇嫩的花瓣花叶与质朴厚重的古器形成了鲜明对比，沉默的历史映衬着脆弱易逝的生命，这是极为典型的"博古花卉"趣味。

画中的盘盂，器身部分纹饰是颇为夸张的窃曲纹：正中部位以铺首衔环为中心，两侧重复画出两组相同的纹样，每一组纹样都是左右对称。《吕氏春秋·离俗览·适威》称："周鼎有窃曲，状甚长，上下皆曲……"窃曲纹是从"穷奇"变化而来，器壁作怪兽"穷奇"之首，器腹作"穷奇"之体，如黄伯思在讨论《周史伯硕父鼎》时所言"皆合而成体，散而成章之义"。【32】西

---

【29】（明）文震亨：《长物志》卷七《器具》，《丛书集成初编》本，商务印书馆，1936年，第55页。

【30】更深入的研究，请参阅陈慧霞：《晚明文房与市场生活中的古色》，许雅惠：《晚明的古铜知识与仿古铜器》。均载《故宫文物月刊》，第250期，2004年1月。

【31】〔日〕堂谷宪勇在其《中国美术史论》中收录了这幅作品，将之定名为《牡丹图》，并将这幅作品和元代画家的作品并列。详见堂谷宪勇：《中国美术史论》，桑名文星堂，昭和十九年（1944），第138–139页。

【32】（宋）黄伯思：《东观余论》卷上，第83页 b。

周中期以后，此类纹样日趋规则。晚近时期，如仿古之风盛行的明清，这类图案甚至还变成了纯粹的织物纹样——欧文·琼斯（Owen Jones）于 1867 年在伦敦出版的《中国装饰集锦》（*Examples of Chinese Ornament*）中就收录了这一类织物纹样。

传为钱选的《牡丹图》，花器纹样的图案感很强，和现存的其他实物摹绘古器图相比，图中的古器似乎并非面对实物绘制。文献记载，最早绘制古器实物图形的是李公麟，以及宋内府画工，但这一类古器图形均为著录性质，而非古器花卉之组合。

《牡丹图》手法精致臻丽，赋色深沉典雅，属宫廷院体风格作品。关于此画背后所隐含的情趣，或文化史意味，我们至少可以从唐代罗虬的《花九锡》开始追溯，《花九锡》中提到的"玉缸""画图"等，在这幅画中都得到了"验证"。

宋初陶穀的《清异录》"百花门"抄录了《花九锡》的相关内容：[33]

> 《警忘录》载罗虬撰《花九锡》。然亦须兰蕙梅莲辈，乃可披襟。若夫容、踯躅、望仙、山木、野草，直惟阿耳，尚锡之云乎！
> 重顶帷（障风）、金错刀（剪折）、甘泉（浸）、玉缸（贮）、雕文台座（安置）、画图、翻曲、美醑（赏）、新诗（咏）。[34]

《花九锡》罗列了花卉的养护、剪裁、灌沃、安置、玩赏等诸多事项。白居易有诗："灼灼百朵红，戋戋五束素。上张幄幕庇，旁织巴篱护。水洒复泥封，移来色如故……"[35]说的就是"重顶帷"。"九锡"这一比喻则充分体现了对花卉的荣宠和礼遇。从《花九锡》这几条内容来看，罗虬谈论的是"盆栽""园卉"，而非宋以后的"瓶花"。[36]但是《花九锡》谈到的对花的爱怜，特别是传写和吟咏——如画图、[37]翻曲、赋诗、与花对饮等，

【33】（清）张廷华（虫天子）《香艳丛书》也收录了这条内容。

【34】（宋）陶穀：《清异录》卷上，清道光二十六年（1846）李氏刻惜阴轩丛书本，第 34 页 b。

【35】（唐）白居易：《秦中吟十首·买花》，载《全唐诗》，中华书局，1960 年，卷 425 第 11 首。

【36】扬之水：《宋代花瓶》，人民美术出版社，2014 年。

【37】黄永川认为："画图"是指"摆设的环境四周或陪衬以名家图画……欣赏插花配搭图画"见黄永川：《中国插花史研究》，西泠印社出版社，2012 年，第 45 页。笔者认为不是这样，画图应与翻曲、美醑、新诗相呼应，是"为花画图"，目下流行的插花艺术展，背景多配置名人字画一并展览，应该是受黄永川先生的影响，而非《花九锡》的文意。

却成为后世文化活动的范型——如李零的《花间一壶酒》——这些事项总会直接唤起我们对唐宋诗词以及宋人绘画的鲜活记忆。

李嵩的《花蓝图》是"为花作图"的一件代表作——与花写照，为花传神，这类作品改变了我们在唐代金银器和织物纹样中常见的图案化花卉形象，[38]不过。从罗虬的"花九锡"来看，"花鸟画"的这一变革——从图案到精细的实物写生——其风气应该始于唐代。

从出土文物来看，唐代墓室壁画中所见之牡丹高度写实，已脱离了图案化的形式，如北京八里庄唐墓所见（图4.9）。不过，"为花传神"之作，犹如为人作肖像，再现的并非有根土盆盂或跳枝禽鸟陪衬的全株植物，而是"折枝"——类似李唐之后的南宋院体"截景山水"，是以花枝、花容为表现重点，如宋人《梅花喜神谱》所示。[39]与壁画中的全株花卉绘画实物相比，唐代诗歌中提到的许多作品，应该就是专门为化绘制的"肖像"。这类"花图"不同于壁画中的全株形象，而是更接近文献记载的边鸾笔下的折枝花，可惜实物无存。唐人周昉《簪花仕女图》中，侍女手中持有长柄牡丹花头团扇——这个局部恰好可以和南宋一件小尺幅牡丹纨扇相互映衬（图4.10、图4.11）。

描写此类画作的唐诗却可以找出很多，如白居易《画木莲花图寄元郎中》[40]：

> 花房腻似红莲朵，艳色鲜如紫牡丹。
> 唯有诗人能解爱，丹青写出与君看。

罗隐《扇上画牡丹》[41]：

> 为爱红芳满砌阶，教人扇上画将来。
> 叶随彩笔参差长，花逐轻风次第开。
> 闲挂几曾停蛱蝶，频摇不怕落莓苔。
> 根生无地如仙桂，疑是姮娥月里栽。

---

【38】关于这一类绘画，请参考李清泉：《"装堂花"的身前身后——兼论徐熙画格在北宋前期一度受阻的原因》，《美术学报》，2007年第3期，第56—61页。

【39】宋人的花鸟画与尔雅之学、鸟兽草木之学的新发展有直接关联，尔雅是宋代画院的考试内容，参阅笔者《博物学与博物馆在中国的源起》，《新美术》，2008年第1期，第61—67页。

【40】《全唐诗》卷441第29首。

【41】《全唐诗》卷663第33首。

4.10 （唐）周昉《簪花仕女图》局部

4.11 （南宋）佚名《牡丹图》纨扇页

殷文圭《赵侍郎看红白牡丹因寄杨状头赞图》[42]：

迟开都为让群芳，贵地栽成对玉堂。
红艳袅烟疑欲语，素华映月只闻香。
剪裁偏得东风意，淡薄似矜西子妆。
雅称花中为首冠，年年长占断春光。

从卷轴实物上来看，成熟的折枝花图式出现在宋代，如南宋《折枝花卉
四段》卷（图 4.12）所示。但若通过文献记载和部分考古实物进行考察，
最早的折枝图样应该出现在唐代。白居易的诗，描写的是莲花的花房，罗隐
的扇上牡丹"根生无地"，殷文圭笔下的红白牡丹"剪裁偏得东风意"，这
些都是折枝。2008 年，刘婕为"考古与艺术史的交汇"研讨会撰写的论文《从
"装堂花"到"折枝花"——考古材料所见晚唐花鸟画的转型》，讨论的就
是这一类问题。[43]

---

【42】《全唐诗》卷 707 第 15 首。

【43】收入范景中、郑岩、孔令伟主编：《"考古与艺术史的交汇"国际学术研讨会论文集》，中国美术学院出版社，
2009 年，第 382-402 页。

4.12 南宋《折枝花卉四段》卷

花品

在《全唐诗》里，咏牡丹的词曲和诗歌大概有（五十余人）一百余首，且看王建的《赏牡丹》[44]：

此花名价别，开艳益皇都。香遍苓菱死，红烧踯躅枯。软光笼细脉，妖色暖鲜肤。满蕊攒黄粉，含棱缕绛苏。好和薰御服，堪画入宫图。晚态愁新妇，残妆望病夫。教人知个数，留客赏斯须。一夜轻风起，千金买亦无。

牡丹堪画，可入"宫图"，传为钱选的《牡丹图》或许正是某位佚名画家的"宫图"。而最有代表性的"宫图"牡丹，还应该是明宣宗亲笔绘制的《壶中富贵图》（图 4.13）。这件作品赐给了大学士杨士奇（1365-1444）。杨士奇在画面中题写了这样一段话："若夫花垂朵朵，百宝承恩，异香宛在，国色犹存，极人间之富贵，斯猫望而欲吞，则又曲尽物情生动之趣。"

在佛教文化中，莲花至为尊贵，在宫廷帝王之家，牡丹却是一枝独秀、艳冠群芳。宋代之后，"梅兰竹菊"在文人诗咏、画图中的数量越来越多，成为幽人逸士寄寓情志与心绪的重要象征物。当然，这只是一个粗浅的判分。在中国古代社会，人群的社会身份、文化层级异常丰富，不同群体和阶层之间亦存在着极为密切的互动关系，同样一件事物、一个词语往往会叠加出千差万别的寓意。即以赏花、护花为言，其精微之处也同样令人绝倒。如袁宏道的《花沐浴》：

浴梅宜隐士。浴海棠宜韵致客。浴牡丹、芍药宜靓妆妙女。浴榴宜艳色婢。浴木犀宜清慧儿。浴莲宜娇媚妾。浴菊宜好古而奇者。浴蜡梅宜清瘦僧。[45]

中国文人赞美贞松，西方的浪漫主义诗人却把同样的品质赋予了旷野中的橡树。唐代的僧院牡丹，宋代高僧的案头寒梅，这些意象都令人回味无穷。而儒士爱莲，经常会把它看作隐士，其含义又与佛徒迥然有别。[46]

---

【44】《全唐诗》卷 299 第 49 首。

【45】（明）袁宏道：《瓶史》卷下"洗沐"，第 5 页 a、b。

【46】例如（清）陆庆循为杨钟宝（瑶水）《缸荷谱》所作序文（嘉庆己巳年，1808）便说："荷，花之隐君子也，缸，君子之岩栖谷处也。"见《缸荷谱》陆庆循序文部分，上海古籍出版社，1993 年。

4.13 明宣宗《壶中富贵图》轴,
纵 110.5cm, 横 54.4cm, 台北故宫博物院藏

事物的意义永远是彼此纠结缠绕，无法一目了然。话虽如此，在讨论独立于个体经验之外的集体记忆时，我们还是可以借助一些支撑物，以求不断接近事物的"共相"。以视觉艺术而言，不妨对花的"等级""意义"等问题做出以下假设：

其一，依据清寂、富贵、野逸这三种趣味（或佛寺、宫苑、草堂这三类场所），各自确定花的品级高下，主要是莲花、牡丹和梅兰竹菊——这多少有一丝"文化政治"的色彩。当然，也正是由于这个原因，它们最后都沦为图案，散见于各类民间艺术。

其二，依据自然时序——如"二十四番花信风"，观察守时守信的花木，分别予以欣赏、赞美，其中不含任何"价值判断"。这主要是各类"春花"，宋画中最为常见。

其三，取义于清高苦寒，择取耐寒花草，并赋以稳定的意义，反复涵咏。这主要是"秋卉"和"冬妍"，是元明文人画常见的母题。

在花卉的等级序列中，最早受到关注的是牡丹，自欧阳修撰写《洛阳牡丹记》之后，相关著作层出不穷。不过，将牡丹凌驾于众花之上，其事或始于五代南唐人张翊"戏造"的《花经》。此书为众花编订的"品命"是：

一品九命：兰，牡丹，蜡梅，荼蘼，紫风流（睡香异名）。
二品八命：琼花，蕙，岩桂，茉莉，含笑。
三品七命：芍药，莲，蘑蔔，丁香，碧桃，垂丝海棠，千叶。
四品六命：菊，杏，辛夷，豆蔻，后庭，忘忧，樱桃，林禽，梅。
五品五命：杨花，月红，梨花，千叶李，桃花，石榴。
六品四命：聚八仙，金沙，宝相，紫薇，凌霄，海棠。
七品三命：散水，真珠，粉团，郁李，蔷薇，米囊，木瓜，山茶，迎春，玫瑰，金灯，木笔，金凤夜合，踯躅，金钱，锦带，石蝉。
八品二命：杜鹃，大清，滴露，刺桐，木兰，鸡冠，锦被堆。
九品一命：芙蓉，牵牛，木槿，葵，胡葵，鼓子，石竹，金莲。【47】

在明代，这一等级秩序发生了一些细小变化。如明人张丑《瓶花谱》中"品花"一节仿照张翊的《花经九命升降》以"九品九命"列出瓶花的品级，内容是：

_____

【47】（宋）陶穀：《清异录》卷上，第32页a至第34页a。

一品九命：兰，牡丹，蜡梅，各色细叶菊，水仙，滇茶，瑞香，菖阳。

二品八命：蕙，酴醾，西府海棠，宝珠茉莉，黄白山茶，岩桂，白菱，松枝，含笑，茶花。

三品七命：芍药，各色千叶桃，莲，丁香，蜀茶，竹。

四品六命：山矾，夜合，赛兰，蔷薇，秋海棠，锦葵，杏，辛夷，各色千叶榴，佛叶，梨。

五品五命：玫瑰，蘼葡，紫薇，金萱，忘忧，豆蔻。

六品四命：玉兰，迎春，芙蓉，素馨，柳芽，茶梅。

七品三命：金雀，踯躅，枸杞，金凤，千叶李，枳壳，杜鹃。

八品二命：千叶戎葵，玉簪，鸡冠，洛阳，林禽，秋葵。

九品一命：剪春罗，剪秋罗，高良姜，石菊，牵牛，木瓜，淡竹叶。[48]

张翊的《花经》可以看作宋人"折枝花"的题材来源，相比之下，张丑所列九品九命，则是明人"瓶花"的备选之物。张丑本人也明确提到了这一点——"吾家先哲（君讳翊）所制，可谓缩万象于笔端，实幻景于片楮矣。今谱瓶花，例当列品，录其入供者，得数十种，亦以九品九命次（第之）"。[49]

## 三　花信、花时与相关绘画

无论是盆栽、折枝还是瓶花都有一个共同要求，即所有欣赏活动都需要仰仗花信。花之有时，犹如人之守信。岁寒时节，守约绽放的花备受赞美，成为高贵德性的标志。当然，背时者也被视为"花妖"。

前文提到了梁元帝的《芙蓉蘸鼎图》，其实，除了"善画"、喜收藏，梁元帝还是一位爱花之人。北宋乐史（930-1007）《太平寰宇记》称："竹林堂，宋临川王义庆所造，梁元帝因而修……其中多种蔷薇，刘宅紫蔷薇、康家四出蔷薇，白马寺黑蔷薇，名十里香，长沙千叶蔷薇，多有品汇，并以长格支其上，使花叶相通。其下有十间花屋，仰而望之则枝叶交映，迫而察之则芬芳袭人。"[50]而后世文人津津乐道的"二十四番花信风"也和梁元帝

---

【48】（明）张丑：《瓶花谱》，第3页a至第4页b。

【49】同上书，第3页a。

【50】（宋）乐史：《太平寰宇记》卷一百四十六，文渊阁《四库全书》本，第11页b、第12页a。

有千丝万缕的联系。明代杨慎《升庵集》【51】"二十四番花信风"条引梁元帝《纂要》称：

> 一月两番花信，阴阳寒暖，各随其时，但先期一日，有风雨微寒者即是。其花则：鹅儿、木兰、李花、玚花、桤花、桐花、金樱、黄芳、楝花、荷花、槟榔、蔓罗、菱花、木槿、桂花、芦花、兰花、蓼花、桃花、枇杷、梅花、水仙、山茶、瑞香。【52】

梁元帝《纂要》中谈的是一年十二月的"花信风"，但是所列举各花却与时令不配。所以杨慎说："其名具存，然难以配四时十二月，姑存其旧，盖通一岁言也。"【53】在同一条目下，杨慎还引用了《荆楚岁时记》：

> 小寒三信：梅花、山茶、水仙；
> 大寒三信：瑞香、兰花、山矾；
> 立春三信：迎春、樱桃、望春；
> 雨水三信：菜花、杏花、李花；
> 惊蛰三信：桃花、棣棠、蔷薇；
> 春分三信：海棠、梨花、木兰；
> 清明三信：桐花、菱花、柳花；
> 谷雨三信：牡丹、荼蘼、楝花。
> 此后立夏矣，此小寒至立夏之候也。【54】

《荆楚岁时记》中提到的是小寒至立夏的"三春"花信。

关于"二十四番花信风"，杨慎给出了"一年"和"小寒至立夏"这两种说法。

现代学者程杰先生认为："'二十四番花信风'的说法，最初并非出于南朝宗懔的《荆楚岁时记》，而是南唐徐锴的《岁时广记》。两书都被简称

---

【51】《升庵集》又称《升庵全集》，81卷。万历间四川巡抚张士佩取杨慎《丹铅录》等书编订。

【52】（明）杨慎《升庵集》卷八十，文渊阁《四库全书》本，第17页 a、b。

【53】同上。

【54】同上。

《岁时记》，后者又早已失传，因而后世遂将本属徐锴《岁时广记》有关花信风的说法误属《荆楚岁时记》。徐锴《岁时广记》只称'花信风'，本指三月鲜花盛开时的风候，其义重在风信，而非花信。稍后出现的'二十四番花信风'，最初所指也主要是清明时节的风信。南宋以来遂有初春至初夏，以梅花为首、楝花为尾共二十四番花信风的说法。"【55】

风之为物，无形无质。所谓风信，必然要借助某物才能得到确认和表达——如唐人李峤《风》中的诗句："解落三秋叶，能开二月花。过江千尺浪，入竹万竿斜。"花木是表达风信的最直观的事物。与基督教时令、节日相比，古代中国的"自然岁时"是调节生命节奏，安排节日、庆典的重要依据。无论宫廷律历还是民间风俗，都是得益于此。因此，"二十四番花信风"未必只有南宋人才能领略。

北宋吕原明《岁时杂记》：【56】

一月二气六候。

自小寒至谷雨四月、八气、二十四候。每候五日，以一花之风信应之。

小寒：一候梅花，二候山茶，三候水仙；

大寒：一候瑞香，二候兰花，三候山矾；

立春：一候迎春，二候樱桃，三候望春；

雨水：一候菜花，二候杏花，三候李花；

惊蛰：一候桃花，二候棠棣，三候蔷薇；

春分：一候海棠，二候梨花，三候木兰；

清明：一候桐花，二候麦花，三候柳花；

谷雨：一候牡丹，二候酴醾，三候楝花。

楝花竟，则立夏。

在大多数情况下，"二十四番花信风"是指小寒至谷雨时期的时令与节气，而在此期间次第绽放的各种鲜花也成为后世花卉题材绘画的重要内容，

---

【55】程杰还认为："明初王逵提出了完整的二十四番花信风的名目及其象数学依据，影响甚大，后世所说一出于此……所谓'二十四番花信风'还有一种就一年而言的说法，明杨慎称见于梁元帝《纂要》，但疑问颇多……"见程杰：《"二十四番花信风"考》，《阅江学刊》，2010年第1期，第111-122页。

【56】说郛本《岁时记》一册，（明）陶宗仪编，清顺治四年李际期宛委山堂刻本，可供翻检。《四库全书》卷一百二十子部三十杂家类著录《吕氏杂记》二卷（永乐大典本）亦可供参考。

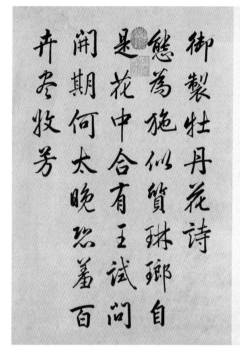

御製牡丹花詩

態為猶似貲琳瑯自是花中合有王試問開期何太晚恐羞百卉老牧芳

穀雨一候牡丹

4.14 乾隆十二年（1747），余省奉敕画《二十四番花信风·谷雨一候牡丹》，纵 62.8cm，横 42.2cm，台北故宫博物院藏

如宋人的院体折枝花，或台北故宫博物院藏余省奉乾隆敕命所画的《二十四番花信风》等（图 4.14）。

与岁时相关的博古花卉主要有"时花""岁朝""端阳"等几种类型。时花一类，取义于"清供"，依照季节变化而随时安置。（明）程羽文的《百花历》记录了一年十二月的花事，同《花经》一样，这类文献也是瓶花或瓶花绘画的重要依据：

> 正月兰蕙芳，瑞香烈，樱桃始葩，径草绿，望春初放，百花萌动。
> 二月桃夭，玉兰解，紫荆繁，杏花饰其靥，梨花溶，李花白。
> 三月蔷薇蔓，木笔书空，棣萼韡韡，杨入大水为萍，海棠睡，绣球落。
> 四月牡丹王，芍药相于阶，罂粟满，木香上升，杜鹃归，荼蘼香梦。
> 五月榴花照眼，萱北乡，夜合始交，蘼芜有香，锦葵开，山丹赪。
> 六月桐花馥，菡萏为莲，茉莉来宾，凌霄结，凤仙降于庭，鸡冠环户。
> 七月葵倾赤，玉簪搔头，紫薇浸月，木槿朝荣，蓼花红，菱花乃实。
> 八月槐花黄，桂香飘，断肠始娇，白苹开，金钱夜落，丁香紫。

九月菊有英，芙蓉冷，汉宫秋老，芰荷化为衣，橙橘登，山药乳。

十月木叶脱，芳草化为薪，苔枯，芦始荻，朝菌歇，花藏不见。

十一月蕉花红，枇杷蕊，松柏秀，蜂蝶蛰，剪彩时行，花信风至。

十二月蜡梅坼，茗花发，水仙负冰，梅香绽，山茶灼，雪花六出。【57】

从《百花历》中可以看出，花信风始于十一月。在小寒、大寒节气中，可以赏玩者只有水仙、梅花数种。张丑《瓶花谱》中说：

冬间别无嘉卉，仅有水仙、蜡梅，梅花数种而已，此时极宜敞口古尊罍插贮，须用锡作替管盛水，可免破裂之患。若欲用小磁瓶插贮，必投以硫黄少许，日置南窗下，令近日色，夜置卧榻傍，俾近人气，亦可不冻。【58】

明代陶成有《岁朝图》（图 4.15），表现的就是寒冬时节的花卉。画中器物有汉壶、爵、碳夹，燃烧着炭火的榾柮炉，水罂。汉壶中有松枝、灵芝、梅、水仙和山茶——与《百花历》或《瓶花谱》中的记载相映成趣。《岁朝图》大致兴起于宋代，这也是《岁时记》一类文献开始流行的时代，内容主要是表现花卉，如台北故宫博物院藏传为赵昌的《岁朝图》。明清时期，岁朝图的内容略有变化，这主要是受"五供""清供"一类意念的影响，古器物开始成为画面的重要表现内容。而民间的岁朝图还会添加大量的节日食品、物品和儿童玩具，如辽宁省博物馆藏一件缂丝《清宜春帖子岁朝图》就是如此。

陆治（1496-1576）的《天中佳卉图》（图 4.16）和孙克弘（1532-1611）的《太平春色图》（图 4.17），这两件作品中的花器都是"铜罍"，其内容、题材非常接近。二者相比，陆治的作品笔法更为轻松，铜罍上罩染了一层绿锈，强调了花器的历史感。"天中日"是"端午"的别称，这件《天中佳卉》是一件典型的时令节气绘画，铜罍中的鲜花、蒲草强调了节日的气息。孙克弘的作品手法略显刻板，像是在仿写陆治。另外，其内容也和陆治明显有别，这是一件"岁朝"题材的画作。

边文进（约 1356-1428）也有一件《岁朝图》（图 4.18）传世，画面

---

【57】（明）程羽文：《百花历》，载《古今图书集成》博物汇编草木典第十一卷，中华书局影印本，第 531 册，1934 年，第 51 页。

【58】（明）张丑：《瓶花谱》，第 8 页 a。

4.15 （明）陶成《岁朝图》，
纵 109cm，横 48cm，台北故宫博物院藏

4.16 （明）陆治《天中佳卉》，
程十发先生旧藏，现藏上海中国画院

4.17（明）孙克弘《太平春色》，
绢本，纵131cm，横63.4cm，台北故宫博物院藏

4.18（明）边文进《岁朝图》，
纸本，纵108cm，横46.1cm，台北故宫博物院藏

内容是"古铜方壶贮如意群卉",其中柏枝、红柿和玉如意三件事物又暗含"百事如意"的谐音,这是一幅带有祝福意味的年节吉庆绘画。画面上乾隆的题诗——"松柏梅茶兰水仙,灵芝天竺间便娟。更看朱柿傍如意,名寓其然岂易然"——说的就是这个意思。乾隆还在上面题了一首诗:"岁朝图称岁朝悬,宣德贻今三百年。松竹兰梅结好友,柏芝茶柿悟同禅。水仙似许看半面,如意惟征获十全。所欲奢哉消数笔,淳于髡语笑应然。" 松竹兰梅、柏芝茶柿、水仙如意,合为十瑞。乾隆在上面连续两次题两诗,一次是辛卯年(1771),一次是癸巳年(1773),可见比较喜爱这件作品,画中的"十全"寓意一定是深深印在了他的心底,乾隆壬子(1792),他不但亲自撰写了《御制十全记》,还用和阗玉镌刻了一方"十全老人之宝"。

乾隆题画诗说:"岁朝图称岁朝悬。"所谓岁朝,即新年第一日。《汉书五行志》:"正月朔日是为三朝。"唐颜师古注:"正月一日为岁之朝。"这一天是一年的第一天,春季的第一天,正月的第一天,所以又是"岁之朝,月之朝,日之朝"——"三朝"。

乾隆第六子永瑢(《四库全书》总裁官)也画过一幅岁朝图,乾隆在这件作品上题写了诗句,并以此为新年礼物送给了自己的母亲孝圣太后。画面题跋的内容是:"学余游艺亦功夫,写作平安如意图。恰合岁朝呈吉语,永绵亿载奉慈娱。题永瑢所绘岁朝图,恭进圣母,以博一笑。戊子新正御笔。"显然,在清内府中,这一类"瓶花"绘画都有明确的祝福和象征意义。郎世宁曾为雍正画过一幅《聚瑞图》,时间是雍正三年十一月十五日,据《皇朝文献通考》记载,雍正三年(1725)三月十五日(农历二月初二),天空中曾出现日月合璧、五星连珠的异象——这两件事情很容易被联系在一起。郎世宁也为乾隆画过一件类似的作品,表现的却是端午佳节,画中出现了粽子。

端阳的时令花卉是蜀葵、玉簪、蔷薇等,如王时敏晚年的一件墨笔花卉(图4.19)。在明代的端阳题材绘画中,常常还会有菖蒲、艾草,另外再加上钟馗驱鬼图案。这类绘画会出现古器物和仿古器物上,有时也被视作博古画。许多托名钱选的明代作品表现的就是这一类内容。

相比之下,文人所绘制的瓶花或"博古花卉"却与节日的关系不大。对他们来讲,赏花是日常生活的组成部分,何时为花写生传神,完全取决于个人兴致。

大不列颠博物馆藏有陈洪绶的一件《碧璃瓶花》(亦称《冰壶秋色图》)(图4.20),其中的跋语最能体现文人意趣:

4.19 （清）王时敏《端午图轴》，纸本，纵 100.8cm，横 40.1cm，故宫博物院藏

溪山老莲，安静神心，白诸君子曰：
事事每每相干，不能偕诸公至秋香深
院采菊，杂诗以集秋香乐境，未得言文。
岁而谋野韵，偕诸公往之。乃诸君子曰：
秋雨千山里，篮军偕子行。绶：吾言
微合道，子语必关情。公：岂止能闲好，
还欣业不生。绶：菊华尊艳事，已过
小春晴。公：谢君唤采菊，采入秋香
处。绶：设酒深院中，沉醉扶归去。公：
相呼看红叶，林下醉秋华。绶：折得
一枝归，与君称寿华。公：多闲老少颜，
愿与寿者相。绶：载入碧璃瓶，图之
为尊觞。言既而景佢且至，云：善玉
三叔为庆开翁老伯八旬大寿，索画。
予龙草书，工画于秋香深院，而偕诸
公共入华堂拜祝，大醉于秋华秋树之
间、海棠四照之时，饮酒如天河腹也。
时乙亥十一月朔日，洪绶顿首。

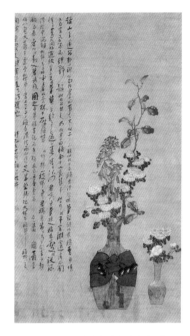

4.20-1 （明）陈洪绶《碧璃瓶花图》，
纵 175cm，横 98.5cm，大英博物馆藏

　　从跋语中可知，陈洪绶自己虚拟
了一段对话，自己和想象中的"诸公"
相互唱和，最后采菊而归。这场想象
中的对答刚刚结束，"景佢"即来求画。
陈洪绶于是完成这件作品，带领想象
中的"诸公"前去拜寿。这是一件意
象空灵奇谲的作品，画中有一大一小
两只花瓶，大瓶为碧璃瓶，花茎浸润
在瓶水之中，清晰可见。小瓶为白瓷瓶，
瓶腹画有三位高士——这就是陈洪绶
头脑中的诸公。

　　这件作品简直匪夷所思。不过，
陈洪绶所说的"图之为尊觞"，却让

4.20-2 《碧璃瓶花图》（局部）

我们想到了另外一件和宴会有关的作品——明崇祯庚辰年（1640）闵齐伋六色套印《西厢记》版画中的第六幅作品《邀谢》（图4.21），这帧版画将红娘绘于青铜"觯"内，暗合邀宴之意。而此套版画中的其他几件作品，同样也是构思精奇，如《赴斋》一图将人物绘制于六壬式盘内；《定约》一图，将人物安置在两枚相扣的玉环之内。

陈洪绶的《碧璃瓶花》作于崇祯乙亥年（1635），距闵齐伋六色套印《西厢记》版画的问世还有五年，这五年之内发生了什么？《碧璃瓶花》和寓五本中的《邀谢》有没有关系？这些只能给我们留下一些玄想。

陈洪绶的这件作品可视作"元绘画"（Meta-painting）的一个佳例，这种手法使绘画具有了极大的"意义流动性"，让它变成了完全可以和文字、诗歌相互媲美的艺术。

4.21 "寓五本"《吴兴西厢记图·邀谢》，明崇祯十三年，吴兴闵寓五氏刊印，德国科隆东方艺术博物馆藏，董捷先生供图

（清） 萧晨《东坡博古图》

# 第五章　　"鉴古"题材的作品与文人生活

古画名称多为后世收藏者或"好事者"所给定,目的是便于编目和交易,在大多数情况下都是一厢情愿或仓促而为。就图式而言,明清时期的"博古图""鉴古图"一类人物画作多是《西园雅集图》的变体,或是假托古人故事、古人形象制作的"订件"。而在著录前代绘画时,明清人也用这些经验进行了投射,以"博古""鉴古"来命名前人那些陈列和欣赏古物的画作。

《清河书画舫》著录了唐代汤子升的《博古图》,因为原画无存,所以我们很难臆想这件"博古图"究竟是什么内容。另外,"博古图""鉴古图"这一图像类型所指涉的内容也不确定,它可以指古器物图画——如吕大临的《考古图》,或宋徽宗的《宣和博古图》;也可以指文人欣赏和鉴别古器;还可以指纯粹的历史故事画——如宋仁宗庆历元年(1041)命画院画家作《观文鉴古图》十二卷,绘"前代帝王美恶之迹",再如陈洪绶的《博古叶子》,以及各类展示珍宝文玩的民间图案。

在《西园雅集图》中,"鉴古"是其中的一个细节,在参与"西园雅集"的文士中,苏东坡的身份和形象最受后代文人欢迎。在他的身上,后人充分寄托了清旷放达、宠辱不惊的情怀,一如米芾在《西园雅集图记》中所言:"水石潺湲,风竹相吞,炉烟方袅,草木自馨。人间清旷之乐,不过于此。嗟呼!汹涌于名利之域而不知退者,岂易得此耶!"

所以,就一般古物收藏者、爱好者而言,他们更愿意假借文人高士之名"订制"各种博古图。所谓"玩古乃常、博之志大",通过这种方式,他们才能从罗列和炫耀古物的"恶趣"中脱身,并从附庸风雅中学会真正的风雅。

## 一　从《西园雅集图》到《东坡博古图》

### 《西园雅集图》

在以玩古、阅古、品古为题的作品中,文人的鉴古活动多在庭院环境中展开,这种处理手法可能是真实生活场景的记录,同时也秉承或借鉴了前代雅集图的范式。惯常见到的场景是：画面背景为某处园林、庭院，其中或设围屏，有两张或多张书案，一张陈设古器，另一张摆放琴书、卷轴、书册。主人与来客围案而坐。侍姬流连其间，僮仆则洒扫烹茶，递送或揩拭古器。这种场面在各类学士图、文会图、雅集图中也经常可以看到，只不过在"鉴古图"中更为明确。

就内容而言，明人的鉴古图或为真实发生的事件，或为前人画作的变体——从《西园雅集图》改换而来的《东坡博古图》即为一例。明末清初，所谓《东坡博古图》已成了一个固定的题材，如萧晨（生于1658年，卒年不详，活跃于清代早期）在其《东坡博古图》扇面中题写的跋语："东坡博古图，前人有其本，考之书史，未见其说，岂好事者为之耶？"《东坡博古图》的确是"好事者"从《西园雅集图》中变化而出。在明人鉴古图画中，经常可以看到这一类以苏轼为原型的奇妙画作（图5.1）。

因此，《东坡博古图》的来历尤其值得注意。从文献上来看，《东坡博古图》名称出现的时间较晚，明人汪砢玉《珊瑚网》（成书于1643年）卷四十七中记载"嘉靖四十四年籍没"的《分宜严氏画品挂轴目》中有一幅陈宪副[1]的《东坡博古图》，这或许是最早的一条记录。从视觉材料上看，各类《东坡博古图》明显是横卷李公麟《西园雅集图》中涉及苏东坡部分的变体。

"西园雅集"是北宋元丰年间（1078-1085）或元祐初年宗室王诜（约1048-1104）召集的宴游活动，相传苏轼（1036-1101）、米芾（1051-1110）、李公麟（1049-1106）等十六人参加了这一雅集，李公麟随后描绘了集会的场景。作为一种文化"模型"，"西园雅集"寄托了文人的梦想，而且"名动四夷"，此类作品在韩国、日本也有大量遗存。

但许多学者认为，这次集会以及李公麟的《西园雅集图》都不存在，而是后人附会杜撰之物。在20世纪90年代，梁庄爱伦（Ellen Johnston Laing）就提出这一看法。在此基础上，杨新认为米芾的《图记》亦为南宋托名伪作。所谓的《西园雅集图》，其创作背景是宋高宗对苏轼的纪念活动。[2]

---

【1】明代掌地方司法的长官为按察使，即宪台，其下设有按察副使，即"宪副"。陈宪副即闽人（莆田）陈伯献，字惇贤，弘治己酉年（1489）乡荐第二，己未年（1499）进士，为南京吏科给事中，著有《峰湖集》若干卷。

【2】余辉先生的论文也讨论了这类问题。见余辉：《一次为苏轼平反的宫廷书画合作：在马和之画、宋高宗题〈后赤壁赋图〉卷的背后》，《紫禁城》，2005年第S1期，第59-61页。

5.1 （明）佚名《博古图》，绢本设色，纵 173cm，横 94.5cm

　　杨新认为，宋高宗时期僧梵隆的《述古图》就是后世各种西园雅集图的
范本，[3]梵隆为了纪念苏轼等人而创作了《述古图》，图式是借用了《白
莲社图》，此图在南宋出现仿本，之后一直流传不绝。他说："梵隆《述古
图》在南宋时代就有多种临仿本，广为流传。或改作者名……或作者和图名
俱改的，如员宗兴《跋袁公雅集图》。随着摹仿本的增多，参加的人名、雅
集的地点也有所发挥，画法有青绿、白描之分，装裱形式又有卷、轴、扇面
之不同。出现在拍卖行的这件仇英款《西园雅集图》就是其中一例。"[4]

　　梵隆的《述古图》是立轴，含有纪念碑意义。以横卷而论，至少从马远
开始，就有大量图式相对稳定的《西园雅集图》传世。[5]清内府旧藏中还
有一件李公麟的横卷《西园雅集图》，这件作品为白描，可能是一件副本或

【3】 "宋高宗对于苏轼和其文章的推崇可谓极致，封苏轼为资政学士、文章之宗。此外，高宗喜好书画，对李公麟、
　　 米芾的作品都十分欣赏。梵隆师法李公麟，也正迎合了高宗的审美趣味。梵隆与高宗关系这么密切，梵隆创作《述
　　 古图》是很自然的事。图名之所以称为'述古'，是因为画中之人早已作古。李公麟是画中之人，他的创作
　　 是不会叫这个名字的。"见杨新：《去伪存真，还原历史——仇英款〈西园雅集图〉研究》，《中国历史文物》，
　　 2008年第2期，第4-9页、56-59页。收入《杨新书画鉴考论集》，文物出版社，2010年。

【4】 同上。

【5】 参阅板仓圣哲：《马远〈西园雅集图卷〉的历史定位——围绕虚构的"西园雅集"及其绘画再现问题》，王云译，
　　 载《美术史与观念史Ⅶ》，南京师范大学出版社，2009年，第54-87页。

南宋时传抄的粉本。《石渠宝笈》对此画的著录文字为："宋李公麟《西园雅集图》一卷（次等昃二）。素笺本，白描画。每段金书署名。无款。姓氏见跋中。拖尾有曾几、刘克庄、宋渤诸跋。又赵淇、高栻、郑定、陈赓、陈公亮、王恭诸题句。又隶书题句一，后署牧隐。"[6] 2005 年 7 月，这件作品在拍卖会场出现，杨仁恺先生认为这件清宫旧藏是真迹，[7] 不过响应者寥寥，应该还存有很大争议（图 5.2）。

南宋僧梵隆、赵伯驹、刘松年、马和之、马远都画有《西园雅集图》，元人钱选亦临仿过李公麟《西园雅集图》。降至明清时期，《西园雅集图》的临仿达到了高峰，[8] 唐寅、仇英、王式、尤求、李士达、石涛、华喦、丁观鹏等画家都有作品传世，其具体数量很难统计，《明画全集》中的一件佚名作品可作为例证（图 5.3）。

---

【6】（清）张照等：《石渠宝笈》卷三十四，文渊阁《四库全书》本，第 5 页 b。

【7】他在这幅画中题写的跋语是："清内府旧藏南宋人白描西园雅集图，见《石渠宝笈》著录。余著《国宝沉浮录》中曾注明已发现，但迄未睹原作。今有幸获观瞩之，欣喜无既。盖宋人墨迹有如凤毛麟角，允宜什袭珍之也。岁次辛巳春梢，八十七叟和溪仁恺于首都客次。"

【8】孙真真：《明代中后期"西园雅集"题材流行原因探析》，《文学界》（理论版），2012 年第 5 期，第 242-244 页。

5.3 （明）佚名《西园雅集图》，绢本设色，纵 42.5cm，横 242.8cm。

　　关于《西园雅集图》的画面内容，米芾《西园雅集图记》中记载：

　　李伯时效唐小李将军为著色泉石云物、草木花竹，皆绝妙动人。而人物秀发，各肖其形，自有林下风味，无一点尘埃气，不为凡笔也。

　　其乌帽、黄道服捉笔而书者，为东坡先生。仙桃巾、紫裘而坐观者，为王晋卿。幅巾青衣、据方机而凝伫者，为丹阳蔡天启。捉椅而视者，为李端叔。后有女奴，云鬟翠饰倚立，自然富贵风韵，乃晋卿之家姬也。孤松盘郁，上有凌霄缠络，红绿相间。下有大石案，陈设古器瑶琴，芭蕉围绕。

　　坐于石盘旁，道帽紫衣，右手倚石，左手执卷而观书者，为苏子由。团巾茧衣，手秉蕉箑而熟视者，为黄鲁直。幅巾野褐，据横卷，画渊明《归去来》者，为李伯时。披巾青服，抚肩而立者，为晁无咎。跪而捉石观画者，为张文潜。道巾素衣，按膝而俯视者，为郑靖老，后有童子，执灵寿杖而立。

　　二人坐于盘根古桧下。幅巾青衣，袖手侧听者，为秦少游。琴尾冠、紫道服、摘阮者，为陈碧虚。

　　唐巾深衣，昂首而题石者，为米元章。幅巾、袖手而仰观者，为王仲至。前有髽头顽童，捧古砚而立，后有锦石桥竹径，缭绕于清溪深处，翠阴茂密，中有袈裟坐蒲团而说《无生论》者，为圆通大师。旁有幅巾褐衣而谛听者，为刘巨济。二人并坐于怪石之上，下有激湍潆流，于大溪之中。水石潺湲，风竹相吞，炉烟方袅，草木自馨。人间清旷之乐，不过于此。

　　嗟呼！汹涌于名利之域而不知退者，岂易得此耶！自东坡而下，凡十有

六人，以文章议论、博学辨识、英辞妙墨、好古多闻、雄豪绝俗之资，高僧
羽流之杰，卓然高致，名动四夷。后之览者，不独图画之可观，亦足仿佛其
人耳。[9]

从《图记》来看，《西园雅集图》是一件设色作品，其中与"东坡博古"
相关的部分是："其乌帽、黄道服捉笔而书者，为东坡先生。仙桃巾、紫裘
而坐观者，为王晋卿。幅巾青衣、据方机而凝伫者，为丹阳蔡天启。捉椅而
视者，为李端叔。后有女奴，云鬟翠饰倚立，自然富贵风韵，乃晋卿之家姬也。
孤松盘郁，上有凌霄缠络，红绿相间。下有大石案，陈设古器瑶琴，芭蕉围绕。"
《西园雅集图》有立轴和横卷两种表现形式。前文提到，这两种本子都
来自南宋——杨新先生认为一件仇英款的《西园雅集图》是南宋的传本，杨
仁恺先生认为清宫旧藏李公麟《西园雅集图》也是南宋作品。从各种版本《西
园雅集图》中，可以发现与苏东坡密切相关的几个要素，"（东坡先生）乌
帽、头部右倾、捉笔；坐观者、家姬（两人）、大石案，陈设古器瑶琴、芭
蕉围绕"，都会在《东坡博古图》或其他类型的《鉴古图》中出现。

### 《鉴古图》

台北故宫博物院藏传为钱选的《鉴古图》是我们要讨论的第一个例子。
传为宋人以博古、鉴古为题的传世作品共有三件，即刘松年《松荫博古
图》（图 5.4）、钱选《鉴古图》（图 5.5）和佚名《博古图》，均藏于台
北故宫博物院。李玉珉主编的《古色》介绍了这些作品。[10]学者多认为这
三件都非真迹——所谓佚名《博古图》尤为明显，可不做讨论。

何传馨认为刘松年那一件有添加的伪款。[11]钱选那一件用笔略嫌刻板，
仕女造型流于俗套，画中的古器物与杜堇的《玩古图》（图 5.6）真迹多有重合。

钱选的《鉴古图》很有争议，从图样上来看，此画与明代《顾氏画谱》
中的一幅插图（图 5.7）颇有纠葛。说它是明人杜撰的伪作，还是明人以前
人古画为范本截取的片段，其事很难仓促论定——商人割截古画，分段销售，
如盗墓者拣取所需，零星兜售随葬品一样，会彻底破坏原作完整的历史信息，

【9】（宋）米芾：《宝晋英光集》补遗，《丛书集成初编》本，商务印书馆，1939 年，第 76 页。
【10】李玉珉主编《古色：十六至十八世纪艺术的仿古风》，台北故宫博物院，2003 年。
【11】何传馨：《博古、拟古与变化：十六至十八世纪仿古风气下的绘画》，载《古色：十六至十八世纪艺术的仿古风》，
第 291 页。

5.4 （传）刘松年《松荫博古图》，绢本设色立轴，纵 128.3cm，横 56.6cm，台北故宫博物院藏

5.5 （传）钱选《鉴古图》，纵 71.8cm，横 62cm，台北故宫博物院藏

并不断挑战鉴赏家的眼光和学识。不过，以此图为线索，的确可以勾连出明人鉴古类图像的诸多问题——刘松年的作品也是如此。

传为钱选的《鉴古图》，明显是从横卷中截取的片段，画面背景一片空白，无草无树无石，也没有建筑，铺陈在地面毡毯上的古器物提醒我们这是一处庭院空地。在趣味上，这种手法是在模仿晋唐古风，与钱选的传世人物画如《扶醉图》一致。画面偏右位置有一张纵向书案。结合赵孟頫《苏轼像》中的"乌帽"来看，在各类《西园雅集图》和《博古图》中，苏轼的形象最容易辨识，传为钱选的这件作品也不例外。画面上主人公着乌帽，头部右倾，正在审看古钟，对面是两位客人，一坐一立，身后是两位婢女。从风格上来看，画中人物身形颀长，衣纹排列规则，且多方角，与《杨妃上马图》相一致。

这件作品最引人争议的地方是毡毯上摆放的古器物：方鼎、圆鼎、瓹、白瓷执壶、豆（内有铜镜）、覆盖的两只瓷碗、洗子、朱漆香案、提梁卣、香薰等器物纷然杂陈，绚烂生辉——同样的内容我们可以在杜堇的《玩古图》中再次看到。和故宫旧藏《西园雅集图》相比，这段画面有明确的用意：古

5.6 （明）杜堇《玩古图》，绢本设色，纵126.1cm，横187cm，台北故宫博物院藏

物陈列在最前方，美人也去除了松树的遮挡，这种瑰丽奇美的场景更容易令人动心。案头的剔红漆盒和地面上的红漆香案，更是令人目眩神驰。【12】不过，在地面上摆放的那一张朱红色香案却令人生疑，其造型与《宣德彝器图谱》中的"定时香篆金几炉"类似。伯希和认为《宣德彝器图谱》是伪书，应该成书于17世纪中叶或末期。那么，这件传为钱选的画作可能要晚于"17世纪中叶或末期"了。

---

【12】元末孔子五十五世孙孔克齐《至正直记》"故宋剔红"一条记载："故宋坚好剔红、堆红等小样香金箸瓶，或有以金桦底而后加漆者，今世尚好，重者是也。或银、或铜、或锡。"《新增格古要论》"剔红"条："宋朝内府中物，多是金银作素（胎）者。"（明）高濂《燕闲清赏笺》："宋人雕红漆器如宫中用盒，多以金银为胎，以朱漆厚堆，至数十层、百层，始刻人物楼台花草等象。刀法之工，雕镂之巧，俨若图画。"（明）张应文《清秘藏》："宋人雕红漆器，官中所用者多以金银为胎，妙在刀法圆熟，藏锋不露，用朱及鲜，漆极坚厚而无敲裂，所刻山水楼阁人物，皆俨若图画为佳绝耳。"因为宋内府剔红漆器多以金银为胎，质性贵重，所以这类器物饱受摧残蹂躏，绝少流传。（元）孔克齐《至正直记》记载了一则故事，足以令人唏嘘不已："又兴王仲德老先生，平日诚实喜静，惟好蓄古定官窑、剔红、旧青古铜之器，皆不下数千缗。至正壬辰，红巾陷城，定窑青器皆为寇击毁。寇亦不识，无取也。此一失也。后乙未复陷，所存者又无几，惟附箧随身之物乃画之高品，铜之古器，剔红之旧制，寄藏友人。渡江浙时，苗僚据杭州，因寄托之。主丧，乃取归西山，不一宿，尽为苗僚所掠。画卷转卖于市，凡剔红小样，咸以刀砍毁，无完器也。此再失也。"（清）谢堃在《金玉琐碎》则直言其事："宋有雕漆盘盒等物，刀入三层，书画极工。竟有以黄金为胎者，盖大内物也。民间有银胎、灰胎，亦无不精妙。近因卖肆跌损，一器内露黄金，一时喧闹，争购肃毁，盖利其金。殊不知金胎少而灰胎多，一年之内毁肃略尽。"在钱选的画中，出现在苏轼案头的这件剔红漆盒值得我们注意。

仇英的《竹院品古图》是一帧册页
（图5.8），题目为后世所加，尺幅小
于钱选的作品。这件作品是一幅"时尚
绘画"——《东坡博古图》。[13]在仇英《人
物故事图》册中，其他部分内容较为明
确，如子路问津、吹箫引凤、贵妃晓妆、
明妃出塞、浔阳琵琶、松林六逸等，由
此判断，所谓竹院品古，当为昔年西园
雅集中的一段逸事，乌帽、云鬓翠饰、
古器瑶琴等元素提醒我们，画面表现的
应该是当时的文坛领袖"东坡先生"，
而不是身着宋人衣冠的明人。

5.7　《顾氏画谱》插图，明万历刻本

仇英的作品和前面提到的钱选的作
品可比之处甚多：纵向陈列的书案，摆
在地上的古器，没有遮挡的两位侍女，这些元素都与钱选一致。两幅画中展
玩卷轴的主人公（苏轼）的身姿与钱选作品，或故宫白描本《西园雅集图》
几乎完全一致。所不同者，只是仇英改动了客人的位置，添加了围屏、竹林、
棋枰，还有几位奔走侍应的少年男僮，画面明显热闹了很多。在仇英的画面
上，摆在最后一排的古器物中，有一件红色的豆（或为剔红漆器），在形式
设计上接近钱选的香案。画面中心醒目位置有一个夸张的青铜觚，内有一枝
红珊瑚，这种处理方法在仇英的其他作品（如《金谷园图》）及仇英传派的
作品中也被多次使用。

将钱选和仇英的画作进行比对，我们可能会不断产生新的想法。《绘事
微言》引仇英的话说：

　　仇实父云：唐宋人图一故事，有意风世。非贤孝忠良，则幽闲雅逸，终
不落恶趣。元人始以艳丽相高，无非奢靡。如《明皇庆幸图》《金谷园图》
《射雉》《博古》《出猎》等图，徒动人侈心，画何益于世。[14]

---

【13】在明代，册页、或版刻图书插图颇为流行，《人物故事图》册一类主题性小册子或书籍插图也会成为后人制
　　　作大尺幅人物画的范本。仇英这件《东坡博古图》或许就是这一风气的产物。

【14】（明）唐志契：《绘事微言》卷下《名人画图语录》，文渊阁《四库全书》本，第29页b。

5.8 （明）仇英《人物故事图册·竹院品古图》，绢本设色，纵 41.1cm，横 33.8cm，故宫博物院藏

　　仇英说的是一句套语——其言语与宋人米芾在《画史》的话如出一辙："古人图画无非劝戒，今人撰明皇幸蜀图，无非奢丽；吴王避暑图，重楼平阁，动人侈心。"而且仇英本人也画过多幅艳丽的"明皇幸蜀图、金谷园图、博古、出猎图"。

　　元画艳丽，博古图尤为奢靡。仇英提到的博古图是哪一类作品呢？从《竹园品古图》的内容看，美人美器，綦然陈列，最能"动人侈心"。仇英的《人物故事图》册是以"贤孝忠良，幽闲雅逸"为主题，要在这样一种充满奢侈、炫耀意味的作品中表现"幽闲雅逸"的情趣，这恐怕要离不开东坡先生了。

　　除了仇英的《竹院品古图》，杜堇的《玩古图》真迹也是一件与（传）钱选《鉴古图》关系密切的作品。这件作品的主题不是"东坡博古"，而是"柬冕"先生的"订件"——画面跋语是："玩古乃常，博之志大。尚象制名，礼乐所在。日无礼乐，人反块然。作之正之，吾有待焉。怪居杜堇。柬冕征玩古图，并题。予则似求形外，意托言表，观者鉴之。"

在这段跋语中，"似求形外"暗含的意思是杜堇未必真正见过他所描画的这些古器物，他是从别的作品或当时流行的古器物图谱中找到的样本。在杜堇的画中，陈列古器物的书案处于画面中心位置，兽炉、香薰、鬲鼎，三足洗（或炉）、白瓷碗、铜豆（内有玉璧，或铜镜）、白瓷执壶、玉饰件（璜、冲牙或珩一类玉器）、钮钟等一一罗列其上。2012 年 4 月 1 日至 6 月 25 日，台北故宫博物院举办了"好古敏求——杜堇玩古图展"，对《玩古图》中的器物做了考辨，并结合《宣和博古图》和同类文物进行了比对。[15]我们发现，在杜堇《玩古图》中出现的器物与钱选《鉴古图》多有重合，如白瓷执壶、两件倒覆的瓷碗、磁盘、小方鼎、凤匜、博山炉等。钱选画作中的三足小圆鼎，在杜堇的作品中是一件类似"莹白夔纹鼎"的德化窑瓷器，杜堇画作中的铜豆（含两枚铜镜，或玉璧），在钱选画作中是一件器形扭曲的鼎（铜镜保留）。

上述器物，就其内容、排列方式，遮挡位置而言，可以直接证明这两件作品有明显的借鉴关系。杜堇的《玩古图》是毫无疑义的真迹，这样就留下了几种可能性：一，传为钱选的《鉴古图》，其古器物从《玩古图》演变而来，所以是明人伪作。二，钱选有《西园雅集图》，其中一个片段就是所谓的《鉴古图》，它是各类《东坡博古图》和鉴古图、玩古图的原型——杜堇的《玩古图》从钱选变化而来。虽然不排除这种可能性，但存世的台北故宫博物院藏钱选《鉴古图》则不能作为可靠的依据。

传为刘松年的《松荫博古图》是要我们讨论的另一个例子。这是一件以"东坡博古"为主题的历史故事画。和《西园雅集图》相比，这里的苏轼已经离开书案，绕到另一张桌案前，俯身查看古物。周围的文人（除长髯者外）各持一件古物，摩挲把玩，细细品评。三位侍女则在递送古物。这是一件饶有趣味、充满创造性的作品，刘松年为高宗时期的画院待诏，南宋帝王对苏轼的推重也许是刘松年创作这件作品的动因。

这件作品中的古器物生动具体，为了衬托前面的器物，龙首盉与扁壶被画成了白色——与钱选笔下的红色香案和仇英笔下红色的豆是同一种手法。案上的器物有蒜头壶、龙首柄三足鐎斗、龙首提梁盉、柱足小方鼎、撇足鼎、圆鼎、鬲式鼎、敞口尊、龙首白瓷罐、簋、銮铃……黑衣侍女手中持圆簋，画出了乳钉纹，白衣侍女手持提梁卣，画出了扉棱。图中各器形状准确，不同器物大小比例允当，似已胜出仇英、杜堇一筹。

---

【15】台北故宫博物院"好古敏求——杜堇玩古图展"，参见：http://www.npm.edu.tw/exh101/du_jin/ch/ch_02.html。

在这件作品中，那件銮铃特别引人注目，因为它在其他同类作品中并未出现。这件銮铃在吕大临《考古图》中作"舞镜"。我们知道，吕大临的书征引李公麟《考古图》之处颇多，如李公麟称銮铃为"舞镜"，并说这是"汉武帝时舞人所执镜也"，这些《考古图》都原样保留。不过，《考古图》（《四库全书》本）中的"舞镜"是"舞铙"的误笔——是元大德间茶陵陈才子、陈翼子兄弟的误刻。[16]

就笔者的观察，这件作品对《博古图》器物图形的借鉴，其方法十分巧妙，而且类型也极为丰富（图5.9），我们不妨做一番图像比较：

| 序号 | 《松荫博古图》 | 《宣和博古图》 | 高濂《遵生八笺》 | 备注 |
|---|---|---|---|---|
| 1 | | | 方之少（小）者，有周王伯鼎、单从鼎、周丰鼎，又若方四五寸许，青绿或鎏金小方鼎，式法文王、王伯鼎制者，可宜书室熏燎，皆唐之局铸、元姜娘子铸也。纹片精美，制度可观。 | 周册命鼎 |
| 2 | | | 敞口者，如飞龙脚子父（举）鼎。皆可入上赏。 | 周子父举鼎 |
| 3 | | | 其圆鼎三兽面者，如商父乙鼎、父己鼎、父癸鼎、若癸鼎……皆可入上赏。 | 商父乙鼎 |
| 4 | | | | 汉素温壶 |
| 5 | | | | 汉熊足鐎斗 |

【16】在《宣和博古图》中，"舞镜"写作"舞铙"。有关"舞铙"的解释为："许慎谓：铙，小钲也，如玲，无舌。鸣之以止击鼓者也。是器颇近其制。"（《宣和博古图》泊如斋本）这种解释一直延续到《西清古鉴》。此外，在乾隆的"范金作则多宝阁"中，也有这样一件"舞铙"。其实，这些"舞铙"都是上古车马器中的"銮"，阮元《揅经室文集》已做过说明。山西省博物馆藏有一件"舞铙"，形制较钲瘦长，无舌，有穿环。

| 序号 | 《松荫博古图》 | 《宣和博古图》 | 高濂《遵生八笺》 | 备注 |
|---|---|---|---|---|
| 6 | | | 近日山东、陕西、河南、金陵等处，伪造鼎彝壶觚尊瓶之类，式皆法古，分寸不遗，而花纹款识，悉从古器上翻沙，亦不甚差 | 周三螭盉 |
| 7 | | | 近日吴中伪造细腰小觚、敞口大觚……鏒金观音弥勒，种种色样，规式可观，自多雅致。 | 周饕餮大尊 |
| 8 | | | | 汉龙首鐎斗 |
| 9 | | | | 汉兽耳方壶 |
| 10 | | | | 周龙首盉 |
| 11 | | | | 四库本吕大临《考古图》作"舞镜"，误。 |
| 12 | | | | 汉螭首瓶 |

《松荫博古图》与《宣和博古图》对比图表

　　从上述图像比较可知，传为刘松年的《松荫博古图》基本上是依据图谱创作，器物的视角、摆放的方式与《宣和博古图》完全一致，这不是一件根据实物"写生"的作品。

5.9 （传）刘松年《松荫博古图》局部

　　台北故宫博物院藏有一件《围炉博古图》，[17]这是一件学士图类型的"博古图"，其主要内容是观画，而非观赏古器。《石渠宝笈续编》中著录了南宋张训礼的《围炉博古图》轴，上有清高宗题诗《张训礼围炉博古图》："训礼易敦礼，二人非一人。相如似有慕，（《书画谱》载张训礼旧名敦礼，避光宗讳改今名，又别载张敦礼传。初疑即系一人。及细考时代，敦礼乃哲宗之婿，前后相距百余年，当是名偶相同。或慕其笔墨，故袭其名，如司马之慕蔺亦未可知。）欲讶孰为真。古器玩三代，闲庭聚四宾。朱栏干曲畔，梅信正含春。"[18]这条材料很有意思，因为刘松年就是师法张训礼，而且"神气精妙，过于其师"。但是，这件《松荫博古图》却与张训礼的《围炉博古图》气息相去甚远。

　　传为刘松年的画作中最有趣的部分是桌面上那只撇足小圆鼎，这是一件仿自"周子父举鼎"的撇足圆鼎——仇英仿张雨《倪瓒像》中，桌面上那只鼎就是这个形状（图5.10），而张雨的原画中是一个刀足斝（图5.11）。

_____

【17】围炉二字疑有误，当为"帷庐"。

【18】（清）乾隆：《御制诗集》四集卷十八，文渊阁《四库全书》本，第14页b。

5.10 （明）仇英仿张雨《倪瓒像》局部，
桌面上为撇足圆鼎

5.11 （元）张雨题《倪瓒像卷》局部，
桌面上为刀足斝

如果把这幅画中的古器物与《宣和博古图》做进一步对比，还可以发现更多重合的部分，很多器物的视角与《博古图》中的图像完全一致。这种现象只能有一个解释，即《松荫博古图》中的古器物图形全部得自于《宣和博古图》，而且构思颇为精巧。

南宋的刘松年有没有可能临摹北宋的《博古图》呢？南宋初年，由于战乱等原因，即便在宫廷内部《宣和博古图》都难得一见，[19]之后访求而来的《博古图》被保留在礼部，用作仿制祭器。刘松年是光宗绍熙年间（1190—1194）的画院待诏，但他能在多大程度上自由地借鉴《博古图》，这还有疑问。

刘松年这件作品是不是伪作呢？在李玉珉编的《古色》中，这幅画直接被标注为明画，传为刘松年。何传馨认为："华叔和氏《后真赏斋》藏画中，有一件与此幅同样构图与内容的画轴，题为张翀的《博古图》……再比较其他的张翀传世作品，可以推断此幅很可能也出于张翀之手，后来被改题上刘松年的名款。"[20]查验张翀、曾鲸合作的《侯峒曾像》（上海博物馆藏，

---

【19】《中兴礼书》卷九《嘉礼九·郊祖祭器》："（绍兴十三年）二月二十七日，礼部言……绍兴元年有司始造明
　　堂祭器，止依旧图之说。四年亲祀，议者以渐成礼器为合于古，请复用其礼度事下礼官，谓无《博古图》本，
　　遂不果行。"

【20】《古色》，第291页。

图5.12），其古器物的类型，前后安放位置、遮挡等关系都与刘松年（图5.13）的作品一致，只不过数量更少。如果以局部进行比较，可知何传馨的判断非常准确。

按照《宣和博古图》来创作博古画，这是明代画家常用的手法。对明代艺术家来讲，他们至少有几个本子可供参考，如南宋递翻北宋本，元大德江浙等处行中书省刻本《宣和博古图录》，至大年间的《至大重修宣和博古图录》，或明万历十六年（1588）泊如斋刊《宣和博古图》。明人创作"博古图"故事画，其知识结构还是比较清晰，首先是前代古画或同时代人的仿作——如各种《西园雅集图》，其次是各类涉及古器物的文献，如南宋赵希鹄《洞天清录集》、

5.12-1 （明）张翀、曾鲸合绘《侯峒曾像》，上海博物馆藏

明初曹昭《格古要录》、明中后期张应文《清秘藏》、高濂《遵生八笺》、文震亨《长物志》等，但这些书籍只有文字叙述，并不是画家所真正倚重的材料。他们真正仰仗的图像材料应该是不断翻版的古器物图谱，如《考古图》《宣和博古图》《绍兴稽古录》之类，还有同时代出版的类书如《三才图会》，或一些"广告书"如《程氏墨苑》等。还有一种情况，画家本人可能就是古物收藏者、拥有者，如陈宪副、沈周，但这种情况并不多见，而且拥有丰富古器物收藏的艺术家（如董其昌）可能也不屑于画这类"博古图"。

5.12-2 《侯峒曾像》局部          5.13 《松荫博古图》局部

### "东坡博古"

结合前文论述，可以发现《西园雅集图》和《东坡博古图》这类作品明显具有双重价值，一层是历史价值，一层是文化史价值。图像也许无法证明真实存在的历史，但却可以准确地传达特定人群的情感、价值观念与文化趣味，而后者同样"真实"，并在某种特殊心态的引领下不断"制造"出新的事实。李公麟究竟有没有创作《西园雅集图》，我们在此不做断言。但有太多的文献和图像资料都指向了《西园雅集图》——就像飓风一样，四周风狂雨骤、石走沙飞，而风暴中心却空无一物——顾恺之、董源等宋以前的大师都是同样的命运。南宋以后，大量出现的《西园雅集图》也许与李公麟"无关"，但每一件都是与苏轼相关的"真迹"。

在早期"祥瑞"图案，或"梅兰竹菊"一类作品中，我们可以看到"比德""以物喻人"的象征主义手法。其实，历史人物同样可以化身为道德楷模，表达"忠孝节义"一类抽象的道德观念，汉代以后流行的孝子、列女、古圣先贤、功臣图像就明显具有这种意味。[21]文人阶层兴起之后，他们对自身的形象和命运也极为关切。苏东坡对陶渊明的推许，赵孟頫对王维的赞颂就是例子。在后世文人心中，陶渊明、王维也具有了道德化的象征意义，其生平事迹同样也成为"象征符号"，并演化成稳定的视觉母题，[22]如同"潇

---

【21】这应该是中国艺术史中的一个特殊传统。和西方的"拟人化"传统或基督教的象征主义艺术相比，其优点是抽象的道德观念有真实的历史凭据，缺点是如果历史人物有瑕疵，信仰也会随之坍塌。

【22】如黄庭坚有《题伯时画松下渊明》诗：

南渡诚草草，长沙慰艰难。终风霾八表，半夜失前山。

远公香火社，遗民文字禅。虽非老翁事，幽尚亦可观。

松风自度曲，我琴不须弹。客来欲开说，觞至不得言。

诗句内容虽然未对画面进行描述，但这一诗题本身却是陶渊明在宋代进入图像题材系统的一个证据。

湘八景"或"圣迹图"一样被分成一个个标志性情节，并被后人不断演绎。《西园雅集图》表达了文人生活的理想范式。在闲适的园林中，钟鼎古器、芳草佳人，一一触目盈怀。这样的环境，正如米芾说的那样，"水石潺湲，风竹相吞，炉烟方袅，草木自馨。人间清旷之乐"。

在明代中后期，桃花源、辋川、赤壁泛舟这一类图像特别流行，东坡的形象也反复出现。退隐的官员、富裕的乡绅和落魄的读书人，都喜欢东坡这一形象。东坡仕途多蹇，一生奔波流离，但其学识渊博，趣味高雅，怀才不遇而又风流倜傥的形象深入人心。"东坡博古"这一新题材的出现契合了明季江南文人安闲舒适、从容优雅的生活情态，也为其他鉴古、博古题材的画作，或单纯的肖像画提供了新的创作素材。

从仇英的《蕉荫结夏图》（图5.14）到崔子忠的《桐荫博古图》，这种趣味和手法一直流行不衰。尤求的《品古图》（图5.15）和此后郑重的《长生仙桂图》（图5.16）也是这种生活趣味的一个侧影。

郑重另外还有一件扇面作品，从题材上看，这显然是一件"标准的东坡博古图"（图5.17）。画中三位文人围坐，左侧石台上摆满日用瓷器，正中石案上是册页卷轴，右册石案上陈列着各种彝器，三位书童小心翼翼地捧着画轴、古器和瑶琴，走向他们围坐的石案。画面的内容及构图方式延续了以前的做法，区别是画面没有女性形象，少了一些奢侈炫耀的成分，多了一份质朴苦涩的气息。"东坡博古"出现于扇面之上，足以说明这类题材已经比较流行。清初画家萧晨也有一幅纸本扇面《东坡博古图》，画面构图简洁，而且题目就是"东坡博古"，其跋语对此类绘画做了总结（见前文）。[23]

那么，苏轼究竟有没有"博古""鉴古"呢？苏轼自己说"折戟沉沙铁未销，自将磨洗认前朝"——好像是在"鉴古"。北宋吕大临《考古图》曾著录了"眉山苏氏子瞻"旧藏古器一件。蔡绦在《铁围山丛谈》中论及宋人古器物研究时也提到了苏轼，并有很高的评价："在上者初不大以为事，独国朝来浸乃珍重。始则有刘原父侍读公为之倡，而成于欧阳文忠公。又从而和之，则若伯父君谟、东坡数公云尔。"[24]此外，欧阳修《集古录》中记录了苏轼得到的一件"敦"，并说："右终南古敦铭，大理评事苏轼为凤翔

---

【23】画面的右下方钤两方印：一白文"惠均长寿"，一朱文"晴庐"，是满族收藏家惠孝同（1902—1979，原名惠均，别号晴庐）的印章。

【24】（宋）蔡绦：《铁围山丛谈》卷四，知不足斋丛书本，第24页a。

5.14 （明）仇英《蕉荫结夏图》，纸本设色，纵 279.1cm，横 99cm，台北故宫博物院藏

5.15（明）尤求《品古图》，纸本墨笔，纵 93.1cm，横 31.1cm，故宫博物院藏

5.16 (明)郑重
《长生仙桂图》,
绢本设色,
纵 37.3cm,横 62.1cm,
台北故宫博物院藏

府判官,得古器于终南山下。其形制与今《三礼图》所画及人家所藏古敦皆不同。初莫知为敦也,盖其铭有'宝尊敦'之文,遂以为敦尔。"【25】

　　除了这件古器物,在初仕凤翔府推官时期,苏轼还亲自探访了"石鼓",并留下了《后石鼓歌》,曰:

> 冬十二月岁辛丑,我初从政见鲁叟。旧闻石鼓今见之,文字郁律蛟蛇走。
> 细观初以指画肚,欲读嗟如箝在口。韩公好古生已迟,我今况又百年后。
> 强寻偏旁推点画,时得一二遗八九。我车既攻马亦同,其鱼维鱮贯之柳。
> 古器纵横犹识鼎,众星错落仅名斗。模糊半已似瘢胝,诘曲犹能辨跟肘。
> 娟娟缺月隐云雾,濯濯嘉禾秀稂莠。漂流百战偶然存,独立千载谁与友。
> 上追轩颉相唯诺,下揖冰斯同鷇彀。忆昔周宣歌鸿雁,当时籀史变蝌蚪。
> 厌乱人方思圣贤,中兴天为生耆耇。东征徐虏阚虓虎,北伐犬戎随指嗾。
> 象胥杂沓贡狼鹿,方召联翩赐圭卣。遂因鼙鼓思将帅,岂为考击烦蒙瞍。
> 何人作颂比嵩高,万古斯文齐岣嵝。勋劳至大不矜伐,文武未远犹忠厚。
> 欲寻年岁无甲乙,岂有文字记谁某。自从周衰更七国,竟使秦人有九有。
> 扫除诗书诵法律,投弃俎豆陈鞭杻。当年何人佐祖龙,上蔡公子牵黄狗。
> 登山刻石颂功烈,后者无继前无偶。皆云皇帝巡四国,烹灭强暴救黔首。
> 六经既已委灰尘,此鼓亦当随击掊。传闻九鼎沦泗上,欲使万夫沉水取。
> 暴君纵欲穷人力,神物义不污秦垢。是时石鼓何处避,无乃天公令鬼守。
> 兴亡百变物自闲,富贵一朝名不朽。细思物理坐叹息,人生安得如汝寿。【26】

【25】(宋)欧阳修:《集古录跋尾》卷一《终南古敦铭》,《欧阳文忠公集》本(元刊本,卷一百三十四),第9页a。

【26】(宋)陆佃:《增修埤雅广要》卷三十三,明万历三十八年孙弘范刻本,第3页a至第4页b。

5.17 （明）郑重《品古图》，扇面金笺设色，纵 15.5cm，横 47.5cm，故宫博物院藏

苏轼还有一首诗，内容是答谢胡穆秀才馈赠的酒器。读诗中的文句，可知这件器物为"爵"，但是胡秀才却直呼为"鼎"，苏轼则以饮器名之，尚不知此物为"爵"。诗的内容是：

胡穆秀才遗古铜器，似鼎而小，上有两柱，可以覆而不蹶。以为鼎则不足，疑其饮器也。胡有诗，答之。
只耳兽啮环，长唇鹅擘喙。
三趾下锐春蒲短，两柱高张秋菌细。
君看翻覆俯仰间，覆成三角翻两髻。
古书虽满腹，苟有用我亦随世。
嗟君一见呼作鼎，才注升合已漂逝。
不如学鸱夷，尽日盛酒真良计。[27]

另外，检视《东坡全集》，我们还可以得到以下两条材料，一条是有人向他赠送鼎甗，他转赠"大觉老禅"，并做了记录。另一条是就"汾阴之鼎"而发的议论，所言力斥祯祥，表达了理性的历史态度。宋人对古器物态度的转变，也可以从这两条材料中找到证据。

---

【27】（宋）苏轼：《东坡集》卷五《答胡穆秀才遗古铜器》，引自《东坡七集》，《四部备要》本，中华书局，1928年，第66页。

## 一、《大觉鼎铭》

乐全先生遗我鼎甗，我复以饷大觉老禅。在昔宋、鲁，取之以兵。书曰郜鼎，以器从名。乐全、东坡，予之以义。书曰大觉之鼎，以名从器。挹山之泉，烹以其薪，为苦为甘。咨尔学人。[28]

## 二、《汉鼎铭》

禹铸九鼎，用器也，初不以为宝，象物以饰之，亦非所以使民远不若也。武王迁之洛邑，盖已见笑于伯夷、叔齐矣。方周之盛也，鼎为宗庙之观摩而已。及其衰也，为周之患，有不可胜言者。匹夫无罪，怀璧其罪。周之衰也，与匹夫何异？嗟夫，孰知九鼎之为周之角齿也哉？自春秋时，楚庄王以问其轻重大小，而战国之际，秦与齐、楚皆欲之，周人惴惴焉，视三虎之垂涎而睨己也。绝周之祀不足以致寇，裂周之地不足以肥国，然三国之君，未尝一日而忘周者，以宝在焉故也。三国争之，周人莫知所适与。得鼎者未必能存周，而不得者必碎之，此九鼎之所以亡也。周显王之四十二年，宋太丘社亡，而鼎沦没于泗水，此周人毁鼎以缓祸，而假之神妖以为之说也。秦始皇、汉武帝乃始万方以出鼎，此与儿童之见无异。善夫吾丘寿王之说也，曰："汾阴之鼎，汉鼎也，非周鼎。"夫周有鼎，汉亦有鼎，此《易》所谓正位凝命者，岂三趾两耳之谓哉！恨寿王小子方以谀进，不能究其义，予故作《汉鼎铭》，以遗后世君子。其词曰：

惟五帝三代及秦汉以来，受命之君，靡不有兹鼎。鼎存而昌，鼎亡而亡。盖鼎必先坏而国随之，岂有易姓而犹传者乎？不宝此器，而拳拳于一物，孺子之智，妇人之仁，乌乎，悲矣。[29]

不过，苏轼并没有像欧阳修那样留下金石著作，也没有留下古器物图谱或考证文字。"东坡博古"的真正意义并不在于苏轼的金石学成就，而在于这一题材的象征含义。从这个意义上来讲，"东坡博古"可能比"刘原父博古""欧阳永叔博古"，或"伯时博古""吕与叔博古"更易于唤起后世文人的共鸣。

---

【28】（宋）苏轼：《东坡集》卷二十《大觉鼎铭》，引自《东坡七集》，第157页。
【29】（宋）苏轼：《东坡后集》卷八《汉鼎铭》，引自《东坡七集》，第327页。

苏轼"发现"了陶潜，并确立了文人的生活理想和日常形象。仅凭这一点，苏轼就足以成为好古嗜奇的江南文人的典范。当苏轼等文人学士玩古、观画的"事件"进入图像世界后，必然引起后人的思慕和仿效。可以举一个夸张的例子，乾隆皇帝命郎世宁创作的《弘历观画图》，就是这一类意象的延伸——清宫旧藏的很多"博古图"名称也都是乾隆所给定。这类作品，有的是表现文人观看古画，有的是学士图，或雅集图，并不完全是在鉴赏古器。当然，从宽泛的意义上来讲，称这类作品为博古图也不为太过。或许正是乾隆热衷于谈论博古，所以才进一步造成了清中叶之后民间博古图案的泛滥。《弘历观画图》呈现了杂糅的"历史主义"趣味和盛大的"世界主义"风格：人物衣纹使用马和之一类的古法，或者是各类明清罗汉像中可以看到的那种笔法，用以满足观看者对"笔墨"的期待。内廷宦官扮作古画中的僮仆，忍住笑意，认真表演着各自的角色。郎世宁风格的运用使得画中人物宛然欲活，如同中了"海西"魔法，随时都可从画中走下来，而那些扭曲缠绕的衣纹又像栅栏一样把他们牢牢地固定在原地。

当然，这些都不重要，关键的是他想要扮演的角色——一位在文化世界中得到了永生的文士。


## 二　古物与文人的书斋生活

### 文人的古物收藏

前文提到，至少从宋代以后，文人群体就对自我认同问题产生了极大热情。在明代，这一热情达到了新的高峰。退隐的官员、失意的举子、掌握财富的商人和乡绅非常乐于接受苏轼这一类形象，喜欢效仿他们的故事，或者用这些故事对自己富足的生活进行巧妙的隐喻。明中叶之后，园林和书斋的图像在绘画中大量出现，元人山水画和浙派院体山水中的风霜苦寒之气渐渐弱化，取而代之的是风流蕴藉、温润典雅"文人画"——不是全部如此，但这是"时风"——蒋嵩父子绘画的鲜明对比就是个例子。

在风流儒雅的书斋生活中，古物是不可或缺的物品。宋代赵希鹄在《洞天清录·序》中提道：

吾辈自有乐地，悦目初不在色，盈耳初不在声，尝见前辈诸老先生多蓄法书、名画、古琴、旧砚，良以是也。明窗净几，罗列布置，篆香居中。佳客玉立相映，时取古人妙迹，以观鸟篆蜗书，奇峰远水。摩挲钟鼎，亲见商周。端砚涌岩泉，焦桐鸣玉佩，不知身居人世，所谓受用清福，孰有逾此者乎？【30】

这一风气直接延续到了明代，如明代黄省曾（1490-1540）在《吴风录》中所言：

自顾阿瑛好蓄玩器、书画，亦南渡遗风也。至今吴俗权豪家好聚三代铜器、唐宋玉窑器、书画，至有发掘古墓而求者，若陆完神品画累至千卷。王延喆三代铜器万件，数倍于《宣和博古图》所载。【31】

古器物收藏与鉴赏是明人文化生活中的一项重要内容，也是绘画作品中常见的题材，其出现频率要远远高于早期绘画。从某种意义上讲，园林和书斋就是文人的“圣殿”，而古物、图籍则是圣殿中的“路标”，如董其昌在《骨董十三说》中所言：

先王之盛德在于礼乐，文士之精神存于翰墨。玩礼乐之器可以进德，玩墨迹旧刻，可以精艺。居今之士，可与古人相见在此也。助我进德成艺，垂之永久。【32】

高濂亦称：

时乎坐陈钟鼎，几列琴书，帖拓松窗之下，图展兰室之中，帘栊香霭，栏槛花妍。虽咽水餐云，亦足以忘饥永日，冰玉吾斋，一洗人间氛垢矣。清心乐志，孰过于此？【33】

文物是书斋的必备之物，在表现文人贤士生活起居、宴饮聚会场面的绘画作品中，这也是必不可少的道具。那么，这些器物文玩具体是什么呢？从

---

【30】（宋）赵希鹄：《洞天清录》序，文渊阁《四库全书》本。

【31】（明）黄省曾：《吴风录》，明隆庆刻本，第4页b。

【32】（明）董其昌：《骨董十三说》，民国静园丛书本，第9页b。

【33】（明）高濂：《遵生八笺》卷十四，清嘉庆十五年（1810）弦雪居重订本，第2页a。

郑重的画中我们似乎可以得到一个"标准答案",即画面从左至右依次排列的三类物品:唐宋窑器、书画、三代古铜器。

如果查阅明人的古物著作和笔记,我们会产生更为具体的认识,并丰富和补充我们在博古、鉴古图画中看到的信息。明初曹昭《格古要论》(成书于洪武二十年)仿效《洞天清录》,将珍奇古物分为十三门:"曰古铜器、曰古画、曰古墨迹、曰古碑法帖、曰古琴、曰古砚、曰珍奇、曰金铁、曰古窑器、曰古漆器、曰锦绮、曰异木、曰异石。"而这些物品是在表现文人生活的画面中经常看到的内容。当然,这些内容还可以细化。在此,不妨看看嘉靖时期从严嵩家中罚没的物品。

明代王世贞《朝野异闻录》载:

> 籍没严嵩家有珊瑚树六十株,玻璃、玛瑙、水晶、珊瑚、哥柴官汝窑、象牙、玳瑁、檀香等器三千五百五十六件,沉香五千五十八斤,空青四枚,古铜龙耳等鼎、牺樽、狮象宝鸭等炉一千一百二十七件,大理石倭金等屏风一百八座,金徽玉轸等古琴五十四张,二王、怀素、欧、虞、褚、苏、黄、米、蔡、赵孟頫等墨迹三百五十八册,王维、小李将军、吴道子等,《清明上河》《海天落照》《长江万里》《南岳朝元》等古名画三千二百卷册,宋版书籍六千八百五十三部轴。[34]

在唐五代时期,南方人所好尚者依然是北方流行的金银器。如唐玄宗时韦应物《信州录事参军常曾古鼎歌》云:"江南铸器多铸银,罢官无物唯古鼎。雕螭刻篆相错蟠,地中岁久青苔寒。"北宋覆亡之后,内府文物、图籍流散民间。明人好古,吴中尤甚,这是宋室南迁后带来的遗风。此后,宋人埋下的种子不断在后世生根发芽,并在明末又达到了一个新高峰。

就明中后期古物收藏风气而言,前述有关严嵩家族的记录尚属"鳞爪",如果翻看明人沈德符(1578-1642)的《万历野获编》,还可以得到更全面的印象:

> 嘉靖末年,海内宴安,士大夫富厚者,以治园亭、教歌舞之隙,间及古

---

【34】(清)王士禛:《居易录》卷二十五引《明》王世贞《朝野异闻录》,文渊阁《四库全书》本,第10页b至第11页a。

玩。如吴中吴文恪之孙，溧阳史尚宝之子，皆世藏珍秘，不假外索。延陵则嵇太史（应科），云间则朱太史（大韶），吾郡项太学（锡山）、安太学、华户部辈，不吝重赀收购，名播江南。南都则姚太守（汝循）、胡太史（汝嘉）亦称好事。

若辇下则此风稍逊，惟分宜严相国父子，朱成公兄弟，并以将相当途，富贵盈溢，旁及雅道。于是严以势劫，朱以货取，所蓄几及天府。未几，冰山既泮，金穴亦空，或没内帑，或售豪家，转眼已不守矣。

今上初年，张江陵当国，亦有此嗜，但所入之途稍狭，而所收精好，盖人畏其焰，无敢欺之。亦不旋踵归大内、散人间。时韩太史（世能）在京，颇以廉直收之，吾郡项氏，以高价购之，间及王弇州兄弟，而吴越间浮慕者，皆起而称大赏鉴矣。

近年董太史（其昌）最后起，名亦最重，人以法眼归之。箧笥之藏，为时所艳。山阴朱太常（敬循），同时以好古知名，互购相轧。市贾又交构其间，至以考功法中董外迁，而东壁西园，遂成战垒。比来则徽人为政，以临邛程、卓之赀，高谈宣和博古、图书画谱，钟家兄弟之伪书，米海岳之假帖，渑水燕谈之唐琴，往往珍为异宝。吴门新都诸市古董者，如幻人之化黄龙，如板桥三娘子之变驴，又如宜君县夷民改换人肢体面目。其称贵公子大富人者，日饮蒙汗药，而甘之若饴矣。【35】

在《遵生八笺》《考槃余事》《长物志》等文献中，关于古物、文玩的品目则极为丰富具体。如《遵生八笺·燕闲清赏笺》提到的"古宝玩诸品"就有：新旧铜器、宣铜倭铜炉瓶器皿、汉唐铜章、官哥窑器、定窑……藏书、历代碑帖、古玉器、剔红倭漆雕刻镶嵌器皿……在明代，诸多托名为刘松年、钱选的鉴赏古物或古物花卉题材作品频繁出现，在各类小说、剧本及商业广告插图中，古物的图形也是屡见不鲜。

我们还是回到郑重的"东坡博古图"扇面上来，对其中出现的古铜、唐宋窑器这两类器物作详细的解读。

### 清玩

鼎一类古物多为祭器和礼器，具有崇高的纪念意义和象征含义。但明宣

---

【35】(明)沈德符：《万历野获编》卷二十六《好事家》，清道光七年姚氏刻同治八年补修本，第2页b至第3页b。

德炉出现之后，文人对鼎的认识也出现了质的变化。鼎彝古器成了典型的"玩好之具"，虽然董其昌说"玩礼乐之器可以进德"，但文人却在悄悄改变它的功能和意义，并根据其体量、形状和纹饰重新进行了价值评判。高濂在《遵生八笺·燕闲清赏笺》中有 "论古铜器具取用"一小节，其分类方法完全依照书斋生活的审美趣味：

> 上古铜物存于今日，聊以适用数者论之。鼎者，古之食器也，故有五鼎三鼎之供。今用为焚香具者，以今不用鼎供耳。然鼎之大小有两用，大者陈于厅堂，小者置之斋室。
>
> 方者以飞龙脚文王鼎为上赏。兽吞真脚亚虎父鼎，商召父鼎，周花足鼎，光素者如南宫鼎为次赏。若周象簠鼎，腹壮而膀，脚肖鸡腿，又如百乳鼎者，皆下品也。
>
> 方之小者，有周王伯鼎，单从鼎，周丰鼎。又若方四五寸许，青绿或鏒金小方鼎，式法文王王伯鼎制者，可宜书室熏燎。皆唐之局铸，元姜娘子铸也。纹片精美，制度可观。
>
> 其圆鼎三兽面者，如商父乙鼎、父己鼎、父癸鼎、若癸鼎。圆腹者，若商子鼎、秉仲鼎、象形饕餮鼎、立戈季妘鼎。光素者，如商鱼鼎、周益鼎、素腹鼎。口下微束者，若商乙毛鼎、蝉纹鼎、父甲鼎、公非鼎。敞口者，如飞龙脚子父鼎。皆可入上赏。
>
> 圆之小者，如周大叔鼎、垂花鼎、周繼鼎、唐三螭鼎，俱堪入清供，但式少大雅耳。他如瓜腹鸡腿、方耳环耳、敞口鼎炉，俱不堪玩，为下品也。[36]

在高濂那里，"飞龙脚文王鼎""圆鼎三兽面者"为"上赏"，"腹肚而膀脚肖鸡腿"者，或"百乳鼎"则为"下赏"。需要指出的是，在普通文人那里，高濂所列举的可供赏玩的古鼎彝可能是实物，也可能是据实物批量复制的仿古器物。正如我们在材料中感受到的那样，其实每个人都渴望拥有一件"飞龙脚文王鼎"，这类复制的"上赏"物品在晚明颇为流行，既可以装点文人的书斋，也可以进入画家的作品——传为刘松年的《松荫博古图》中，就出现了"飞龙脚子父鼎"（圆鼎）和"圆鼎三兽面者"——商父乙鼎，可以和高濂的论说相互参照。

---

【36】《遵生八笺》卷十四，第32页b至第33页b。

高濂提到的古鼎中，有两类特殊物品，即"唐之局铸"和"元姜娘子铸"。"唐局"是唐天宝局，《格古要论》说："唐天宝间至南唐后主时，于句容县置官场以铸之，故其上多有监官花押。其体轻薄，花纹细而可爱。非古器也。亦有微青绿色及朱砂斑者，不能彻骨莹润。"

"元姜娘子"实为南宋人，善铸古铜器。《建炎以来朝野杂记》有关于她的记载。曹昭《格古要论》新铜器一条称："宋句容县及台州铸者多是小雷纹花儿。元杭州姜娘子，平江王吉铸铜器皆得名。花纹粗，姜铸胜于王，俱不甚直钱。"《尖阳丛笔》对《格古要论》中关于姜娘子的说法做了修正："曲阜孔尚任家藏方罏一具铭云：'绍兴二年（1132）大宁厂臣苏汉臣监督，姜氏铸，至德坛用。'凡小篆二十字，四面并同。王士禛尝见之，载于《居易录》中，以为姜氏即姜娘子。盖姜乃南宋初人。曹昭《格古要论》谓姜元人，误。"在台北故宫博物院举办的"古色"展览中，有一件传宋姜娘子的方形香炉，下方有："绍兴二年大宁厂臣苏汉臣监督姜氏铸至德坛用"等款文。

高濂在此延续了《格古要论》中的错误——而从他引述的材料判断，其主要抄录的文献是《宣和博古图》《洞天清录》和《格古要论》，这也是明代各类古物书籍通用的参考资料。

在文人的厅堂、书斋里，三代古器的功能与意义出现了质的变化，"香炉"的出现就是一个重要标志。

宋初陶穀《清异录》记载了南唐后主李煜所使用的香具，其内容还是颇为繁杂，"鼎"仅仅是诸多香具中的一种：

李煜伪居长秋，周氏居柔仪殿，有主香宫女，其焚香之器曰把子莲、三云凤、折腰狮子、小三神、卍字金凤口罂、玉太古、容华鼎，凡数十种，金玉为之。[37]

到了明代，情况变得复杂起来，古代祭器演化成了常见的香具。《格古要论》称："上古无香，焚萧艾，尚气臭而已，故无香炉。今所用者，皆古之祭器鼎彝之属，非香炉也。惟博山炉乃汉太子宫中所用香炉也。香炉之制始于此，多有象古新铸者，当以体质颜色辨之。"[38]《遵生八笺》中也说："鼎者，古之食器也，

【37】（宋）陶穀：《清异录》卷下，清道光二十六年（1846）李氏刻惜阴轩丛书本，第20页a、b。

【38】（明）曹昭：《格古要论》卷上，文渊阁《四库全书》本，第3页b至第4页a。

故有五鼎三鼎之说。今用为焚香具者，以今不用鼎供耳。"【39】除了鼎之外，用作焚香的器具还有簠（即《宣和博古图》中所称的"簠"，当为盨和簋两种器物，是"禾黍稻粱之器"）：

> 簠炉式如周隰簠、父辛簠、商虎首簠、百折簠，方者如己酉簠，奇者如百乳簠，皆堪为堂上焚具。他如簠、敦、鬲、炉等件，虽古不堪清供……以上式载《博古图》中，可按图索视。【40】

明人的焚香之具是对古器物功能的成功转换，关于其中的细节，最详尽的描述当属文震亨，《长物志》卷七《器具·香炉》称：

> 三代、秦、汉鼎簠，及官、哥、定窑、龙泉、宣窑，皆以备赏鉴，非日用所宜。惟宣铜簠炉稍大者，最为适用，宋姜铸亦可，惟不可用神炉、太乙及鎏金白铜双鱼、象鬲之类。尤忌者云间、潘铜、胡铜所铸八吉祥、倭景、百钉诸俗式，及新制建窑、五色花窑等炉。又古青绿博山亦可间用。木鼎可置山中，石鼎惟以供佛，余俱不入品。古人鼎簠俱有底盖，今人以木为之，乌木者最上，紫檀、花梨俱可，忌菱花、葵花诸俗式。炉顶以宋玉帽顶及角端、海兽诸样，随炉大小配之，玛瑙、水晶之属，旧者亦可用。【41】

当然，除了香具，古器物尚可用作清供、摆件（几筵之供）、花器、注水器、杖饰、笔洗、挂钩等日常生活用品。2003 年 12 月，许雅惠在台北故宫博物院曾做过《晚明的古铜知识与古铜器鉴赏》报告，结合她的看法和《遵生八笺》《长物志》等书记载，列举如下：

1. 清供、摆件（几筵之供）

如《遵生八笺》："如得商母乙鬲、周蔑敖鬲、饕餮鬲、周师望敦、兕敦、翼敦，亦可充堂中几筵之供。"【42】此外还有各类象形器物，如凫尊、双羊尊、牛尊一类。

---

【39】《遵生八笺》卷十四，第32页b至第33页a。

【40】同上书，第33页b至第34页a。

【41】（明）文震亨：《长物志》卷七，《丛书集成初编》本，商务印书馆，1936年，第47页。

【42】《遵生八笺》卷十四，第34页a。

2. 花器，多以觚、尊、觯等古酒器为花器，插置花卉或珊瑚。

3. 香橼盘、洗

《遵生八笺》：盘洗二器，盘深而洗浅。盘用以承弃水，内有铭篆者，有招耳上冲者，有盘内种种海兽者。或用三蹲螭为足，或雷纹圆足者，又名彝盘，俗指为歃血盘，非也，今可用作香橼盘。其洗用以盥手，故纹用双鱼，用菱花。有三乳足者，有圆足者，旁有兽面翻环者，今用以注水，为几筵主宾酬酢涤器，似得古人遗意。又有似洗而双把，作掇手者，名杆，亦可作洗用。【43】

4. 杖头

《遵生八笺》：又若今之杖头用鸠，老人多咽，鸠能治咽之义。故三代有鸠鸟杖头，周身金银填嵌。又见有飞鸠杖头，周身鎏金，用以作棕竹杖饰，妙甚。若汉之蟠龙蟠螭杖头，形若瓜槌，此便不如三代之雅。【44】

5. 起居用品

《遵生八笺》：轩辕球镜，可作卧榻前悬挂，未必远邪，聊取意耳。古铜腰束绦钩甚多，有盈尺长者，其制不一。有金银碧填嵌者，有片金商者，有等用兽面为肚者，皆三代物也。他如羊头钩，螳螂捕蝉钩，鎏金者，皆秦汉物也。无可用处，书室中以之悬壁，挂画，挂剑，挂尘拂等用，甚雅。【45】

6. 文具

《遵生八笺》：古之布钱，有金嵌字者，可作界画轴用。小样提卣，可作糊斗。如伯盏盘，季姜盂两耳杯，制小，可作砚旁笔洗。【46】

另：

若雁足灯、凤龟灯、有柄行灯，用以秉烛。驼灯、羊灯、犀灯，用以燃油。此皆文具一器。【47】

---

【43】《遵生八笺》卷十四，第34页b至第35页a。

【44】同上书，第35页b至第36页a。

【45】同上书，第36页b至第37页a。

【46】同上书，第36页a。

【47】同上书，第37页a。

又：

每有虾蟆蹲螭，其制甚精，古人何用？今以镇纸。又有大铜伏虎，长可七八寸，重有三二斤者，亦汉物也。此皆殉葬之器，今以压书。余得一砚炉，长可一尺二寸，阔七寸，左稍低，铸方孔，透火炙砚，中一寸许稍下，用以暖墨搁笔，右方置一茶壶，可茶可酒，以供长夜客谈……凡此数者，岂皆吾人所不当急，而为玩物例哉？书斋清赏，藉此悦心，当与同调鉴家品藻。【48】

在文震亨的《长物志》中，古物用作文具，其类型更为丰富。如水中丞、水注、糊斗、蜡斗、镇纸、书灯、压尺、秘阁、笔洗等项。对部分文具的说明要比高濂更细致，仅举两个例子：

《长物志》"糊斗"：

有古铜有盖小提卣大如拳、上有提梁索股者，有瓮肚如小酒杯式、乘方座者，有三箍长桶、下有三足、姜铸回文小方斗，俱可用。陶者有定窑蒜蒲长罐，哥窑方斗如斛中置一梁者，然不如铜者便于出洗。【49】

"笔洗"：

玉者有钵盂洗、长方洗、玉环洗。古铜者有古鏒金小洗，有青绿小盂，有小釜、小卮匜，此数物原非笔洗，今用作洗最佳。陶者有官哥葵花洗、磬口洗、四卷荷叶洗、卷口蔗段洗。龙泉有双鱼洗、菊花洗、百折洗。定窑有三箍洗、梅花洗、方池洗。宣窑有鱼藻洗、葵瓣洗、磬口洗、鼓样洗。俱可用。忌绦环及青白相间诸式，又有中盏作洗、边盘作笔觇者，此不可用。【50】

在谈"水中丞"时，文震亨还详细分析了物品的"性格"，完全从实用的角度来理解古物：

铜性猛，贮水久则有毒，易脆笔，故必以陶者为佳。古铜入土岁久，与窑器同，惟宣铜则断不可用。玉者有元口瓮，腹大仅如拳，古人不知何用？今以盛水，最佳。古铜者有小尊罍、小甑之属，俱可用。陶者有官哥瓮肚小

---

口钵盂诸式。近有陆子冈所制兽面锦地与古尊罍同者，虽佳器，然不入品。【51】

古物是一个随时间流逝而不断叠加的概念。在明人的眼目中，除了三代铜器，唐宋窑器、名画、法帖同样是精美的古物，是感性经验最好的寄托之物。宋代文人——如赵明诚、李清照夫妇所开启的端绪，至此已蔚为壮观。出现在明人画作中的窑器主要有唐天宝局式、有仿宋祥符礼器图式、宣和博古图式、元丰礼器图式、绍兴稽古图式、姜娘子式以及柴、汝、官、哥、定各窑器式。此外还有一类"时玩"，即宣德前后的明代瓷器。这些器物是明人"古物"类目中的重要组成部分，也是博古、茶会、文会等雅集题材作品中的常见道具。

前引沈德符《万历野获编》提到的"吾郡项氏"项元汴，就热衷于唐宋窑器，并四处购求。在他的《历代名瓷图谱》中，我们可以多次看到宋人仿《绍兴鉴古图》《考古图》《宣和博古图》而制作的瓷器，这些物品保留到了明代，是官员和文士极为喜爱的珍宝。【52】

### 仿古器物

和宋人相比，明代文人的古物鉴藏可能更偏重于"取用"，无论是古铜还是唐宋窑器，都有它"合理"的去处。而这也让风雅的文士对制作精美的仿古器物产生了好感，高濂在《遵生八笺·燕闲清赏笺》中所说：

近日山东、陕西、河南、金陵等处，伪造鼎彝壶觚尊瓶之类，式皆法古，分寸不遗，而花纹款识，悉从古器上翻砂，亦不甚差。【53】

近日吴中伪造细腰小觚、敞口大觚……鏒金观音弥勒，种种色样，规式可观，自多雅致。若出自徐守素者，精致无让，价与古值相半。其质料之精，

---

【51】《长物志》卷七，第 50 页。

【52】但是项元汴的瓷器图谱颇为可疑。1931 年，北京觯斋书社印行了郭葆昌校注、福开森（J.C. Ferguson）参订的《校注项氏历代名瓷图谱》。但此书不断引起争议。伯希和（Paul Pelliot）认为《历代名瓷图谱》是一部伪书，于 17 世纪中叶或末期伪造，伪造的器形图来自《考古图》和《博古图》，其篡改的参考资料来自《绍兴稽古录》《格古要论》等。但大卫德（Percival David）认为原书稿作者当为项元汴，只是在后来流传的过程中出现残损、补绘和主观臆造。这样的著作，我们只能暂放一边，不做征引。

【53】《遵生八笺》卷十四，第 28 页 a。

摩弄之密，功夫所到，继以岁月，亦非常品忽忽成者。置之高斋，可足清赏。
不得于古具，此亦可以想见上古风神，孰云不足取也？此与恶品非同日语者，
鉴家当共赏之。【54】

　　古物的现实功用得到了开发，这也导致了古物的收藏和交易空前发达。
除了官员缙绅、富商大贾，在民间，这类活动同样异常活跃。弃儒从商的文
人和古董商贩更是助长了这种风气，如沈德符在《万历野获编》中所言："骨
董自来多赝，而吴中尤甚，文士皆借以糊口。"这种风气不断被演绎成各类
文学作品——如《二刻拍案惊奇》卷三权学士的故事，以及戏剧——如清初
李玉的《一捧雪》。而明人谢肇淛的《五杂俎·事部四·秦士好古物》，读
来更是令人哑然失笑：

　　秦士有好古物者，价虽贵，必购之。一日，有人持败席一扇，踵门而告曰：
"昔鲁哀公命席以问孔子，此孔子所坐之席也。"秦士大惬，以为古，遂以
负郭之田易之。
　　逾时，又有持枯竹一枝，告之曰："孔子之席，去今未远，而子以田售。
吾此杖乃太王避狄，杖策去邠时所操之棰也，盖先孔子之席又数百年矣，子
何以偿我？"秦士大喜，因倾家资悉与之。
　　既而又有持朽漆碗一只，曰："席与杖皆周时物，固未为古也。此碗乃
舜造漆器时作，盖又远于周矣，子何以偿我？"秦士愈以为远，遂虚所居之
宅以予之。
　　三器既得，而田舍资用尽去，致无以衣食，然好古之心，终未忍舍三器。
于是披哀公之席，持太王之杖，执舜所作之碗，行丐于市，曰："那个衣食
父母，有太公九府钱，乞我一文！"闻者喷饭。【55】

### 悦古——文人的书斋生活

　　了解文人生活，欧阳修作于熙宁三年九月七日的《六一居士自传》不可
不读：

---

【54】《遵生八笺》卷十四，第 32 页 a、b。

【55】（明）谢肇淛：《五杂俎》卷十六，明万历四十四年（1616）潘膺祉如韦馆刻本，第 27 页 b 至第 28 页 a。

六一居士初谪滁山，自号醉翁。既老而衰且病，将退休于颍水之上，则又更号六一居士。

客有问曰："六一，何谓也？"居士曰："吾家藏书一万卷，集录三代以来金石遗文一千卷，有琴一张，有棋一局，而常置酒一壶。"客曰："是为五一尔，奈何？"居士曰："以吾一翁，老于此五物之间，是岂不为六一乎？"

居士曰："吾之乐可胜道哉。方其得意于五物也，太山在前而不见，疾雷破柱而不惊，虽响九奏于洞庭之野，阅大战于涿鹿之原，未足喻其乐且适也。"【56】

欧阳修的体验类似于"隐士"，但是这种隐逸生活却"不与鸟兽同群"，也不同于荒寒枯寂的僧侣生涯，而是儒家学者所崇尚的一种生活情趣——即在现实世界、物质世界中获得"真实的超越"。退休、退隐的文人更喜欢在玩味历史、品味自然的过程中不断丰富自己的内心世界，陶潜、王维的生活方式同样可以放在这样一个语境中进行理解。

如此，宋人的《二我图》是一件展示宋代文人生活的重要作品（图见第四章），可以为我们探索这类体验提供例证。画中人物着儒服，坐于榻上，左手持卷，右手执笔，榻后座屏上悬挂着他本人的肖像画轴。屏风右侧并排两张几案，琴书、卷轴陈列其上。榻前有侍童执壶斟酒。座屏左侧有荷叶座仰莲风炉，似在烹茶。画面左下角另设几案，案上有盖盒一套，纱罩盏托一套。几案旁有红色箱架，上置器物（酒瓮）。画面前部，座屏正对面放置层岩花几，几上有敞口尊（或鉴），盛放牡丹一类鲜花。画面主人公执卷欲书，由于画面无年款，所以很难对画面"本事"及画中人物身份展开推断。不过，层岩花几及其摆放位置，画中人物的面型等因素使人们很容易联想到宋徽宗的《听琴图》。

这幅画出自宋徽宗内府，迭经宋高宗、清高宗等帝王收藏。有趣的是，清高宗乾隆帝还刻意请画工按照这一图样重新绘制了一幅个人肖像《弘历鉴古图》。扬之水提到，《弘历鉴古图》直接模仿《二我图》，只不过："宋画中点缀的带有时代特征的各色器具，一一易作清宫收藏的古物，以足'鉴古'之意。如宋画中，榻的一边，有一个风翻荷叶为座、仰莲为托的风炉，原是宋元时代烹茶煎汤的器具，《鉴古图》则改画为清宫收藏的一件新莽嘉量。宋画中的经瓶、经瓶架，纱罩下饮茶用的托盏，也易作玉璧和青铜觚。

---

【56】（宋）欧阳修：《欧阳文忠公集》卷四十四，元刊本，第7页a、b。

宋画里的榻上凭几在《鉴古图》中易作一柄如意。又屏风画易作'四王'风格的山水,细微如砚台,也改画作别具鉴赏之趣的瓦砚。屏风边添画的一件宣德青花梵文出戟罐,更是清宫收藏中的精品。乖巧而机敏的画家并且略略调整了画面的视角——把宋画的平视变作微微的仰视,虽一改士人的潇洒风流为宫廷的堂皇富丽,但到底合文人雅趣与帝王尊严于一图。"【57】

不过,这两幅图还是有些细微的区别,宋人《二我图》可能不是室内景致——在层岩花几下面,画家还用皴法画出了土地。《弘历鉴古图》也许不是我们考察书斋"图式变迁"的最好例子,但对我们讨论书斋文化的意义却大有裨益。如画中"羲皇上人我不为"的印文就颇耐人寻味:正如梁武帝情愿隐入山林,变身僧侣一样,"书斋文化"出现之后,帝王或上层贵族也找到了隐修的最佳场所。这一场所专属于"文士",在这里,精致的生活和深邃的思考并行不悖。化身儒士,在书斋中"触摸"历史、独自沉思,孤独地面对自己的内心世界,这种淡远、从容的生活情趣恐怕帝王亦不能割舍。

在元人绘画中,还可以找到大量类似或接近的例子,如元人刘贯道的《消夏图》《槐荫消夏图》,或张雨题《倪瓒像》等。降至明代,这种生活更为丰富多彩,琴棋书画、诗酒花茶、鼎彝文玩充斥文人的书斋。在文人的蛰居、退隐生活中,书斋也成了他们寄托情志的重要所在,而相关的图像,如台北故宫博物院藏仇英的《林亭佳趣图》则尽可以满足人们对明代文人生活的想象。

《丹午笔记》曾记录过一则动人的"才子佳人"故事——柳如是和钱谦益:

> 筑绛云楼于半野堂之西,房珑窈窕,绮疏青琐。旁龛古金石文字,宋刻书数万卷。列三代秦汉尊彝环璧之属,晋唐宋元以来法书、名画,官哥、定州、宣城之瓷,端溪、灵璧、大理之石,宣德之铜,果园厂之髹器,充牣其中。君于是乎俭梳静妆,湘帘棐几。煮沉水,斗旗枪,写青山,临墨妙,考异订讹,间以调谑,如李易安在赵德甫家故事。【58】

以"钱、柳"为例,从明代文人对古铜器、唐宋窑器、书画的鉴赏活动中,我们体验到了一个全新的文化世界,即借助于物质文化而展开的对感性世界的体验与玩味——与宋代学者对历史的道德体验不同,在万历时期明人那里,历史更像是可以提供娱乐的"道具"。在日常生活中,举凡绘事、茶

【57】扬之水:《"二我图"与〈平安春信图〉》,《紫禁城》,2009年第6期,第98-100页。

【58】(清)顾公燮:《丹午笔记》之《柳如是》,江苏古籍出版社,1999年,第93-94页。

事、香事、琴事、酒事、花事、房事……无一不精益求精。在感官的世界中，文人获得了共同经验：在分享这一经验的过程中，文人又发展出了精致的品位，彼此引为知己、"同调"，竞相以"真赏"鸣高。

感性经验究竟会提升人的精神境界，还是相反？可以看到，与"纵欲"截然相反的体验，极度的禁欲也会面临这样的质问，二者可能是进入同一精神世界的不同路径，殊途而同归。[59]在西方世界，对此类感性经验的追求即所谓的"审美"，或者说是"感觉学""美学"。这种体验在18世纪得到了空前发展，并促成了西方文明史的巨变——美感渐次成为宗教体验的替代物，哲学家、浪漫主义诗人重新发现了"希腊古典主义"和哥特艺术之美，为反理性主义现代哲学的崛起提供了天然滋养。18世纪晚期以来，欧洲视觉艺术中的"如画"（picturesque）趣味，以及学者对古文物、遗迹的空前热情，恰好可以和明人对"笔墨"的偏嗜、对古器物的鉴赏相互比照。

收藏和仿制前代器物，体现了古人拓展生命感受，寄托情感与历史信仰的心理诉求。早期墓葬中就经常会发现前代古物——如安阳殷墟中有多种史前玉器，后世的例子更是不胜枚举。由这些陪葬品来推断，在墓主人生前的生活起居空间内，肯定会收藏和陈设前代器物。遗憾的是，这一类情境已无法通过图像进行还原，只能通过随葬品和零星的文献记载加以揣测。但在宋代以后，至少在贵族和文人阶层，古物的收藏、玩赏已成为自觉的行为。和前代相比，他们的起居空间中又多出"书斋"这项内容，其功能类似于僧侣的岩穴窟壁，或西方哲人修道士的密室。书斋为"居士"提供了沉思冥想的空间，而主人也会按照个人趣味装点自己的容膝之地。用今天的眼光来看，书斋（如绛云楼）恰恰类似一处缩微博物馆，而博物馆又如一座放大的书斋。

### 山水画中的书斋生活

在明代中后期艺术史中，书斋的图像大量存在，其意义不容小觑。这一类图像甚至可以被视为独立的品类，即"别号图"。

在《清河书画舫·戌集》中，张丑有如下论述：

古今画题，递相创始，至我明而大备。两汉不可见矣。晋尚故实（如顾恺之《清夜游西园》之类），唐饰新题（如李思训《仙山楼阁》之类），宋图经籍（如李公麟《九歌》、马和之《毛诗》之类），元写轩亭（如赵孟𫖯《鸥

---

【59】具体到个人身上，可能也会同时存在这两种体验，如卢梭《忏悔录》所示。

波亭》、王蒙《琴鹤轩》之类），明制别号（如唐寅《守耕图》、文壁《菊
圃》《瓶山》，仇英《东林》《玉峰》之类）。【60】

"别号图"这一类作品显然是出现于江南，并随着"吴门画派"的兴盛
而流行于世。"行窝"、"别业"、山房、书斋是这类绘画中最常看到的形象。
在文人那里，陶潜、王维、苏轼的生活被反复提及，在画家那里，陶渊明的"桃
花源"、王维的"辋川"和苏轼的"赤壁"更是被反复摹写。在文徵明书《顾
春潜先生传》中可以读到这样一段话：

> 或谓昔之隐者，必林栖野处，灭迹城市。而春潜既仕有官，且尝宣力于
> 时，而随缘里井，未始异于人，而人以为潜，得微有戾乎？虽然，此其迹也。
> 苟以其迹，则渊明固尝为建始参军，为彭泽令矣。而千载之下，不废为处士，
> 其志有在也。渊明在晋名元亮，在宋名潜。朱子于《纲目》书曰"晋处士陶
> 潜"，与其志也。余于春潜亦云。【61】

文徵明的《真赏斋图》（中国国家博物馆藏本）则是表现"处士"生活
的一件具体作品。真赏斋是"江东巨眼"华夏（字仲甫）隐居太湖的别业，
画面右侧是一组太湖石，画面中央位置，在苍松、碧梧、丛篁的掩映下，有
一组俭朴整洁的草堂书屋（上海博物馆的一件是在左侧）。书斋中，宾主展
卷把玩书画，隔案对谈。画面款署："嘉靖丁巳，徵明为中甫华君写真赏斋
图，时年八十有八。"卷后另有文徵明自书小楷《真赏斋赋》。

这也是一件富有纪实意义的作品。在创作此画三十五年之前——嘉靖元
年（1522），华夏曾请文徵明、文彭父子勾摹其"真赏斋"收藏的魏晋法帖，
之后请名刻手章简甫刻石并墨拓成《真赏斋帖》。这件作品多少可以折射出
文人交游的大致情态，诸如赏玩卷轴古物、品香事茗、饮酒赋诗一类。当然，
他们也会摹制古代书画、法帖，或翻刻古代典籍，从事我们今天所理解的那
种"文化活动"。以这件作品为例，可以推想明人的同类画作。这些作品大
多具有纪念意义，是真实事件的记录，而相关的信息就隐藏在文人诗词、笔
记、信札，以及后人编写的年谱、传记和方志中，或者是藏身于各类笔记小
说、戏文、故事与传说。

---

【60】（明）张丑：《清河书画舫》卷十一上，文渊阁《四库全书》本，第 42 页 b。
【61】（明）文徵明：《甫田集》卷二十七，文渊阁《四库全书》本，第 16 页 a、b。

《真赏斋图》这一类作品是园林与书斋生活的真实写照，同时也有相对稳定的图式，室外是山水林泉、芭蕉翠竹、松柏梧桐，室内则图书卷轴、瓶炉几案、古器文玩。人物的布置穿插错落：室外访客携僮挂杖，室内主客悠然晤对，僮仆洒扫烹茶，或递送侍应。从沈周《邃庵图》、唐寅《桐山图》，或仇英《东林图》中，不难得出这样的印象。而这类作品，其"主题思想"完全可以在沈春泽的《长物志序》中找到答案：

> 夫标榜林壑，品题酒茗，收藏位置图史、杯铛之属，于世为闲事，于身为长物，而品人者，于此观韵焉，才与情焉。何也？挟古今清华美妙之气于耳目之前，供我呼吸，罗天地琐杂碎细之物于几席之上，听我指挥，挟日用寒不可衣、饥不可食之器，尊逾拱璧，享轻千金，以寄我之慷慨不平，非有真韵、真才与真情以胜之，其调弗同也。[62]

从创作动机上看，"别号图"一类作品几乎全部是"雅债""订件"，正如画家为朋友创作肖像画，但不会加以收藏一样，"别号图"的拥有者肯定也是向画家委婉求画的"业主"，换句话说，可以把它视为一种"另类"的肖像画。张丑关于"古今画题""别号图"的论说还可以引发更多的思考。元人写"轩亭"，表达的是旷野中的孤独萧索之趣，明人作"别号图"，体现出精致而又风雅的"城市生活"，这类作品大多被视为"山水画"，但却渐渐地远离了宋元山水画的意趣，"浙派"衰微，吴门崛起，这或许是真山水的"末路"。

卢鸿的《草堂十志图》或王维的《辋川图》是带有"地景画"意义的作品，前者有嵩山十景，后者有辋川二十景。张先的《十咏图》是按照诗题分段描绘的佳构，相比之下，元人的"轩亭图"、明人的"别号图"和"别业图"则更为纯粹，这是一种带有纪念意义的纪实性绘画。如朱德润为秀野轩主人周景安作《秀野轩图》，倪云林为如海法师作《狮子林图》，文徵明为王献臣作《拙政园图》册、为徐泰时作《东园图》，钱穀为张凤翼作《求志园》，文伯仁为顾广南作《南溪草堂图卷》等，这一类绘画不应被视为纯粹的山水画，因为其宗旨和意趣并不是"代山川立言"，而是代"业主"立言，或者是文人之间的友谊纪念物。

---

【62】（明）文震亨：《长物志》，《从书集成初编》本，卷末录粤雅堂从书本所载沈春泽序，商务印书馆，1936年。

姚华颖拓"埃及古刻"

# 第六章　拓本博古图

自宋代以来，版刻古器物图谱一直是记录古物形制的最重要手段，但在清代中叶以后，情况发生了变化，全形拓技术的出现使金石研究者获得了更为真切感人的图像。黑白两色拓片夸大了器物本身的质感，其沧桑、厚重之美完全超越了版刻古器物图形。直到摄影术和现代出版印刷术出现之后，古物拓本的图像记录功能才开始渐渐淡化。但是，全形拓本身的艺术价值却不断得到重视，其复杂的制作技术和天然的历史气息让它成为极其特殊的艺术品。

和版刻图形相比，古器物拓本的感性色彩显然更为浓郁，"审美"的意味也更为明确。对于画家而言，这一点具有强大的吸引力。古物拓片为画家、书法家提供了极为特殊的媒材，并直接导致了晚清民国时期拓本博古花卉的滥觞。

## 一　"焦山鼎"与"六舟"

"焦山鼎"又称"无叀鼎""鄦惠鼎"其最初信息来自晚明。此后，文人学者不断对此鼎进行反复题咏、考释——承故宫博物院秦明提示，金石学家黄易在《小蓬莱阁金石目·金目》中就著录了"焦山鼎"，故宫藏《黄易致汪彝等楚事札》（新 00069087-11/12）中也提到"焦山鼎铭"（图 6.1）。

近代以来，画家（如吴昌硕）还以"焦山鼎"全形拓为媒材多次进行创作。"焦山鼎"备受关注，充分展示了它在历史、艺术史及书法艺术研究上的重要价值。通过吴昌硕画作中的"焦山鼎"拓片，还可以进一步推求焦山寺僧"鹤洲上人"（王玉龄）、甚至"六舟上人"（释达受）的古器物传拓技法，并重现六舟与阮元、程木庵等人的交往，进而丰富我们对清中后期古物全形拓的认识。

记录古物全形，除了《宣和博古图》的传统之外，由《空山堂金石图》或《金石索》所开创的缩刻碑碣全形的技术也值得关注。缩刻古碑全形，是宋以来刻帖传统的变异，并改变了吴门文人以册页装池碑拓的做法，其意义在于"读图"而非"读书"。

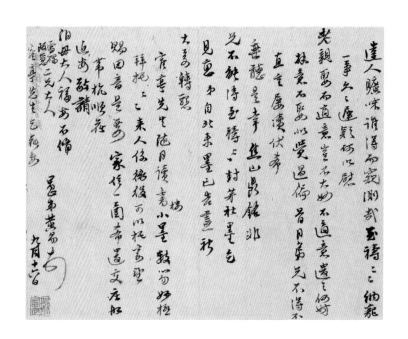

6.1 黄易致汪丽等楚事札，
图片由秦明先生提供

释达受十八岁时曾得到《金石图》二本，笔者认为：他的器物全形拓，其意义与《空山堂金石图》和《百汉碑砚》一致，从六舟为阮元家庙古器制作的全形拓，或为程木庵拓制的彝器四大卷来看，他所强调的重点是完整的器物以及器物组合图像，在《宣和博古图》之后开辟了新的古物图像表达范式。

（一）

浙江省博物馆藏有吴昌硕（1844－1927）作于1902年的巨幅《鼎盛图》（图6.2），画面中出现了两件全形拓古鼎，左下方为"遂启諆鼎"，右上方为"鄦惠鼎"。吴昌硕另有一幅类似作品（图6.3），两幅画中的"鄦惠鼎"又被称作"鄦专鼎""无叀鼎""焦山鼎"。据近年拍卖会场出现的资料，吴昌硕的《鼎盛图》可能是以焦山寺僧鹤洲上人手拓古器为底本补绘而成（图6.4）。

吴昌硕还有一件以"焦山鼎"、梅花为题的作品（图6.5），画面题有一首诗：

穆穆焦山鼎，剪剪孤山花。

古色斗寒香，斑驳而光华。

好参文字禅，如坐冰雪涯。

携去挂粉壁，月上飞龙蛇。

6.2 吴昌硕《鼎盛图》，纸本设色，1902年，纵179cm，横95.5cm，浙江省博物馆藏

6.4 《鹤洲上人手拓古器》

6.5 吴昌硕《古鼎梅花》，1967年，纵126cm，横68cm

在这里，"无虫鼎"拓片是一个极好的媒材，"焦山鼎""孤山花"为画家提供了灵感，并在无形中营造了深沉古雅的气息。

显然，"焦山鼎"是吴昌硕颇为喜爱的一个题材，他还另有一件专门表现"周无虫鼎"（图6.6）的作品，画面题款介绍了"无虫鼎"的来历，内容为："无虫鼎铭九十四字，器今在焦山。相传鼎系魏氏物，分宜相当国，以不得此鼎将罪之，分宜败，魏氏惧终不保，移置焦山。无虫无字当读为鄩。因古鄩字每省邑旁也。"这位"分宜相"是权相严嵩，在其抄没家产目录中还有一幅"陈宪副"的《东坡博古图》。吴昌硕这件作品以玉兰、牡丹与古鼎相配，点缀画面，有"玉堂富贵"寓意，他在七十六岁时创作的一幅墨笔牡丹图（图6.7）也有同样意思，在近代上海，这类作品极受欢迎。在吴昌硕同时代或稍早时期，还能看到多幅以"焦山鼎"和牡丹或时卉为主题的画作，比如蒲华的一幅牡丹图（图6.8），署为铁道人的一幅《博古花卉图》（图6.9），以及一件题为《谯山周鼎图》的画作（图6.10）。

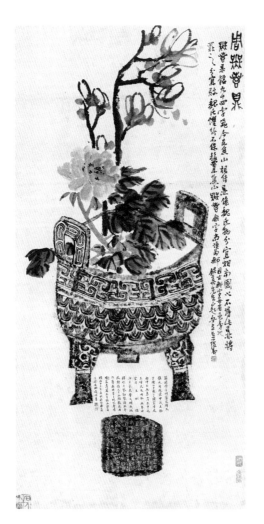

6.6 吴昌硕 《博古花卉图》（玉堂富贵），
纵 137.5 cm，横 67.5cm

6.7 吴昌硕 《牡丹图》，76 岁作

6.8 蒲华《博古牡丹图》，1908 年，
纸本设色，纵 136.3cm，横 68cm

6.9 铁道人《博古花卉图》，纵 132cm，横 65cm

6.10 《谯山周鼎图》，清拓本，立轴，
纵 138cm，横 78cm

6.11 赵叔孺《焦山周无专鼎拓本牡丹轴》，
1935 年，纵 134.7cm，横 65cm

无独有偶，画家赵叔孺（1874-1945）也有一件以“无叀鼎”为题的作品（图6.11），画面题跋同样介绍了“焦山鼎”的来历：“鼎本前明朝润州魏氏物，严分宜当国时，百计欲得之，几为所陷。寻分宜败，魏氏恐终不保，遂送焦山，付寺僧永守之。余既补缋牡丹一枝，并记鼎之缘起于左。”显然，无论是对吴昌硕还是赵叔孺而言，“无叀鼎”都是一件极为重要的古器，而且它才是画面的主角。从上述两跋可以看出，“无叀鼎”现身于晚明。也正是从晚明起，文人学者开始不断对此鼎反复进行题咏、考释，诸如王士禄、张潮《焦山古鼎考》、顾炎武（1613-1682）《金石文字记》、朱彝尊（1629-1709）《吉金贞石记》、宋荦（1634-1713）《筠廊偶笔》、王士禛（1634-1711）《池北偶谈》、牛运震（1706-1758）《焦山鼎》、翁方纲（1733-1818）《焦山鼎铭考》、阮元（1764-1849）《积古斋钟鼎彝器款识》、张廷济（1768-1848）、冯云鹏（1765-1840）《金石索》、徐同柏（1775-1860）《焦山周鼎文》《从古堂款识学》、吴式芬（1796-1856）《攈古录金文》、吴大澂（1835-1902）《愙斋集古录》、郑业敩（1842-1919）《独笑斋金石文考》、刘心源（1848-1915）《奇觚室吉金文述》、邹安（1864-1940）《周金文存》、罗振玉（1866-1940）《三代吉金文存》、刘体智（1879-1962）《小校经阁金石文字》、郭沫若(1892-1978)《两周金文辞大系考释》等，皆对“无叀鼎”有研究和记载。以上信息足以反映“焦山鼎”在明清金学家心目中的地位。而且，这种热情一直延续到了今天（主要在拍卖会场）。

在民国十四年（1925）的《金石画报》，和今人吴镇烽于2012年主编出版的《商周青铜器铭文暨图像集成》中，还可以看到“焦山鼎”两帧不同角度的照片（图6.12、图6.13）。《殷周金文集成》（5·2814）著录了“无叀鼎”铭文（图6.14）。《殷周金文集成释文》称“无叀鼎时代为西周晚期，铭文九十三字（又合文一），现藏镇江博物馆”，铭文内容为：

惟九月既望甲戌，王格于周庙，述于图室，司徒南仲佑许惠入门，立中廷。王呼史翏命许惠，曰：“官司穆王，侦侧虎臣，赐女玄衣黹纯，戈琱戟，厚柲彤沙，鋚勒銮旗。”许惠敢对扬天子丕显鲁休，用作尊鼎，用享于朕烈考，用介眉寿万年，子孙永宝用。[1]

---

【1】中国社会科学院考古研究所编《殷周金文集成释文》，第2卷，香港中文大学中国文化研究所，2001年，第380页，原文无标点。

而早在乾隆三十八年（1773），翁方纲就对"无叀鼎"进行过考释，并附录前人考释文字，辑成《焦山鼎铭考》付梓。其后，翁方纲将《焦山鼎铭考》毁版，另撰《焦山鼎篆铭考》一篇，并保留了最初的考释文字：

> 江南焦山鼎，著称二百余年矣……取予旧所撰考，稍芟其冗蔓，略记于此。此鼎不当以焦山鼎名之，就吕、薛著录之例，应题曰"无口鼎"。无口者，人名也。其上一字非世字，是"无"字也（前后凡三见摹写稍异耳）。下一字非"惠"、非"专"，只可阙之。就此二字人名，则周时本有此鼎，其文极古，久不存矣。不知何时何人不知篆法者妄摹字形，于此重铸一鼎，欲以冒充古物。其或严嵩妄人闻人赞美而欲得之，容有此事。

6.12 苏硕人摄"焦山无叀鼎真影"

西樵、阮亭、竹垞、尧峰诸先生则不当出此也。人名下一字是"内门"二字，内门者，入庙门也。释金、释宾皆误。第四行"册"下是"命"非"令"，第二行"丙子烝"三字尚未敢定。第四行"册"上或是"友"字也。第五行首是"官司"二字，第五行"侧"上释"颇"，"侧"下释"弗作"皆非也。第七行人名上当是"鉴勒銮旗"四字。第八行"丕显"下二字释"睿"释"敫"释"敬"皆非。第九行"用享于"下间泐处是"朕"字，其下一字释"到"亦非也。凡十行，其阙者不啻过半，实由重摹之失。其原本不可得见也。【2】

"焦山鼎"铭文有鼎腹拓本和石翻刻拓本两种，翁方纲之所以毁版，是因为怀疑"其据以成文的是石刻翻拓本而非鼎腹拓本"。【3】后来，明末闽

---

【2】（清）翁方纲：《复初斋文集》卷十五，清李彦章校刻本，第2页b至第3页b。

【3】许习文撰文论此事甚详，可供我们参考。见许习文：《关于焦山鼎铭的一段学林公案》，《收藏·拍卖》，2013年第6期，第84页。

6.13 无更鼎，西周晚期，通高 54.2cm

6.14 "无更鼎"铭文

侯徐兴公（1570-1645后）旧藏《焦山鼎铭册》再度现世，册首"焦山鼎"图、鼎腹拓文各一纸（图 6.15）。这件事证明《焦山鼎铭》并非伪作，"焦山鼎"亦非伪器——至少是在明末就已经流传有序，但翁方纲此时已不在人世。

在翁方纲那个时代，"焦山鼎"一直是金石学者关注的热点，如《金石经眼录》《金石索》都著录了"无更鼎"图形及铭文。"焦山鼎"之所以备受关注，是因为这件古器于历史、艺术史及书法艺术均有极高之价值。

《诗·大雅·常武》："赫赫明明。王命卿士，南仲大祖，大师皇父。整我六师，以修我戎。既敬既戒，惠此南国。"学者认为，焦山鼎铭中的"南中"就是《大雅·常武》中述及的西周宣王时期的虎将"南仲"。在一件《无更鼎》拓片中（图 6.16），谭镳（1863-1924）曾留下过一段考证文字：

诗《常武》篇，赫赫明明，王命卿士，南仲大祖。又《出车》篇，王命南仲，往城于方。此鼎文之南中，即诗之南仲也。王谓周宣王也。

《出车》之南仲，毛传以为周文王时人，而《汉书·匈奴传》、《盐铁论·繇役篇》则皆以为周宣王时人，其说当出《鲁诗》，今从之。此诗言"南仲城方伐玁狁"，《六月》篇言"尹吉甫伐玁狁侵方"，必同为一事，毛说误也。又鼎文言王征侧虎方，与两诗之方疑同为一地。《出车》言"城方"，又言"城朔方"。朔，虎古音同，在弟五部，例得通借，虎方或即朔方也。

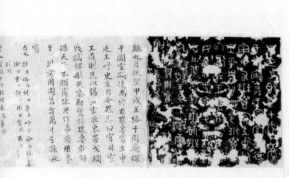

6.15 《焦山鼎铭》拓本，明末闽侯徐兴公旧藏，清梁章钜重装

在艺术史上，"无叀鼎"的意义同样不可小觑。西周"无叀鼎"和"善父山鼎"【4】都出现过"图室"二字。【5】（图6.17-1、图6.17-2）《殷周金文集成释文》2825著录了"善夫山鼎"铭文为：

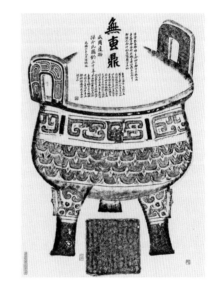

6.16 《谭镬题无叀鼎全形拓》，

印鉴：大吉、崇化道人，

鉴藏印：必宽敬观、谦受堂藏三代吉金文字

佳卅又七年，正月初吉庚戌，王在周，格图室，南宫乎入佑膳夫山，入门，立中廷，北向，王乎史荣册命山，王曰：山，令女官司饮献人于晃，用作害司贮，毋敢不善，赐女玄衣黹纯、赤芾、朱衡、銮旗。山拜稽首，受册佩以出，返入觐璋。山敢对扬天子休命，用作朕皇考叔硕父尊鼎，用祈介眉寿、绰绾、永命、灵终，子子孙孙永宝用。【6】

---

【4】参阅《陕西省博物馆新近征集的几件西周铜器》，《文物》，1965年第7期，第17-22、5-6、15-16页。

【5】参阅王晖：《从西周金文看西周宗庙"图室"与早期军事地图及方国疆域图》，《陕西师范大学学报》（哲学社会科学版），2012年第1期，第31-38页。

【6】《殷周金文集成释文》，第2卷，第391页。原文无标点。

6.17-1 "善夫山鼎"铭文

6.17-2 "善夫山鼎"鼎腹照片

　　在"善夫山鼎"面世之前，"焦山鼎"铭中出现的"图室"二字一直是孤例，并不断引起金石学家的关注，阮元在《积古斋钟鼎彝器款识》卷四称，"图室"即周之明堂太庙，他说：

　　"图室"二字，无可考。窃谓即明堂太庙也。《周礼·春官》："天府掌祖庙之守藏。凡国之玉镇大宝器藏焉。"郑《注》："祖庙，始祖后稷之庙。"宝器之说，郑引《书·顾命》"球图"之属以当之。其注《书》云："河图，图出于河水。帝王圣者所受。知周之河图藏于祖庙，必其宫矣。"《史记·五帝本纪》："文祖者，尧太祖也。"《集解》引郑氏说："文祖者，五府之大名，犹周之明堂。"《正义》引《尚书》帝命验云："五府者，唐虞谓之天府，夏谓之正室，殷谓之重室，周谓之明堂，皆祀五帝之所也。"知图室又为周明堂之异名矣。其曰"天府"者，仍唐虞之名也。天府以藏球图故又曰"图室"也。【7】

　　《孔子家语》记载："孔子观乎明堂，睹四门墉，有尧舜之容，桀纣之象，而各有善恶之状，兴废之戒焉。又有周公相成王，抱之负斧扆南面以朝诸侯之图焉。"从这段记载判断，明堂图室中的绘画是各类历史人物、历史故事绘画，用意是诏示善恶兴废，而不是以祖先为对象的、用作祭祀的纪念性"像设"（顾炎武认为，画祖先图像进行祭祀，这是战国以后的事情，所

_____

【7】　阮元：《积古斋钟鼎彝器款识》卷四，第29页a、b。

谓"尸礼废而像设兴")。"无叀鼎"提到的南仲、"无叀"立于"图室"中庭，之后孔子入周观礼，也出现在了同样的位置。

不过，关于阮元的说法，当代学者也存有异议，比如刘雨认为"图"指"地图"，"图室"即保存地图之室，而刘正认为："图室就在周庙之中，所以图室也就不会是所谓藏地图之室。又因为图室和燔祭有关，所以图室的寝陵和祭祀意义更大……图室在周庙之中。是专用来进行燔祭的房间，并在室内绘有天神等图画。"【8】王晖在《从西周金文看西周宗庙"图室"与早期军事地图及方国疆域图》一文中则提到，周王宗庙里建有专门的图室，"这是专门为先祖绘制图像的宫室，尽管我们还不知道这种图像是用什么材料绘制出的，但是可以十分明确地把宗庙有先祖图像的历史推到西周时代，已经建有专门用作祭祀的图室"。【9】

辨析图室的问题，一方面可以让人们对古代庙堂壁画及历史故事画产生新的认识，对《天问》《灵光殿赋》这一类文献产生新的兴趣；另一方面又可以延伸到所谓"像设"问题，对战汉之后下层贵族的地下墓室壁画产生新的观察视角。

在书法史上，"无叀鼎"也被赋予了极高的地位。书家谈楷法，喜欢讨论中锋，而《无叀鼎铭》正是一个极好的参照。王文治（1730-1802）《论书绝句三十首》开篇称："焦山鼎腹字如蚕，石鼓遗文笔落酣。魏晋总教传楷法，中锋先向此中参。"《无叀鼎铭》圆浑、古朴的气息同样也打动了康有为。康有为"壬午试京兆……仰瞻高宗纯皇帝所颁彝尊十器，乃始讲识鼎彝。南还游扬州，入焦山，阅周'无专鼎'，暗然浑古，疏落欹斜，若崩云乍頹，连山忽起，为之心醉"。（《广艺舟双楫》）【10】吴昌硕是晚清以来以篆籀笔法入画的重要人物，他反复运用"无叀鼎"拓片作画，必然也有书法上的会心之处。

## （二）

吴昌硕多次画过《鼎盛图》，作品中出现的"焦山鼎"为全形拓。这些拓片，有许多是出自清末民初焦山寺僧鹤洲上人之手。丁辅之有一件《鼎盛图》，其中的"无叀鼎"拓片也是出自鹤洲上人之手（图6.18）。鹤洲上人曾拓过"数百本""焦山鼎"，上海书画出版社《吉金留影》一书中收录了

【8】刘正："金文中的室"，载刘正：《金文学术史》，上海书店出版社，2014年。

【9】王晖：《从西周金文看西周宗庙"图室"与早期军事地图及方国疆域图》，第33页。

【10】（清）康有为：《广艺舟双楫》卷二，清光绪刻本，第16页b。

一幅《褚德彝题无叀鼎全形拓》（图6.19），料想也是出自鹤洲上人之手。凌宴池在拓片上的跋语也颇值得我们玩味："焦山周鼎铭自程穆倩作释后，金石家如翁覃溪辈踵事考订……寺中曾别刻一石，以其拓本应求者，真本殊不易得。乱后，闻寺僧尽鬻其所藏书画古物，此鼎亦不复见……"按照凌宴池的说法，焦山寺曾有"焦山鼎"及铭文的石刻，前文提到的明末闽侯徐兴公旧藏《焦山鼎铭册》册首"焦山鼎"图即为例证。

关于鹤洲上人，目前所见到的资料比较零散。苏州博物馆李军先生提道："曾于拍场见鹤洲手拓青铜器全形拓本一轴，有'鹤洲'朱印，一角有吴湖帆题记三行云：'焦山僧，原名王玉龄，字鹤洲。清末民初镇江焦山僧人，善拓，享名一时。甲辰秋七月，吴湖帆题。'"【11】

荣宝斋藏有陈师曾《焦岩藏器·博古三清图》（图6.20），画作题识及跋语中提到了鹤洲上人和"焦山鼎"。其跋文为：

> 三过焦山一问鼎，周汉至今文字微。僧不伽陀嗜椎揭，器非苦窳生光辉。家藏奇宝以人重，世不能名食肉飞。点缀闲花供好事，岁寒思古众香围。师曾补景并题，时壬戌岁首。

> 焦岩藏器
> 鹤铭出水后，鹤洲上人发明以指代毡椎，拓本遂精贵，虽水前拓有不逮也。南中鼎亦曾拓数百本，流传人间。此为隃糜陶陵共厨小鼎，旧为阮芸台家物，亦鹤洲手墨。静庵老弟属题字，因漫记之。戊午九月天骥。

陈师曾谈到，鹤洲上人的一大发明就是以手指代毡包椎拓《瘗鹤铭》，而他说到的"南中鼎"即"南仲鼎"，就是本文所说的"无叀鼎""焦山鼎"，鹤洲上人制作了数百本全形拓流传人间。在画面中出现的陶陵小鼎为阮元旧藏，而更早的焦山寺僧——六舟上人释达受（1791-1858）曾拓过这件器物的全形。

查《宝素室金石书画编年录》，六舟在任焦山寺住持之前，曾两次拓印"焦山鼎"全形。道光十四年（1834），六舟过访苏州沧浪亭（俟后任沧浪亭大云庵住持），"重拓无叀、陶陵二鼎全图。一存寺中，一携归行箧"。【12】后来六舟住持焦山寺，其间多次拓印"无叀鼎"。

---

【11】李军：《春水集》，广西师范大学出版社，2018年。

【12】（清）释达受：《宝素室金石书画编年录》上册，第55页b。《北京图书馆藏珍本年谱丛刊》第144册影印清钞本，北京图书馆出版社，1999年。

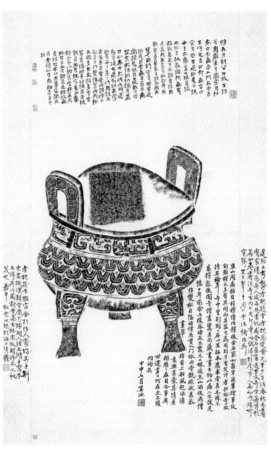

6.18 丁辅之《鼎盛图》，
纵 121.5cm，横 54.5cm，
庚辰（1940）作，
钤印：
鹤庐六十后作、丁辅之大富贵乐长年、焦山鹤洲手拓
题识：
声声爆竹喧，除夜醉初醒，画幅献岁朝，梅枝插古鼎
庚辰元日古杭梅东里民丁辅之，
写于海上守寒巢

6.19 《褚德彝题无更鼎全形拓》，纵 126cm，横 61.5cm

6.20 陈师曾《博古三清图》，纵 40.5cm，横 120cm，荣宝斋藏

六舟上人的全形拓手法则起源于嘉庆、道光时期，徐康《前尘梦影录》称：

吴门椎拓金石，向不解作全形。迨道光初年，浙禾马傅岩能之。六舟得其传授，曾在玉佛龛为阮文达公作《百岁图》，先以六尺匹巨幅，外廓草书一大"寿"字，再取金石百种椎拓，或一角，或上或下，皆以不见全体著纸。须时干时湿，易至五六次，始得藏事。装池既成，携至邗江，文达公极赏之，酬以百金。更令人镌一石印曰"金石僧"赠之。阳湖李锦鸿亦善是技，乃得之六舟者，曾为吴子苾、刘燕庭、吴荷屋、吴平斋诸老辈所赏识。[13]

容庚在《商周彝器通考》中也提到了"嘉兴马起凤"，并对全形拓做了考证："彝器拓全形，始于嘉兴马起凤。《金石屑》（一：卅三）录一汉洗，马氏题云：'汉洗，旧拓本，戊午六月十八日，傅岩马起凤并记。'戊午乃嘉庆三年也。《清仪阁所藏古器物文》（第一册）有全形爵四及仲觟父敦，均不甚工。张廷济题识在道光二年。"[14]在 2013 年国内一次拍卖会上，出现了一页今人著录为马起凤[15]手拓的《周鲁侯角全形》（图 6.21），风格与容庚谈到的"全形爵四及仲觟父敦"（图 6.22）颇为类似，但年代要

【13】（清）徐康：《前尘梦影录》（艺苑珠尘丛书），孙迎春校点，中国美术学院出版社，2000 年，第 218-219 页。

【14】容庚：《燕京学报专号之十七商周彝器通考》（燕京学报专号之十七）（上册），台湾大通书局，1973 年，第 179-180 页。

【15】马起凤另有《马傅岩集明清印谱》一卷（中国国家图书馆藏）。

晚于后者，这件拓片的题字仅述及马起凤手录张廷济等人的考证文字，并未言及手拓。所谓"全形拓"，以实物而论，当以有道光二年题识的"全形爵四及仲㐷父敦"为最早；以文献而论，当以《前尘梦影录》所言道光初年为起点。

容庚称马起凤拓"汉洗"，时间是嘉庆三年（1798），这一年六舟上人八岁，尚未出家。此后六舟上人如何从嘉兴马傅岩处学习全形拓，其事尚不明了。最近，赵阳据上海图书馆藏马起凤《永安琴砚》拓本论定，所谓"戊午"不是嘉庆三年（1798），而应是咸丰八年（1858），马起凤的传拓活动或集中于19世纪30年代至50年代。[16] 前文说的《周鲁侯角全形》，马起凤的落款时间是咸丰己未，即1859年，和赵阳先生的看法接近。

《前尘梦影录》等书称全形拓起于马起凤，但桑椹说："从《金石屑》一书所刊图像来看，实际上仅由两素面组成，捶拓甚为简单。"[17] 换句话说，《金石屑》一书中的全形拓比较粗糙，类似简单的图形拼贴，很难称之为全形拓。其实，在张廷济等收藏家周围，也就是在杭嘉湖地区，还有很多擅长捶拓的高手，最近（2019年5月18日至7月1日）在嘉兴博物馆举办的"金石春秋——张廷济与乾嘉道文人圈"特展中，展出了一件由张受之制作的《周诸女方爵全形拓》（图6.23），张廷济在这件拓本上做了题跋：

> 甫获是爵，陈菽园剪纸分拓拈合成图，装为清供。阅数年，胡裕昆摹其图，登之石。去年冬仲，吴厚生携拓本索书其侧。今年夏，吴以镌东里润色帖又来余斋，悬之摹古金石刻之室。张受之辛有为余以整楮精拓，不事连缀，天然画图，修短纵横不爽分寸，远出陈分拓本上。即对此图，已足耽玩。
>
> 吾甥徐籀庄同柏原名大椿，吾宗质夫、开福，皆能读书喜研索，徐考此作觞，质夫考此作觚，征引详赡，言皆有物。
>
> 道光十年庚寅八月十三日，叔未张廷济书于清仪阁。

这段跋语提到了分纸拓和全形拓的问题，也提到了释"爵"为"觞"的问题，恰好与李春桃最近发表的一篇论文遥相呼应。[18]

---

【16】赵阳：《马起凤与早期全形拓》，《中国美术》，2018 第 1 期，第 142-153 页。

【17】桑椹：《青铜器全形拓技术发展的分期研究》，《东方博物》，2004 年第 3 期，第 34 页。

【18】李春桃：《从斗形爵的称谓谈到三足爵的命名》，《台湾历史语言研究所集刊》第八十九本第一分，2018 年 3 月，第 47-117 页。

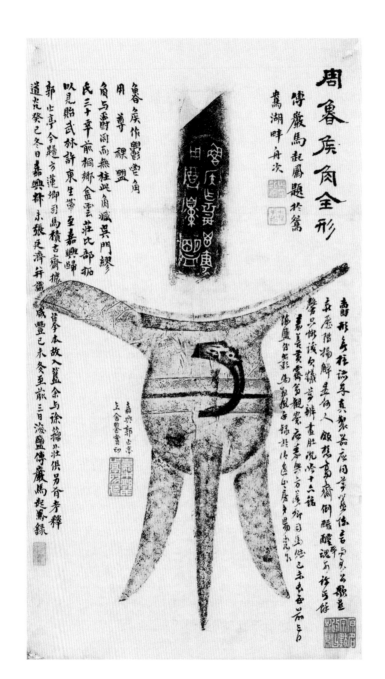

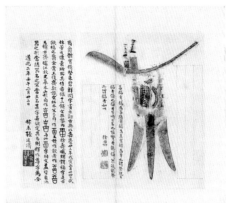

6.22（1-5）

有道光二年题识的"全形爵四及仲龟父敦"

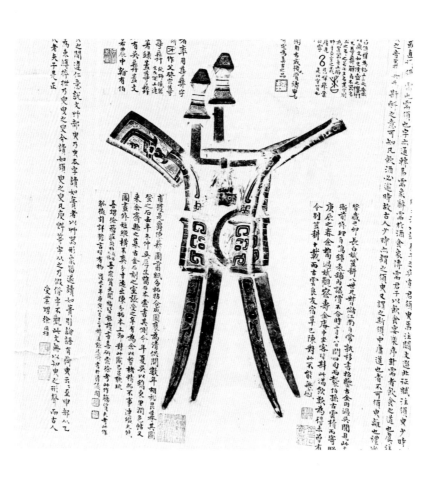

6.23 张受之制作的《周诸女方爵全形拓》，
2019 年 5 月，王艳明摄于嘉兴博物馆"金石春秋——张廷济与乾嘉道文人圈"特展

另外，在嘉庆、道光时期，阮元身边早已汇聚了一些擅长全形拓的能手。徐珂《清稗类钞》鉴赏类"阮文达家庙藏器"称：

> 阮文达家庙藏器，周虢叔大棽钟、格伯簋、寰盘、汉双鱼洗，皆无恙，惟全形椎拓不易，因而真迹甚稀。况夔笙求之经年，仅获一本。复本所见非一，石刻较优于木，然真赝相形，神味霄壤，可意会不可言传，不仅在花纹字画间也。

> 寰盘拓本上款下形，又于形中拓款，作侧悬形。真本拓不及半，复本辄过之，以毡椎有难易之分，凹与平之不同也。

> 真器拓本，悉出阮氏先后群从之手，墨色浓淡不匀，字口微漫，不能甚精。[19]

徐珂的记录非常细致，阮元之后，其家庙古器全形拓已经非常罕见。况夔笙[20]求之经年，"仅获一本"。徐珂提到了"真本"、石刻与木刻这三种全形拓，以及上款下形、形中拓款两种手法。而形中拓款，器物作侧悬形，且"真本拓不及半"，这些都是非常准确的感受。

在协助阮元拓印古器的拓手中，六舟上人释达受深得阮元赏识，阮元以"金石僧"目之。[21]道光十八年（1838），六舟四十八岁，阮元七十五岁。《宝素室金石书画编年》记载："（是年）九月，云伯大令自维扬来，持阮文达公书及诗幅见贻。句云：'旧向西湖访秀能，南屏庵内有诗镫。那知行脚天台者，又号南屏金石僧。'后跋云：'今南屏六舟开士，博于金石，所藏所拓甚多且精，云伯陈氏来书称之为金石僧，又为西湖添一佳话。'文达书中云，欲重刊《积古斋钟鼎款识》，嘱余襄任其役。后商之及门吴荷屋中丞，谓考订近拓，难以速成，遂不果其事。"[22]

一年之后，六舟来到扬州拜谒阮元，"文达公款留旬日，以家庙齐侯罍等器出观。坐绿野小舟，游平山诸胜"。[23]在这段时间内，六舟为阮元制作了一批全角拓片。此事在《六舟山野纪事诗》中亦有记载：

---

【19】（清）徐珂：《清稗类钞》（第9册），中华书局，1986年，第4335页。

【20】况周颐（1859-1926），字夔笙，一字揆孙，晚号蕙风词隐。临桂（今广西桂林）人，原籍湖南宝庆。光绪五年（1879）举人。后官内阁中书、会典馆纂修，曾入两江总督张之洞、端方幕府。

【21】（清）管庭芬：《南屏退叟传》记载，六舟："于金石凡商秦汉之彝器，皆能考古以证其原，后阮文达公闻其名，招至文选楼，以'金石僧'目之。"见（清）钱仪吉编《清代碑传全集》，上海书店，1988年，第1608页。

【22】（清）释达受：《宝素室金石书画编年录》下册，第10页a、b。

【23】（清）释达受：《宝素室金石书画编年录》下册，第13页a。

余访阮相国于维扬，下榻积古斋中。其左即文选楼，存贮三代彝器，皆嘱拓全角。相国欣赏之，谓《宣和博古图》真退避三舍矣。

商鼎周钟与汉铜，属摹款识任人工。全角要合云雷古，须得庐山面目同。【24】

除了在文选楼内为阮元拓印三代鼎彝，六舟还有几件非常重要的全形拓作品，即《千岁图》《古砖花供》《二十四器百花卷》、为程木庵拓彝器四大卷，以及《剔镫图》。这些作品，浙江省博物馆王屹峰先生在《古砖花供》一书中有精彩的研究，可供参考。【25】

《千岁图》是道光十二年（1832）六舟所作，同时还有一件《百岁图》，"以所藏金石小品，效钱舜举《锦灰堆》法拓成立轴，名曰《百岁图》，凡二十余幅，又曰《百岁祝寿图》。嗣因慈师松溪老人人衍之庆，又叙丁种，名曰《千岁图》。阮文达公为之跋，一时题者，边幅皆盈，以为创金石家所未有"。【26】钱镜塘旧藏六舟《百岁图》，现藏浙江省博物馆。

为木庵拓彝器四大卷，其事始于道光十六年，终于道光二十二年。《宝素室金石书画编年录》记载，道光十六年丙申，"吴康甫二尹过访谓余曰：新安程木庵孔目（洪溥），见师手拓鼎彝全图，谓创从来未有之事，开金石家一奇格。仰望慈云，莫慰饥渴。因木庵家富收藏，三代彝器不下千种，欲延师至彼亲承品鉴云云……中秋节后，木庵始出三代彝器，嘱拓大屏二十四幅"。【27】道光二十一年二月，"仍至新安为木庵拓彝器四大卷，未及竣事。时英夷攻陷乍浦等处，海上在处戒严。远忆故乡，愁心莫释。自春之秋，始成二大卷，凡彝器五百余种"。【28】道光二十二年，六舟为木庵拓彝器四大卷告蒇，装池之后，整件作品"高二尺五寸，长五丈余"。【29】

《剔镫图》是六舟为程木庵制作鼎彝拓片时的一个意外发现。程木庵有雁足镫，六舟审视后发现"隐隐有字迹，并为剔之。其镫文曰："竟宁元年，寺工工护为内者造铜雁足镫，重四斤十二两。护武、啬夫霸、掾广汉主，右

---

【24】收入（清）释达受：《小绿天庵遗诗》附《纪事诗》一卷，民国九年海宁姚氏古朴山房铅印本。

【25】王屹峰：《古砖花供——六舟与19世纪的学术和艺术》，浙江人民美术出版社，2017年。

【26】（清）释达受：《宝素室金石书画编年录》上册，第49页b至第50页a。

【27】（清）释达受：《宝素室金石书画编年录》下册，第1页a至第5页a。

【28】同上书，第17页b至第18页a。

【29】同上书，第21页a。

丞赏、令尊护工卒史、不禁省。中宫内者第廿五，受内者。"【30】六舟据此事创作了《剔镫图》，一时传为佳话。

《古砖花供》是道光十八年六舟"以所藏砖头瓦角有字迹年号者，拓成瓶、罍、盆、盎等件为长卷，凡友人中能写生者，各随意补以杂花，即名曰《古砖花供》。后汤雨生将军见之，为隶书'磨砖非作镜，着手尽成春'十字弁其端"。【31】

（三）

关于器物全形拓，六舟上人自己也留下了丰富的记录。在《宝素室金石书画编年录》自序中，六舟说自己："壮岁行脚所至，穷山邃谷之中遇有摩崖，必躬自拓之。或于鉴赏之家得见钟鼎彝器，亦必拓其全形，庶几古人之制度可考，而究无关于实证也……余所藏之书画，所拓之金石，知交中设有见赏，随即散去。"【32】相对于阮元等金石大家而言，六舟说全形拓"无关于实证"，这是一句谦辞。

客观来讲，全形拓的确产生了另外一种意想不到的、独立于文献"实证"的效果。自清中叶以来，金石学家的注意力已产生了多样变化，除了旧有的小学、经学、史学的研究传统，学者对"碑体"书法的趣味也越来越浓厚。对碑刻及器物图像的玩味，让金石学家在埋头考据之余也找到了自己特殊的乐趣。它从考据之学向外延伸，进而发展成新的"鉴赏之学"，并对清代中叶之后的书画和绘画变革产生了深远影响。

阮元等学者对这一变化起到了极大作用，他们是古物的真正拥有者、使用者、研究者和欣赏者。全形拓的问世离不开这批学者的诱劝、奖掖和扶持。2006 年 5 月 26 日至 6 月 25 日，中国国家图书馆举办的"中华古籍特藏珍品暨保护成果展"中有一件《积古图》（图 6.24），为我们理解阮元及其金石传拓群体提供了非常珍贵的历史信息。《积古图》卷首图画表现的是"积古斋中鉴古的场景"，画中人物，着红衣者为阮元，其子阮常生侍立，友人朱为弼与其相对，坐在古瓷凳上，品鉴着手中的古器。【33】"几案所积有：钟二、

---

【30】释达受：《宝素室金石书画编年录》下册，第 5 页 b。

【31】同上书，第 12 页 b。

【32】（清）释达受：《宝素室金石书画编年录》，自序。

【33】中国美术学院有欧阳瑜倩专题硕士论文对于《积古图》研究，可供参考。

6.24 （清）周瓒绘《积古图》局部，中国国家图书馆善本特藏

鼎三、敦一、簠一、豆一、匜二、彝一、甗一、卤二、尊一、钘一、角一、爵一、觯三、觚一、洗三、剑一、戈六、瞿一、弩机二、削一、镜二十、镫二及刀布印符之属。"【34】这件长卷上有阮元手书《积古斋记》，落款为"嘉庆八年上元日阮元记"，其后是卷心，有九十一件古器平面全形，卷心最后钤有"阮伯元手拓本"朱文方印（图6.25）。所谓"阮伯元手拓"，其实是掠"群从"拓工之美，"嘉庆八年"则意味着这些拓片的制作时间要早于嘉庆八年。我们一直在纠缠全形拓的起源，这件长卷应该引起我们的重视，当然这里的全形指古剑、古砖、古镜一类器物的平面全形，而非鼎彝之类古物的"全角"拓片。

在六舟那里，还有用木版刷制的"焦山鼎"全形拓。桑椹提到，上海朵云轩1998年秋季拍卖会拍品中有一件木版印刷的"焦山鼎"全形拓（图6.26），其上有阮元题跋："此图所摹丝毫不差，细审之，盖六舟僧画图刻木而印鼎形，又以此纸□小之以拓其铭，再细审之，并铭亦是木刻。"【35】这类拓片难免让人想起牛运震《金石图》缩刻古碑的做法。【36】

---

【34】阮元：《积古斋记》，《揅经室三集》卷三，第648页，中华书局，1993年。

【35】桑椹：《青铜器全形拓技术发展的分期研究》，《东方博物》2004年第3期，第34页。

【36】翁方纲《焦山鼎歌为茝邻题》诗中亦有"牛空山又缩本绘，珉石底借充玙璠"一句。见《复初斋诗集》。

嘉庆十三年,六舟十八岁时得到《金石图》二本,[37]现在还不清楚这本书对他产生了何种影响。笔者认为,六舟的器物全形拓,其意义与《空山堂金石图》和《百汉碑砚》一致,所强调的重点是完整的图像。由于器物体积小于室外碑刻,故而适合制作等大真器拓片。但器物不是平面,所以制作的难度更高。换句话说,拓手必须要具备绘画的技能与经验,甚至还要具备透视与明暗对照法的知识,才能成功地将三维的立体形象转换为二维平面物象。乾隆时期的《西清砚谱》是采用透视法和明暗对照法制作器物谱的佳例,但我们还不知道六舟有没有接触过类似的物品。

6.25 "阮伯元手拓本"钤印

## 二 陈介祺和周希丁

### (一)

"全角拓"是拓制古器物的特殊技巧,其法或始于马起凤,而神于六舟。阮元请六舟拓所藏三代彝器,"皆嘱拓全角。相国欣赏之,谓《宣和博古图》真退避三舍矣"。而六舟亦有诗称:"全角要合云雷古,须得庐山面目同。"[38]全角拓又称"全形拓""器形拓""立体拓""图形拓"。按照后世学者的概括,全角拓制作方法主要有三种:一、分纸拓,先拓局部,而后拼贴成整器图形。二、整纸拓,经多次挪移,将全器拓在一张纸上。三、翻刻拓,是将器物图形及花纹先刻在木或石版上。[39]除此之外,保留器物全形尚有"颖拓"名目,即用毛笔勾填、补充拓片内容,用描画的方式来呈现拓印效果,最擅长此事者为姚茫父,[40]郭沫若有诗题茫父颖拓,云:"毡拓贵其真,颖拓贵其假。假则何足贵,君不见绘画。摄影术虽兴,画笔千金价。"

【37】(清)释达受:《宝素室金石书画编年录》上册,第2页b。

【38】(清)释达受:《宝素室金石书画编年录》上册,第2页b。

【39】陈昭容、黄铭崇、袁国华,《傅斯年图书馆藏铜器全形拓》,《古今论衡》第三期,台湾历史语言研究所,1999年,第159–170页。

【40】陈叔通:《贵阳姚华茫父颖拓》,商务印书馆,1957年,以及杜鹏飞:《艺苑重光:姚茫父编年事辑》,故宫出版社,2016年。

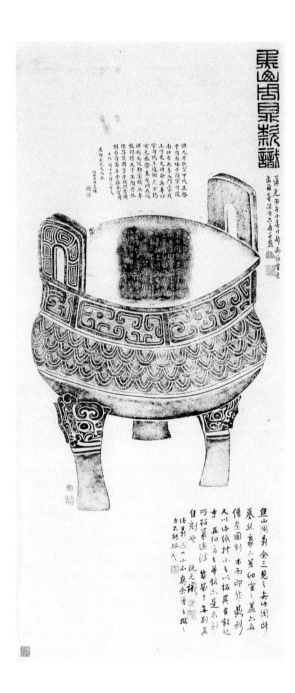

晚清时期，拓印钟鼎文字及古器全形，最著名者当属陈介祺（1813-
1884）。[41]陈介祺以簠斋为号。其文字、器物拓片，主要有乌金拓、蝉翼拓、
全角拓等项技术。为陈介祺工作的拓工主要有王石经[42]（及其子侄）、陈
峻、[43]陈佩纲、[44]李贻功、李泽庚、张子达、吕守业、徐凤岐、广东番
禺人何昆玉等。

陈介祺拓印古器物全形，方法主要是分纸拓，此法是将器铭以及器口、
器耳、器腹、器足等部位的纹饰分拓，而后撕去余纸，按事先拟好的图稿将
各部位拼在一起。整个过程有制图、剔字去锈、上纸、上墨等种种细节。在
写给潘祖荫的一封信中，陈介祺就谈到了拓手工作的具体情形：

> 张子达（衍聪）之拓法，却胜东省他人。但聋甚，又多疑，又能使气，
> 又私拓，又不惜护（却未损），非有人监拓不可。薄如币布朽破不可触者，
> 恐非所宜。又不能拓阳文，而尚能作图，图须指示乃大方。[45]

关于分纸拓，陈介祺云：

> 拓图以记尺寸为主。上中下高低尺寸既定，其两旁曲处，以横丝夹木版中，
> 如线装式，抵器，即可得真。再向前一倾见口，即得器之阴阳。以纸褙挖出后，
> 有花文耳足者，拓出补缀，多者去之使合，素处以古器平者拓之。不可在砖木
> 上拓，不可连者，纸隔拓之。整纸拓者，似巧而俗，不入大雅之赏也。[46]

---

【41】叶昌炽说："维县陈簠斋前辈拓法为古今第一，家藏石刻，皆以拓尊彝之法拓之。定造宣纸，坚薄无比，不
　　　用椎拓，但以绵包轻按，曲折坳垤，无微不到，墨淡而有神……齐鲁之间，今多用陈簠斋法，拓手为海内之冠。"
　　　叶昌炽：《语石》，辽宁教育出版社，1998年，第264-265页。

【42】王石经追随陈介祺三十年之久，二人过从甚密。陈介祺在致潘祖荫书信中曾说："舍亲王西泉石经，武生而
　　　能作篆隶，知古法，刻印尤得汉法，亦能作钟鼎，但迫促亦不多作，甚能鉴别，惟未尝学问耳。十钟主人大印、
　　　海滨病史印，即其所刻，仲饴与相契也。"（同治十三年甲戌二月十三日陈介祺致潘祖荫信札，原件藏杭州
　　　西泠拍卖公司）。王石经编著有《甄古斋印谱》《西泉存印》以及《古印》七册，由上海商务印书馆于1923
　　　年、1929年出版。

【43】陈峻字粟园，浙江海盐人，精于墨拓，尤其工于蝉翼拓。陈介祺在京时期，即长期雇请陈峻为他传拓金石器物。
　　　陈介祺第一部著作《簠斋印集》就是由陈峻协助钤拓。

【44】陈佩纲，字子振，陈介祺的族弟。

【45】（清）陈介祺：《簠斋尺牍》，沈云龙主编《近代中国史料丛刊》第九十七辑，台湾文海出版社，1973年，
　　　第57-58页。

【46】（清）陈介祺：《簠斋鉴古与传古》，陈继揆整理，文物出版社，2004年，第14-15页。

用"分纸""乌金"法拓古器,这是陈介祺的特色,与六舟相比,其风格更显古厚朴茂。不过陈介祺还有另外一面,即借用"西洋照法"辅助取形,再结合拓印的花纹和铭文一起制版印刷。这种手法也是所谓"翻刻拓"。传拓古器,目的是"传古",但方法却未必一定要古。"西洋照法"传到山东后,陈介祺马上就进行了尝试,用油素纸敷在古物照片上勾描,然后再镂刻于木板上。"西洋照法"取形,可以做到毫发不爽,且图形可大可小,如果按照古物等大照片刻版,再辅以传拓的花纹和铭文,则可以制作出理想的古物印刷品。他在写给吴大澂的信中就说:

今试令照三代古文字拓及器量图,乃至佳,虽缩小而能不失其真,且似字之在范经铸者,浑朴自然……器外象形文虽不能甚晰,有拓本相校亦易审。有一图及图拓,虽不见器亦可成书,且可将难得之拓印传之,是法乃为有益于中国艺文之事矣。【47】

但是,"洋照"也有其缺点,一是不利长久保存,【48】二是"前大后小""过于分明",不能传神。而解决的办法就是中外一体,"照""刻"合用。陈介祺说:

洋照乃取物产之精而明其用,亦可谓泄造化之秘矣。然只是取其形而不能取其神,以形有定而静,神无定而动……若性理则不知,焉知天乎。巧者能者之心目,不能如洋照之浑成如铸一丝不走。以为真式,而扩充之,使如原器大小为图,刻石与木而拓之(墨、朱,朱中用白蜡)为巨幅。铭文则用原器精拓本,亦可以刻者为稿,而拓原器补缀成之,更大雅。

照而不刻,则不能久,刻而不照,则不能不失真而悉合。缩字刻之亦至佳。作古文字细书,非此不可,是为古人别开真面矣。(《簠斋尺牍》光绪元年四月廿二日致王懿荣书)【49】

---

【47】光绪元年正月二十六日,陈介祺致吴大澂书札。引自(清)陈介祺:《簠斋鉴古与传古》,陈继揆整理,文物出版社,2004年,第79页。

【48】吴云在写给陈介祺的信中就提到了这个问题:"承示用洋法缩照彝器及书画各图,此事南中已数见不鲜,倘因碑碣字大而欲缩小刻之,则此法甚妙,工省而又能一丝不走……惟不能耐久,久则西洋药水之力渐化,将成没字之碑,兄如作游戏笔墨,借为消遣则可,倘欲借此垂远则不可。"(吴云致簠斋书,《两罍轩尺牍》卷九,《近代中国史料丛刊》一辑)

【49】(清)陈介祺:《簠斋尺牍》,《近代中国史料丛刊》第九十七辑,第444-445页。

陈介祺是继阮元之后的另一位金石大家，商承祚先生评价说："其一生收藏的铜器等，不下几千件，没有一件是假的。他的论证与品评，不但高出当时同辈一等，简直可以说'前无古人，后无来者'。"【50】和阮元相比，陈介祺完全脱离了《考古图》《博古图》的藩篱，也更少经学、礼学上的兴趣。在印学、古文字研究领域，陈介祺是当之无愧的大家。在同时代学者那里，陈介祺更像一位现代考古学家，而在后代考古学家那里，陈介祺则更像一位可望而不可即的鉴赏家。

<h2 align="center">（二）</h2>

陈介祺的全角拓，绝大多数都不是他自己动手。【51】相比之下，周希丁则是一位实至名归的"传拓大家"——史树青在《悼念周希丁先生》一文中就说："传拓古代铜器立体形象，首需分清光线的明暗，继应审察形体的厚薄，在墨拓术中最为不易。这种方法，自清代陈介祺撰《簠斋传古别录》始开其端，到周先生可以说是集其大成。"【52】

据马子云介绍："北京琉璃厂古光阁经理周康元，字希丁，作古玩生意，又研究印章，白文较佳，故称'阴文周'。他又研究传拓铜器器形，因他学了透视，故拓的器形较为合理。商务印书馆经理孙伯衡很欣赏他，孙氏雪园的藏器是他拓的。他又给陈宝琛（澂秋馆）传拓过藏器，还拓过天津徐氏藏砚。"【53】

古物陈列所成立之后，周希丁参与了古器物传拓工作，手拓故宫武英殿、宝蕴楼藏器甚多。民国时期诸多精美拓片，很多都是出自周希丁之手，上面钤有"纣丁手拓""希丁手拓""金溪周康元所拓吉金文字印""康元传古""康元手拓楚器"等印章。金石学家陈邦怀先生评论他的拓形方法是："审其向背，辨其阴阳，以定墨气之浅深；观其远近，准其尺度，以符算理之吻合。"【54】

周希丁早年曾在北京大学画法研究会学习过西洋透视技法。1920 年 1 月，北京大学画法研究会扩招三十余校外学员，并更名为北京大学画法研究

---

【50】商承祚：《古代彝器伪字研究》，载《商承祚文集》，中山大学出版社，2004 年，第 65 页。

【51】马子云说："陈氏铜器的拓本，主要是同乡人陈佩纲拓的，而陈介祺也参与设计等事。"见马子云：《金石传拓技法》，人民美术出版社，1988 年，第 4 页。

【52】史树青：《悼念周希丁先生》，《文物》，1962 年第 3 期，第 60 页。

【53】马子云：《金石传拓技法》，第 4 页。

【54】转引自史树青：《悼念周希丁先生》，第 60 页。

所，分设中国画和外国画两部，同时还开设函授部。周希丁是在这一时期接受了透视画法的技术训练，和陈介祺的全角拓相比，周希丁制作的器物拓片多为整纸拓，器形透视更为合理（图6.27）。

周希丁的古物全形传拓法同样引起了金石学家的浓厚兴趣，虽然摄影术已经问世，但金石学家还是偏爱全形拓这种古老的图像制作方法，如《瀓秋馆吉金图》采用的就是周希丁的全形拓。周希丁之后，有马子云、纪宏章等亦擅长全形拓，并有专书出版，此处不再赘述。

### 三 拓本博古花卉

在古器物拓片上作画，现在看到比较早的材料是六舟上人的《剔镫图》。在拓片上添加花卉，较早的作品是六舟上人的《古砖花供》和《二十四器百花卷》。

六舟的创作方法"创金石家所未有"，同时开辟了一个新的范例。但像六舟这样精通金石、书画与拓印技术的人并不多见，在大多数情况下，拓本博古花卉都是收藏家、拓工与画家三者合作的产物。虚谷（1823-1896）的《钟鼎菊花图》中，器形部分就是丁葆元（曾举荐吴昌硕出任江苏安东县令）手拓。

近代海派艺术兴起之后，拓本博古花卉开始大量出现，海派的画家频频以各类金石图像入画，其内容更为丰富，几乎不胜枚举，如赵之谦作于同治八年的一幅《花果》（图6.28），表现的是《周史颂鼎》——黄士陵也画过一幅"周史颂鼎"（图6.29）、[55]任颐的《古彝花卉图》、王礼的《博古花卉图》（图6.30）、吴湖帆的《博古扇》（图6.31）、黄士陵的《效父彝全形》（图6.32）、陈师曾的《秋斋清供》（图6.33）等都是例证，这类材料几乎多到无法枚举。

在前述人物中，黄士陵特别值得一提。黄士陵的行踪与经历颇似六舟上人，与晚清最重要的金石学家都有交往，其眼界与见识非一般拓工所能比拟。黄士陵能得到金石学家的赏识，是因为他擅长治印。黄士陵早年（二十八岁左右）曾在南昌出版了《心经印谱》，之后不断引起学者的注意，并得到赏识和引荐。光绪十一年（1885），黄士陵入北京国子监求学，其间得识盛昱、

【55】黄士陵绘《彝器全形四条屏·周史颂鼎》，其余三条为"周晋姜鼎""商祖乙甗""周宋公·钟"，参考《吉金留影——青铜器全形摹拓拐存》，上海书画出版社，2014年，第214-215页。

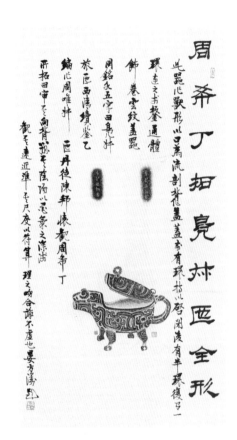

6.27 周希丁拓《兔叔匜全形拓》，
纵 135cm，横 68.5cm

6.28 赵之谦《花果》，纵 132cm，横 65cm

私人收藏，

款署：同治八年九月之谦为练溪五兄同年补花果两种，

钤印：赵之谦印（白），金石刻画臣能为（朱）

6.29 黄士陵绘《彝器全形四条屏·周史颂鼎》，纵107cm，横31cm，私人收藏

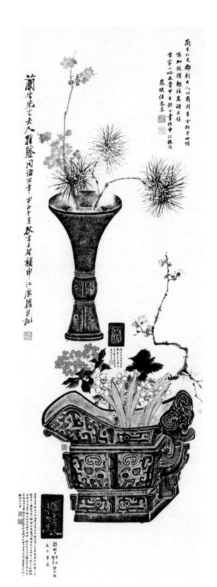

6.30 王礼绘曹秋舫藏器《博古花卉图》，纵128.5cm，横44cm

6.31 吴湖帆《博古扇》，
私人收藏

王懿荣、吴大澂诸人。其后张之洞、吴大澂设广雅书局，黄士陵遂参与广雅书局校书堂事务，广雅书局印刻的书籍，扉页篆书多出自黄士陵手笔。在晚清，黄士陵是一位典型的"游幕"文人，除了替盛昱摹宋本《石鼓文》、协助吴大澂编辑《十六金符斋印谱》，黄士陵还曾入端方幕府，做过《陶斋吉金录》《陶斋藏石记》的编辑工作。这些经历让黄士陵与古器物结下了难解之缘，也是他长期绘制博古图画的重要动力。

　　黄士陵值得一提，是因为他能将"新学"与"古物"汇为一体，这一点恰好体现了晚清时期"古今中西"纷纭错杂的历史与艺术气息。《国粹学报》创刊后，曾开设"博物图画"专栏，蔡守（哲夫）曾画过大批"博物图画"。这种博物图画附属于新出现的"博物学"，是为各类动植物标本绘制插图，并附上说明文字。黄士陵同样热衷于"博物图画"，并且辅以古器物图像，的确别具一格。他有一幅《曼陀罗花》（图6.34），画面是一枚古铜卣，后面补绘一枝曼陀罗花，画面题跋很有意思："曼陀罗花又名闹阳花，粤地遍野皆是，食之，令人闷倒。"

　　他的博古画不是在拓片上创作，而是直接手绘。其风格和早年齐白石一样，是中西杂糅的民间手法，是细腻的写实风格，或者说是粗糙的"郎世宁风格"。在居留南昌时期，黄士陵曾寄居于胞弟厚甫的"澄秋馆"，厚甫专以擦笔画像驰名南昌，[56]黄士陵的风格极有可能得自于此。黄士陵的篆刻，刀法挺拔不俗，绘画则全取西法，喜欢渲染，两者在品位上完全不一致。

---

【56】傅抱石：《关于印人黄牧父》，载《傅抱石美术文集》，上海古籍出版社，2003年。另外，马国权：《晚清印坛巨擘黄牧甫》（载《看似寻常最奇崛——黄士陵篆刻书画艺术》，人民美术出版社，2001年），陈滢：《岭南1368-1949花鸟画流变》（上海古籍出版社，2004年），也可供我们参考。

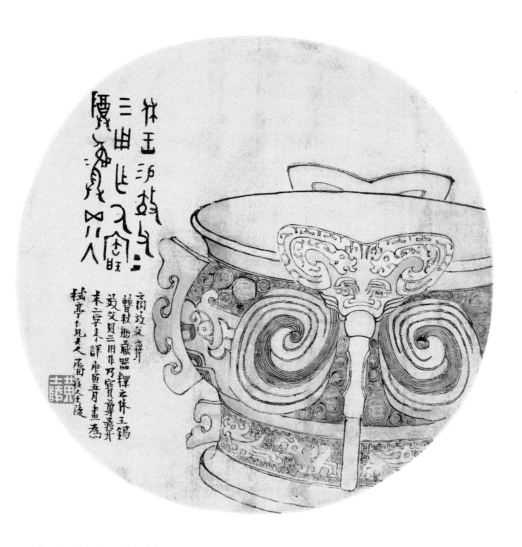

6.32 黄士陵绘《效父彝全形》，直径26cm

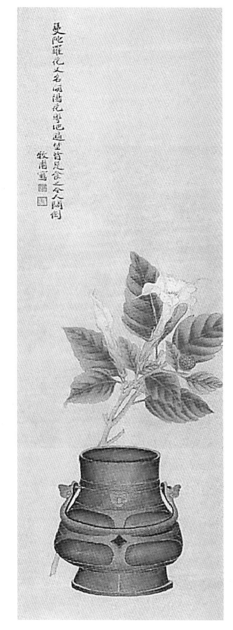

6.34 黄士陵《曼陀罗花》，纵 110.5cm，横 33cm，私人收藏

6.33 陈师曾《秋斋清供》，无纪年，纵 127cm，横 33cm，中国美术馆藏

2012年6月，宝鸡市石鼓山西周贵族墓葬出土的青铜禁

王伟佳摄于"周野鹿鸣：宝鸡石鼓山西周贵族墓地出土青铜器展"，2014年11月，上海博物馆

# 第七章　　端方旧藏柉禁的称谓及图像记录方式

　　端方旧藏柉禁，1901 年出土于陕西斗鸡台，1924 年经福开森之手转售美国大都会博物馆，并一直保存至今。端方旧藏柉禁一直是学术界关注的热点，在 20 世纪之前，从未有实物形态的禁出土，所有关于禁的讨论都局限在经学的范畴之内。端方旧藏柉禁出土之后，学者对禁有了新的认识，而"柉禁"这一称谓也不断引起争论，容庚、扬之水就先后对柉禁的提法提出了质疑。2012 年 6 月 22 日，宝鸡市渭滨区石鼓镇石咀头村西周贵族墓又发现了一件青铜禁（图 7.1），大小几乎和端方旧藏柉禁相同，且禁面上的器物陈设也颇多类似之处，这件新出铜禁再次引起了我们对端方旧藏的兴趣。

　　名物考释和图像记录是古代金石学家著录古器物的两种基本手段，西方照相术传入中国后，金石学家开始用新方法保存古物图像，其间也出现了一些有趣的问题。端方旧藏柉禁组器共十四件，但在转入大都会博物馆之后，却变成了二十件，多出了六枚铜杓，梅原末治（Umehara Sueji, 1893-1983）在 1933 年的著作中就有这样一帧照片。[1]

　　目前已知的青铜禁共有六件，分别藏于美国纽约大都会博物馆、日本大阪历史博物馆、天津博物馆、河南省博物馆、湖北省博物馆、陕西省历史博物馆。其中大都会、天津和陕西的三件青铜禁形制非常接近（图 7.2）。端方旧藏柉禁是近代学术史上一桩公案，其核心问题有两点：第一，柉禁的称谓和实物形态究竟如何？第二，柉禁组器究竟有几件？又是如何陈列的？这些问题唤起了中外学者极大的好奇心。[2]

---

【1】参阅〔日〕梅原末治：《柉禁の考古学的考察》，东方文化学院京都研究所，1933 年。

【2】除了中国学者，西方学者也对柉禁展开了讨论。例如：福开森（John Calvin Ferguson）的《陶斋旧藏古酒器考》（*A Bronze Table, with Accompanying Vessels*）；喜龙仁（Osvald Sirén）1929 年的《早期中国艺术史》（*A History of Early Chinese Art*）也曾讨论过柉禁的出土地点。此外罗越（Max Loehr）等学者也做过讨论。

# 一 柉禁·椇禁

端方旧藏柉禁诸器计十四件，[3]其中青铜禁是第一次出土。柉禁组器也是保存完整的成套礼器。按照礼经的记载，禁有两种形态，一种有足，一种无足。有足者称"禁"，无足者称"椇禁"或"斯禁"。无足者最典型的实物就是端方旧藏柉禁组器，其禁身为长方形台座，长 87.6 厘米、宽 46 厘米、高 18.7 厘米，台面遗留有置放二卣一尊的痕迹。从考古出土的实物来看，禁的材质又分铜和木两种。扬之水的论文《关于椇、禁、案的定名》和湖南省博物馆聂菲的论文《先秦楚系禁及相关问题的研究》，[4]对历年出土的铜禁、木禁有详细的介绍，可供参考。

关于禁的称谓、功用及象征性含义，古代经师曾反复做过解释。如《仪礼·特牲馈食》贾公彦疏云：

> 器本无名，人与作号，椇之与禁，因物立名，是以大夫尊，以厌饫为名，士卑，以禁戒为称，复以有足无足立名，故《礼记》注云："无足有似于椇。"或因名云耳。但经已有椇字，注云世人因者，误，当无世人字也。士曰禁

---

【3】《陶斋吉金录》卷首"柉禁全图"著录器物十三件，后面还附有一枚铜勺，共十四件。

【4】聂菲：《先秦楚系禁及相关问题的研究》，载《湖南省博物馆馆刊》第 2 期，岳麓书社，2005 年，第 274-285 页。

7.2 天津博物馆藏龙纹禁旧影（台湾历史语言研究所藏）

由有足，以《士虞礼》云："尊于室中，两甒醴酒，无禁。"禁由足生名。《礼记》云大夫用棜，士用禁。及《乡饮酒》、《乡射》皆非祭礼，是以虽大夫去足，犹存禁名，至祭则去足名为棜禁，不为神戒也。【5】

在大都会博物馆，端方旧藏柉禁在英文中称为"Ritual Altar Set"，在一般英文学术论文中，这套礼器也被称作"The Tuan Fang Altar Set""The Tuan Fang Sacrificial Table""Tuan Fang ritual wine set"或"Pao-chi bronzes"，这些称谓未能传达汉语称谓中的信息，无法形成讨论。但在汉语表达中，名物训诂的问题就出现了。

在端方的《陶斋吉金录》中，这套礼器被称为"柉禁"，书中有"全图"，著录信息为："右器于光绪辛丑秋陕西凤翔府宝鸡县三十里斗鸡台出土。"【6】端方所藏的禁是前所未有的珍品，但此书对"柉禁"没有任何考证。"柉禁"这一说法可能是错误的，容庚很早就提出了批评意见，他说："《礼器碑》云'笾柉禁壶'，《陶斋吉金录》称柉禁盖本此。然《隶辨》释柉为盌，杯也，不当称禁为柉禁也。"【7】

---

【5】（汉）郑玄注、（唐）贾公彦疏：《仪礼注疏》卷四十六，清阮元刻本。

【6】（清）端方：《陶斋吉金录》卷一，清光绪三十四年（1908）石印本，第1页b。

【7】容庚：《商周彝器通考》（燕京学报专号之十七）（下册），台湾大通书局，1973年，第455-456页。

7.3-1 礼器碑拓片局部：桓筳杈禁

7.3-2《礼器碑》原石，邱清峰摄

桛是古书中记载的一种树，借指木制的碗或杯类容器，关于"桛"字，《正字通》还有更详细的解释，认为是木名，皮可以为索，亦为杯的别名。

桛和禁是两类器物，二者不能合称一物。检查《礼器碑》（图7.3），有这样的文辞："君于是造立礼器，乐之音符，钟磬瑟鼓，雷洗觞觚，爵鹿柤椇，筵桛禁壶，修饰宅庙。"这里出现的器名都是一字一器。而禁也可以和其他器物并称，不能因为和壶组合在一起就叫壶禁，或和觚、爵组合就叫觚禁、爵禁。

另外，承李霏女士提示，端方称自己收藏的组器为桛禁，这或许跟吴云（1811-1883）的考释有关，光绪二十一年（1895），端方见到了吴云考证金石的遗稿，其中有考释"桛禁"一则（见《两罍轩校汉碑录》稿本，图7.4）吴云说："《金石遗闻录》云：'觞觚爵鹿皆酒器。罍者酒器，亦盥酒器。诸品具存庙中，所谓桛禁二器，无之。'云案：桛音凡，《博雅》：'溋，盃也。'《集韵》或作溋、盕。禁是陈酒尊之器，酒必有禁，禁以承尊。名禁者，曰为酒戒也。桛禁，亦犹爵之两柱为禁，目名之为禁，义可知矣。但石存于庙，无以考其形制耳。"【8】

棜、禁则是经书上反复提到的器物。《礼记·礼器》云："有以高为贵者……有以下为贵者……天子诸侯之尊废禁，大夫、士棜、禁。此以下为贵也。"【9】宋聂崇义《新定三礼图》汇集了"棜"的前代名物考释文字，并在《三礼》旧图的基础上制作了"棜""禁"图像（图7.5）。关于"棜、禁"，他是这样解释的：

---

【8】（清）吴云撰、（清）吴大澂校订：《两罍轩校汉碑录》卷四《韩敕修造孔庙礼器碑》，清稿本，中国国家图书馆藏。吴云的见解得自陈奕禧（1648-1709）的《金石遗文录》。

【9】引自孙希旦：《礼记集解》，中华书局，1989年，第640页。

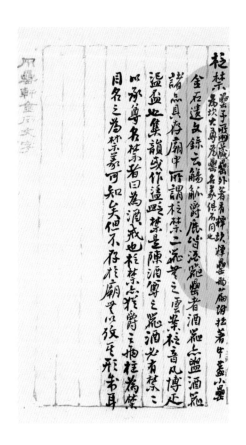

7.4 （清）吴云撰、（清）吴大澂校订：
《两罍轩校汉碑录》卷四《韩敕修造孔庙礼器碑》，
清稿本，中国国家图书馆藏

案《特牲馈食礼》云：棜在其南，实兽于其上，东首。注云：棜之制如今之木舆，上有四周下无足，兽腊也。

《玉藻》云：大夫侧尊用棜。则《特牲》又用承兽矣。

《旧图》云：棜长四尺，广二尺四寸，深五寸。画青云气，菱苕华饰……

《旧图》云：禁长四尺，广二尺四寸，通局足，高三寸，漆赤中，青云气，画菱苕华饰，刻其足为塞帷之形。

《礼器》云：大夫士棜禁。孔疏云"大夫用棜，士用禁"，故《玉藻》云"大夫侧尊用棜，士侧尊用禁"是也。

又郑注《礼器》云"棜，斯禁也。谓之棜者，无足，有似于棜，或因名耳。大夫用斯禁，士用棜禁"，或时得与！大夫通言棜者，以其祭神尚厌饫而已。[10]

---

【10】（宋）聂崇义：《新定三礼图》卷十二，郑振铎《中国古代版画丛刊》影印宋淳熙二年（1175）镇江府学刻公文纸印本。

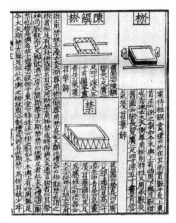

7.5 《新定三礼图》中的禁

7.6 彼得·勃鲁盖尔（Bruegel Pieter，约 1525-1569）《农民的婚礼》，1568 年，木板油画，114cm×164cm，奥地利维也纳艺术史博物馆藏

在现代考古学出现之前，聂崇义的解释一直为学者沿用，而容庚在《商周彝器通考》中关于禁的信息也和聂崇义的解释多有重合。结合前引文献，可以有这样判断，古代经师对栒大概有如下认识：1. 栒的形状近似大木舆，无足；2. 栒取义（音）于饫，有鉴戒之意，如禁有禁戒之意一样；3. 禁有足，但无足之栒亦可称禁，或栒禁。

栒既可称栒禁，也可称铜栒，端方本人在其他场合就用"铜栒"称呼这套礼器。而桸却不能称铜桸，因为"经已有栒字"而无"桸"字。

扬之水在《关于栒、禁、案的定名》[11]《古典的记忆——两周家具概说（下）》[12]这两篇文章中提到，栒在汉代社会生活中已经不存在，因此，郑玄作注的时候用形状相似的板舆做了形象的说明。[13]其实，宋人聂崇义《新定三礼图》中"栒"的图像也是板舆这一类型。扬之水从武氏祠画像石中选了板舆图像，非常具有说服力，也非常有趣。尼德兰画家老勃鲁盖尔《农民的婚礼》中，也有类似一件器物（图 7.6），可能接近我们先民日常生活中的"栒"。如同木杯、木碗、木酒器一样，木质的栒这一类器物易朽，大多不能保存，留存下来的就是用作固定陈设的礼器"栒禁"，即各种青铜方形或长方形器座。

---

【11】扬之水：《关于栒、禁、案的定名》，《中国历史文物》，2007 年第 4 期，第 2、49-55、97 页。

【12】扬之水：《古典的记忆——两周家具概说（下）》，《紫禁城》，2010 年第 6 期，第 54-63 页。

【13】扬之水：《关于栒、禁、案的定名》，第 49-50 页。

上述分析会引发一个疑问：端方旧藏柉禁还能叫"柉禁"吗？正如贾公彦所云："器本无名，人与作号。"自端方以后，柉禁基本上成为一个约定的称谓，为学者和大众所接受，中央电视台制作的节目《中华国宝海外大巡礼——美国篇·青铜柉禁》就是一个例子，学者也依然沿用"柉禁"的称谓，对于这样的情况，心知其意就好，不必过度纠结。再者，柉禁也可以理解为是禁和杯类器物的合称，柉禁泛指这一组礼器，就像端方也曾使用"铜栿"指代他所收藏的这组礼器一样，这也是可以接受的。

## 二 几种图像记录方式

### 1. 版刻

《陶斋吉金录》为柉禁制作了版刻图像，在旧金石学家那里，这是最普遍的一种图像记录和传播方式，[14]宋人吕大临的《考古图》、佚名《续考古图》、宋徽宗敕编《宣和博古图》是后世金石学家著录古器物的范本，这种方法一直沿用到晚清。在乾隆时期，这种古器物全形木版制图法还沿用于碑学，如古碑、摩崖的缩刻图，牛运震（1706-1758）、褚峻的《空山堂金石图》（图7.7）就是例子。此书首开缩刻碑碣全形之先河，其用意不是单纯保留点画，而是再现碑刻的整体形态，这是古物图形制作技术以及鉴赏趣味转移的重要标志。冯云鹏、冯云鹓的《金石索》在著录古碑时也采用了《空山堂金石图》的做法。王原祁玄孙王子若（1788-1841），是牛运震的继起者，他缩刻的百汉碑也是金石学史上著名的例子。[15]道光年间他为南昌万承纪摹刻的《百汉碑砚》（图7.8），或晚晴民国时期的《丁辅之跋汉碑六钟》（见于2014年北京翰海秋拍，图7.9），均可视为这一传统的延续。缩刻古碑，重现了吕大临所言"观其器、诵其言"的传统，改变了吴门文人以册页装池碑拓的做法，其意义在于"读图"而非"读书"。

---

【14】端方在此书序言中称："古无著录吉金专书，有之，自两宋始。皇祐始命太常抚历代器款为图……薛王之书，第句摹文字，考古、博古图则兼绘器形者也。本朝乾隆中命儒臣编《西清古鉴》《西清续鉴》《宁寿古鉴》三书。"

【15】参阅（清）万廉山藏并编、（清）王应绶缩摹《百汉碑研斋缩本各种汉碑》，光绪十八年（1892）石印本；以及《王子若摹刻砚史手牍》，文物出版社1962年版，或中国美术学院出版社2000年版。

7.7-1 《空山堂金石图》书影，清抄本，兖州图书馆藏

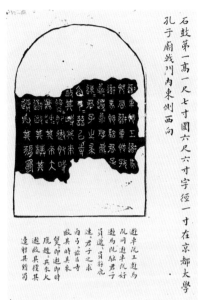

7.7-2 《空山堂金石图》内页，"石鼓文第一"

　　《陶斋吉金录》在编辑图录时采用的还是《宣和博古图》这种一图一文体例。卷首"柉禁全图"（图7.10）著录器物十三件：柉禁、鼎卣一、鼎卣二（铜杓附）、鼎尊、父乙盉、子扫帚斝、牺形爵、祖癸角、妣己觚、亚形妣己觯（即卷三之立旗觯）、父甲觯、父乙尊（觯）、雷纹觯。除此之外，书中还为柉禁制作了分图（其中无亚形妣己觯）。铭文用拓本，全书为石印本，可能是照相影印法印制。绘图者为管琳、黄廷荣（黄士陵长子）。如《陶斋吉金录》所称："是书之作，商订体例者，义州李葆恂、即墨黄君复、丹徒陈庆年。绘图者，丹徒管琳、歙县黄廷荣。整理辑录，则三河郝万亮致力最勤。"【16】

　　有趣的是，柉禁全图中所有的器物均陈列于铜禁之上，尽可能地展示了禁的功能，贴近实物出土时的面貌。在鼎卣分图（铜杓附）中就有详细的说明："右连基通高一尺九寸四分，口径长五寸五分，阔三寸八分。腹径长八寸二分，阔六寸九分。基高四寸，径九寸二分。铜勺出土时即在此卣之内，故附图卣旁。"【17】

---

【16】（清）端方：《陶斋吉金录》叙，清光绪三十四年（1908）石印本，第5页b。

【17】《陶斋吉金录》卷一，第5页a。

7.8 《百汉碑砚拓》

7.9 《丁辅之跋汉碑六种》纸本单页

7.10 柉禁全图

在进入大都会博物馆后，这些组合做了调整，斝、盉，还有两件觯都从禁上取下，摆放在展台上。铜杓横陈在尊的前面。《陶斋吉金录》杭禁全图中，可见的器物共十三件，但在大都会的摆法中，共有十四件器物，比前者多了一枚铜杓。1924年，就在杭禁流入大都会博物馆那一年，莱茨就对此做了介绍，[18]并在论文中提供了图片（图7.11）。后来，这些摆法又出现了调整，禁台上仅摆放了五件酒器，更接近今天的展位（图7.12）。

这里有一个细节，《陶斋吉金录》杭禁全图的摆法可能是错误的，这些酒器不可能全部都陈列在禁台上。华觉明在《端方杭禁诸器的工艺考察》一文中说：

> 从器物形制、纹饰和铸作技法来看，杭禁诸器应是晚商至西周早期的作品，这也是多数学者的判断。但很明显的，它们绝非同一年代所作，来源也不一定相同。关于其器群关系，目前只有遗留于禁面、因长期放置而形成的器物痕迹可作为判断的依据。它表明原先和杭禁同组的应有卣（24、72、2）、觯（24、72、11）、尊（24、72、4）、觯（24、72、12）和卣（24、72、3）这5件。如上文所述，斝（24、72、7）显然不能和杭禁、卣、尊等器配伍。觯（24、72、6）、觯（24、72、14）、觚（24、72、10）均为圈足器，在禁面上都未见其器痕，亦不得与列。爵（24、72、9）和角（24、72、13）为三足器，很难留下器痕，和杭禁是否属于同一器组可以存疑。[19]

他认为，端方杭禁组器可能出于同一墓葬，但并不全和杭禁有关系。所以，《陶斋吉金录》中的杭禁全图是不妥当的。这个细节恰好反映了旧金石学家和现代考古学家的区别。

而关于杭禁诸器的断代问题，李济则认为，尽管不同的器物都有各自的年代：角是早商器，觚和觯是商器，尊、壶、斝、卣是西周早期器，但是，墓葬中出现前代器物极为正常。他以安阳侯家庄第1022号殷代大墓为例，指出即便在殷商墓葬中，这种现象也经常出现（图7.13）。此外，他还以"父乙尊（觯）"为例，谈到器物制作还存在一个地方传统，不能简单地进行断代。他认为杭禁诸器为一组完整礼器，这也是有可能的。

---

【18】莱茨（S.C. Bosch-Reitz），*The Tuan Fang Sacrificial Table*, The Metropolitan Museum of Art Bulletin, Vol. 19, No. 4 (Apr., 1924), pp. 141-144.

【19】华觉明、萧惠芳：《端方杭禁诸器的工艺考察》，《东南文化》，2003年第3期，第88页。

7.11　莱茨论文中的柉禁图片，1924 年

7.12　美国大都会博物馆 1924 年柉禁展览图片，禁台上只有五件器物

7.13 河南安阳侯家庄第 1022 号殷代大墓出土的礼器

端方杩禁进入大都会博物馆后，排列顺序做过几次调整，每次都留下了不同的图像和耐人寻味的故事（图7.14、图7.15）。[20] 人们总是想尽办法接近历史的真相，揣摩古人的心意。可是，当古人并不按照规则行事的时候，那又该如何呢？

### 2. 全形拓和集拓

在得到端方旧藏杩禁后，福开森曾制作了整套拓片，辑成《陶斋旧藏古禁全器》，并作《陶斋旧藏古酒器考》。全书由郑孝胥题鉴，影印出版。这套书有中英文两种版本，北京大学图书馆的中文版为民国十三年（1924）北京石印本，包括拓纸二十九页及《陶斋旧藏古酒器考》一册（图7.16）。关于这批材料，福开森在《陶斋旧藏古酒器考》中说：

一九一一年秋革命军起，端方死于四川，遗产皆在北京，其后人以贫故不能守，稍稍货其古器物以自给。近年贫益甚，遂以此二十器，归于我国纽约中央博物馆，此一九二四年春事也。端方所著《匋斋吉金录》于器之形制、尺寸记之特详，而于其名物，未有详确之记载，犹不免有遗憾。

端方所藏的杩禁意义重大，这是前所未有的珍品，但端方在《陶斋吉金录》中并未给出任何说明或考证。为之详细著录和考释的正是福开森。哈佛大学艺术博物馆 1925 年的年度报告中恰好记录了这件事，称福开森向大都

---

【20】华觉明认为即便是现在的排列方式，仍有未妥之处，正确的排法是："应将卣和尊之间的雷文觯放在卣和尊之间，撤去在此位置的亚形妣己觯，代之以禁左侧的觯，才与禁面器物痕迹相符。杓也可和禁一起陈列，因为它本身是和卣或尊配套使用的。"出处同上，第 89 页。

7.14 柉禁组器照片

7.15 笔者于 2011 年在美国大都会博物馆拍摄的柉禁组器

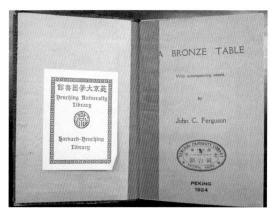

7.16 《陶斋旧藏古酒器考》书影，吴砚武摄

会博物馆提供十二幅柉禁及酒器拓片，还有本人撰写的一本说明册。[21]

福开森将柉禁组器逐一摹拓打印，这种处理方法是"全形拓"。这种技法大约兴起于清嘉庆年间。最早的全形拓"不用整纸，只是将器身、耳、足分拓，然后用笔蘸清水，将余纸撕划而去，最后按图稿的要求把各个部分拼贴在一张纸上"。[22]在全形拓技术中，有一类更为精微，即全角拓，或称立体拓、器形拓、图形拓，拓工会结合素描、绘画、传拓、剪纸，在拓纸上传达出立体的器物图像。全角拓的制作方法大约有三种：一，分纸拓，先拓局部，而后拼贴成整器图形。二，整纸拓，经多次挪移，将全器拓在一张纸上。三，翻刻拓，是将器物图形及花纹先刻在木或石版上，然后拓印。[23]

宋代以来，《考古图》《续考古图》《宣和博古图》一直是图谱类金石书的样本，青铜器器形摹绘、版刻技术直接影响了图书的品质。而全角拓技术出现之后，古器物的图像记录方式又出现了重要变化，图像和器物等大，花纹更为清晰、准确，避免了缩刻图形时的失真现象。近代以来，随着西洋石印、珂罗版印刷、照相印刷的兴起，拓本古器物图也可以像版刻书籍一样反复印刷，进而成为金石学图录的一种重要形态，[24]如《梦林馆吉金图识》（1910）、《澂秋馆吉金图》（1930）就是很好的例子。

---

【21】福开森指出，禁上陈列物当是尊和卣，爵等都放在另外的筐内。大都会博物馆就是按这一方式陈列。
Edward. W. Forbes, *Report of the Fogg Art Museum*, 1925-26, p. 271, Published by: The President and Fellows of Harvard College on behalf of the Harvard Art Museum.

【22】《中国大百科全书》（《文物·博物馆卷》）传拓条。

【23】陈昭容、黄铭崇、袁国华：《傅斯年图书馆藏铜器全形拓》，《古今论衡》第3期，台湾历史语言研究所，1999年，第159-170页。

【24】用照相制版术印刷古器物拓片，这是晚清金石学著录书的一个重要形态。照相铜锌版是照相术应用于印刷制版之产物，由法国人稽禄脱（M.Cillot）发明于1855年，19世纪末传入中国。中国的照相制版术，始于上海江南制造局。该局印书处曾于19世纪末试制照相铜锌版，用以印刷广方言书馆出版的图书。光绪二十七年（1901），上海徐家汇土山湾印刷所的蔡相公、范神父和安相公继夏相公之后试制照相铜锌版成功，并传授给华人顾掌全、许康德（进才）。参阅洪荣华、张子谦主编：《装订源流和补遗》，中国书籍出版社，1993年，第376页。

　　全形拓适合表现单个器物，如果多件器物组合在一起进行传拓，这就出现了所谓的"集拓"。柉禁是一组完整的礼器，端方除了在《陶斋吉金录》中制作了柉禁全图，还另外制作了柉禁集拓。广东省立中山图书馆就藏有一纸柉禁集拓（图 7.17），题跋为："铜柉拓奉菊泉先生鉴。端方。"不过，细查这件拓片，应该是一件木板翻刻拓。类似事情端方也做过多次，比如他曾请人用水泥或木板制版，复制了一大批古埃及石刻拓片送人，这样的物品在拍卖会上多次出现。

　　3. 照相术

　　照相术于 1840 年前后传入我国，端方本人就是一个摄影爱好者。[25]在得到斗鸡台柉禁后，端方曾汇聚僚友，专门拍摄了一帧照片留念。正如今天的三维文物影像处理技术一样，照相术的出现也为清末民初的古物学家带来了全新的视觉经验，也提供了全新的图像记录手段（图 7.18）。

　　最早使用照相术制作古器物图像的是陈介祺，光绪元年，他在致吴大澂的一封书札中就专门提到，自己的表弟曾习得西人照相法："兹有表弟谭雨帆，名相绅，旧在潘世兄霨署中习得西人照法，以其法形似而不大雅，故不

【25】刘禺生《世载堂杂忆》记载："端方考察自欧美返，常语人曰：'欧美立宪真是军民一体，毫无隔阂，无论君主、大总统，报馆访士，皆可随时照相，真法制精神也，中国宜师其意。'"刘禺生：《世载堂杂忆》，钱实甫点校，中华书局，1960 年（2006 年重印），第 102 页。慈禧葬礼期间，端方正是因为安排人员"随时照相"而获罪免职。

7.18 《陶斋玩古图》

取。后见其照山水树木得迎面法，于凡画稿皆有神，照碑帖则近雅而未甚古
也。今试令照三代文字拓及器量图，乃至佳，虽缩小而能不失其真，且似字
之在范经铸者，浑朴自然，字虽小而难刻，然上海刻工或能之。器外象形文
虽不能甚晰，有拓本相较，亦易审。有一图及图拓，虽不见器亦可成书，且
可将难得之拓印传之，是法乃为有益于中国艺文之事矣。"【26】

照相术为古物学家提供了便利，但是它也可能制造出新的麻烦。前文提
到，1933年，日本学者梅原末治写出了《柉禁の考古学的考察》，文中提
供了一张照片，显示柉禁共二十器。除了原有十四器，又增加了六件，全部
为铜杓。这些铜杓结为一束，垂直安放在尊内。【27】关于这六件铜杓的来历，
据福开森说是原来发现柉禁的人第二次转售端方。但问题是：虽然售卖者是
同一人，但柉禁组器和这六枚铜杓未必出于同一墓葬。而且，在《陶斋吉金

【26】光绪元年正月二十六日，陈介祺致吴大澂书札。引自（清）陈介祺：《簠斋鉴古与传古》，陈继揆整理，文
物出版社，2004年，第78-79页。

【27】李济：《端方柉禁诸器的再检讨》，张光直译，载《李济考古学论文选集》，文物出版社，1990年，第765-
787页（Li Chi. "The Tuan Fang Altar Set Reexamined," *Metropolitan Museum Journal*, Vol. 3 (1970). New York:
Metropolitan Museum of Art）。

录》柉禁分图"鼎卣二"中仅附有一枚铜杓,并注明这是出土时的原状。

柉禁二十器的说法是出自福开森,他在《陶斋旧藏古酒器考》中说,柉禁为有史以来首次发现之禁。后又出土觯一、枘六(即《陶斋吉金录》卷三"立旗觯""铜杓"),共二十器。

翻检柉禁全图,其中共有四件觯形器,但在分图中却只记录了三件觯形器。这有两种可能,一是遗漏,二是卷三中的立旗觯(张光直著录卡片称亚形妊己觯)被移至全图中。《陶斋吉金录》的图像著录是有瑕疵的,也给福开森留下了很大的解释空间。如果往深处讲,这也是传统金石著录书的一个通病,即很少准确地记录出土时间和地点,著录书更像是财物清单。

六枚铜杓就更为可疑,因为这六件器物并非挹酒器,它们无法和柉禁中的成套酒器形成组合。在梅原末治的照片中,六枚铜杓被放在尊内。李济先生含蓄地评论说:"这些杓子直着放在尊形器内;仅柄部的末端在照片里看得见。我们无法将各个不同照片中所见杓柄的确实数目一一核对,但据梅原的文字说明一共有六个。"[28]

目前,学者们基本认定端方旧藏柉禁为十四器,大都会博物馆虽然收藏了那六枚铜杓,但并未予以展列。梅原末治的照片让人联想到一件有趣的事,在著录古器物的时候,照相机可能更会说谎。

---

【28】李济:《端方柉禁诸器的再检讨》,张光直译,载《李济考古学论文选集》,第767页。

# 后 记

历史有如窗外的风景，远远地在那里，而我们只能以自己的方式感受她、理解她、欣赏她。文献和各类图像资料就是构成历史风景的元素，看得见的材料和看不见的、想象中的"存在"组合在一起，共同构成了一道模糊的风景。我们理解空间、理解现实世界的方式，和我们理解时间、理解过往世界的方式是一致的。

本书的题目《悦古》，即取义于此，风景和历史一样，都是独立的存在，可以看见，可以感知，但她却不依从于任何人。只有通过特殊的历史感官，比如图像，我们才可以形成鲜活的历史感，捕捉到比所有文字描述、所有内心想象都更清晰的画面，这是一种令人愉悦甚至是心悸的体验。

在中国人的历史想象中，古器物，特别是各类古礼器就扮演了这样一种角色，围绕古物而生成的各类图像，各种"影子的影子"则为普通人提供了感知和玩味历史的道具。因为这些元素的存在，历史即可用于教化，同时也变得令人喜悦，或感伤。

以上言语，是书稿完成后的一点感想，献给诸位读者，表示感谢。

孔令伟

2019 年冬杪于杭州蜕言堂

# 图版目录

## 扉页图片

《钟馗得鼎图》，纸本立轴，纵 119cm，横 51.5cm，秦毓麒作于光绪己卯
　　年（1879），私人收藏。

## 各章章首图片

第一章

（宋）赵佶《瑞鹤图卷》局部，绢本设色，纵 51cm，横 138.2cm，辽宁省
　　博物馆藏。

第二章

聂崇义《新定三礼图》中的礼器图形，采自郑振铎《中国古代版画丛刊》影
　　印宋淳熙二年镇江府学刻公文纸印本。

第三章

（清）乾隆《范金作则图册》。

第四章

（宋）佚名《牡丹图》，绢本设色，纵 80.3cm，横 81.7cm，日本智恩院藏，
　　采自《宋画全集》第七卷第二册。

第五章

（清）萧晨《东坡博古图》。扇面，纸本设色，纵 18cm，横 51.6cm，故宫
　　博物院藏。

第六章

姚华颖拓"埃及古刻"，图片采自贾双喜《传拓与传拓技法答问》，国家图
　　书馆出版社，2010 年 9 月，第 136 页。

第七章

2012 年 6 月，宝鸡市石鼓山西周贵族墓葬出土的青铜禁。王伟佳摄于"周
　　野鹿鸣——宝鸡石鼓山西周贵族墓地出土青铜器展"，2014 年 11 月，
　　上海博物馆。

## 第一章

*1.1* 《神兽守鼎图》局部，东汉，1958 年江苏睢宁县九女墩汉墓出土，徐州汉画像石艺术馆北馆藏石，常宏摄影。

*1.2* 《神兽守鼎图》局部。

*1.3* 宋汝窑凫尊，采自（明）项元汴《历代名瓷图谱》英译本 *Chinese Porcelain*，浙江人民美术出版社，2016 年。

*1.4* 慧能像，采自《仙佛奇踪》明万历刻本，李峰供图。

*1.5-1* 八大山人答鹿村先生手札。

*1.5-2* 十竹斋笺谱·博古图案。

*1.6* 明《缂丝浑仪博古图》，纵 138cm，横 44.8cm，辽宁省博物馆藏，图片由董宝厚先生提供。

## 第二章

*2.1* （晋）王羲之《汉时讲堂帖》，纸本墨拓，6 行 49 字。《十七帖》丛帖第二十一通尺牍，《宣和书谱》作《讲堂帖》。

*2.2* （1-2）河南偃师唐恭陵哀皇后墓出土的陶土爵、山尊、牺尊、簠簋。爵是背负杯盏的雀，山尊是绘有山水图案的陶罐，牺尊是绘有牛形的陶罐，簠簋则是有龟形纽盖的陶罐。山尊图片由李星明先生拍摄惠赠。牺尊、陶土爵、簠簋采自谢明良：《记唐恭陵哀皇后墓出土的陶器》，《故宫文物月刊》，2006 年第 6 期（第 279 期），第 69-70 页。唐恭陵哀皇后墓的相关信息及谢明良先生的论文均得之于郑岩教授。

*2.2-3* 牺尊。

*2.2-4* 山尊。

*2.3-1* （宋）聂崇义集注《新定三礼图》"黄彝"，清康熙十二年通志堂刊本。

*2.3-2* （宋）杨甲撰《六经图考》"黄目"，清康熙元年礼耕堂重订本。

*2.3-3* （南宋）马和之《周颂·清庙之什图·我将》局部，辽宁省博物馆藏。

*2.4* 夔纹甗，西周晚期，采自曹玮主编《周原出土青铜器》（第 5 册），巴蜀书社，2005 年，第 993 页。

*2.5-1* 商晚期方觚局部，德国科隆艺术博物馆藏。Foto：Rheinisches Bildarchiv Köln，陈磊先生提供。

*2.5-2* 兽面纹觚，殷墟早期，采自《故宫商代青铜礼器图录》，台北故宫博物院，

1998 年，第 245 页。

*2.5-3* 兽面纹觚（局部）。

*2.5-4* 镂空目雷纹觚，西周早期，1976 年扶风县庄白村一号窖藏，图片采自《周原出土青铜器》（第 3 册），第 587 页。

*2.5-5* 目纹觚，西周早期，1976 年扶风县庄白村一号窖藏，图片采自《周原出土青铜器》（第 3 册），第 591 页。

*2.6* 台西 M35 平面图，采自何毓灵、马春梅：《试论妇好墓"铜尺形器"的功用——兼谈商周青铜爵、觚的使用》，《文物》，2016 年第 12 期，第 54 页。

*2.7-1* 内史亳同，采自吴镇烽：《内史亳丰同的初步研究》，《考古与文物》，2010 年第 2 期，封三。

*2.7-2* 内史亳同铭文拓片。

*2.8-1* 何尊，西周早期，采自张天恩主编《陕西金文集成》第七集，三秦出版社，2016 年，第 99 页。

*2.8-2* 何尊铭文拓片。

*2.9*（1-2）"祖丁彝"及释文，采自《亦政堂重修考古图》卷四，（宋）吕大临撰，清乾隆十七年（1752）黄氏亦政堂校刊本，第 22 页 a、b。

*2.10* 父乙觚，西周早期，采自曹玮主编《周原出土青铜器》第 3 册，第 584 页。

*2.11*《女孝经图》（事姑舅章）（局部），南宋，无款，绢本设色，纵 43.8cm，横 68.7cm，故宫博物院藏。

*2.12* "牛鼎"，采自《亦政堂重修考古图》卷一，第 15 页 a。

*2.13* 政和牛鼎，高 50cm，口径 52cm，河北博物馆藏。

*2.14*（传）刘松年《博古图》，纵 32.4cm，横 29.9cm，载《集古名绘》册，台北故宫博物院藏。采自何传馨主编《故宫书画图录》第 29 册，2010 年，第 278 页。

*2.15*（1-3）三件"周兽足鼎"，采自《泊如斋重修宣和博古图录》卷四，（宋）王黼等撰，明万历十六年（1588）泊如斋刻本，第 31 页 a 至 32 页 a。

*2.16-1、2.16-2* "周晋姜鼎"铭文、图形，采自《泊如斋重修宣和博古图录》卷二，第 6 页 a、b。

*2.16-3、2.16-4* "周晋姜鼎"铭文、图形，采自《亦政堂重修考古图》卷一，第 6 页 a 至第 7 页 a。

*2.16-5* "周晋姜鼎"及铭文，选自（清）梁诗正等编《西清古鉴》卷二，清

*4.6*（明）陆治《瓶花图》，纵 64cm，横 32.5cm，私人藏。

*4.7*（明）陈栝《平安瑞莲图》，纵 90.40cm，横 46.40cm，南京博物院藏。

*4.8*（明）陈淳《花觚牡丹图》，纵 135.6cm，横 48cm，广州美术馆藏。

*4.9* 唐《芦雁牡丹图》，1991 年北京海淀八里庄王公淑墓出土，海淀区博物馆藏。

*4.10*（唐）周昉《簪花仕女图》局部。

*4.11*（南宋）佚名《牡丹图》纨扇页。

*4.12* 南宋《折枝花卉四段》卷。

*4.13* 明宣宗《壶中富贵图》轴，纵 110.5cm，横 54.4cm，台北故宫博物院藏。

*4.14* 乾隆十二年（1747），余省奉敕画《二十四番花信风·谷雨一候牡丹》，纵 62.8cm，横 42.2cm，台北故宫博物院藏。

*4.15*（明）陶成《岁朝图》，纵 109cm，横 48cm，台北故宫博物院藏。

*4.16*（明）陆治《天中佳卉》，程十发先生旧藏，上海中国画院藏。

*4.17*（明）孙克弘《太平春色》，绢本，纵 131cm，横 63.4cm，台北故宫博物院藏。

*4.18*（明）边文进《岁朝图》，纸本，纵 108cm，横 46.1cm，台北故宫博物院藏。

*4.19*（清）王时敏《端午图轴》，纸本，纵 100.8cm，横 40.1cm，故宫博物院藏。

*4.20-1*（明）陈洪绶《碧璃瓶花图》，纵 175cm，横 98.5cm，大英博物馆藏，采自《陈洪绶全集》第 1 册，天津人民美术出版社，2012 年。

*4.20-2*《碧璃瓶花图》（局部）。

*4.21*“寓五本”《吴兴西厢记图·邀谢》，明崇祯十三年，吴兴闵寓五氏刊印，德国科隆东方艺术博物馆藏，董捷先生供图。

## 第五章

*5.1*（明）佚名《博古图》，绢本设色，纵 173cm，横 94.5cm。

*5.2*（传）李公麟《西园雅集图》局部。

*5.3*（明）佚名《西园雅集图》局部，绢本设色，纵 42.5cm，横 242.8cm。

*5.4*（传）刘松年《松荫博古图》，绢本设色立轴，纵 128.3cm，横 56.6cm，台北故宫博物院藏。

荣宝斋（上海）2011 首场艺术品拍卖会，采自《吉金留影——青铜器全形摹拓捃存》，上海书画出版社，2014 年，第 156 页。

*6.7* 吴昌硕《牡丹图》，76 岁作，采自《吴昌硕のすべて・逝世五十年吴昌硕纪念展》，（日）谦慎书道会编，二玄社，1977 年。

*6.8* 蒲华《博古牡丹图》，1908 年，纸本设色，纵 136.3cm，横 68cm。

*6.9* 《铁道人博古花卉图》，纵 132cm，横 65cm，采自《吉金留影——青铜器全形摹拓捃存》，上海书画出版社，2014 年，第 162 页。

*6.10* 《谯山周鼎图》，清拓本，立轴，纵 138cm，横 78cm，见于北京泰和嘉成 2017 年春季艺术品拍卖会，此鼎为许楗手拓，拍品上有许楗题跋一则。

*6.11* 赵叔孺《焦山周无专鼎拓本牡丹轴》，1935 年，纵 134.7cm，横 65cm。

*6.12* 苏硕人摄"焦山无叀鼎真影"，采自《金石画报》第十号，民国十四年（1925）十二月九日。

*6.13* 无叀鼎，西周晚期，通高 54.2cm，采自吴镇烽编著《商周青铜器铭文暨图像集成》第 5 卷，上海古籍出版社，2012 年，第 346 页。

*6.14* "无叀鼎"铭文，《殷周金文集成》5・2814，采自《殷周金文集成》第 5 册，第 1483 页。

*6.15* 《焦山鼎铭》拓本，明末闽侯徐兴公旧藏，清梁章钜重装。

*6.16* 《谭镳题无叀鼎全形拓》，印鉴：大吉、崇化道人，鉴藏印：必宽敬观、谦受堂藏三代吉金文字，见于上海朵云轩 2010 年秋季艺术品拍卖会。

*6.17-1* "善夫山鼎"铭文，采自《陕西金文集成》第 9 集，第 127 页。

*6.17-2* "善夫山鼎"鼎腹照片，采自《陕西金文集成》第 9 集，第 126、125 页。

*6.18* 丁辅之《鼎盛图》，纵 121.5cm，横 54.5cm，庚辰（1940）作，钤印：鹤庐六十后作、丁辅之大富贵乐长年，焦山鹤洲手拓。题识：声声爆竹喧，除夜醉初醒，画幅献岁朝，梅枝插古鼎。庚辰元日古杭梅东里民丁辅之，写于海上守寒巢。见于中国嘉德 2013 春季艺术品拍卖会。

*6.19* 《褚德彝题无叀鼎全形拓》，纵 126cm，横 61.5cm，采自《吉金留影——青铜器全形摹拓捃存》，上海书画出版社，2014 年，第 182 页。

*6.20* 陈师曾《博古三清图》，纵 40.5cm，横 120cm，荣宝斋藏。

*6.21* 马起凤拓《周鲁侯角全形》，北京泰和嘉成收藏品，见于 2013 年春季艺术品拍卖会。

## 第七章

*7.4*（清）吴云撰、（清）吴大澂校订：《两罍轩校汉碑录》卷四《韩勑修造孔庙礼器碑》，清稿本，中国国家图书馆藏。

*7.5*《新定三礼图》中的禁，采自郑振铎《中国古代版画丛刊》影印宋淳熙二年镇江府学刻公文纸印本。

*7.6* 彼得·勃鲁盖尔（Bruegel Pieter, 约 1525-1569）《农民的婚礼》，1568 年，木板油画，114cm × 164cm，奥地利维也纳艺术史博物馆藏。

*7.7-1*《空山堂金石图》书影，清抄本，兖州图书馆藏。

*7.7-2*《空山堂金石图》内页，“石鼓文第一”。

*7.8*《百汉碑砚拓》，见于西泠印社拍卖有限公司 2018 年春季拍卖会。

*7.9*《丁辅之跋汉碑六种》纸本单页，见于北京翰海 2014 秋季拍卖会。

*7.10* 柉禁全图，采自端方：《陶斋吉金录》，清光绪三十四年（1908）石印本，中国国家图书馆藏。

*7.11* 莱茨论文中的柉禁图片，1924 年。

*7.12* 美国大都会艺术博物馆 1924 年柉禁展览图片，禁台上只有五件器物。

*7.13* 河南安阳侯家庄第 1022 号殷代大墓出土的礼器，采自李济的论文 *The Tuan Fang Altar Set Reexamined*。

*7.14* 柉禁组器照片，采自李济的论文 *The Tuan Fang Altar Set Reexamined*。

*7.15* 笔者于 2011 年在美国大都会博物馆拍摄的柉禁组器。

*7.16*《陶斋旧藏古酒器考》书影，吴砚武摄。

*7.17* 端方旧藏柉禁木版集刻拓印，广东省立中山图书馆藏，采自贾双喜《传拓与传拓技法问答》，国家图书馆出版社，2010 年，第 145 页。

*7.18*《陶斋玩古图》，采自《艺林旬刊》第 61 期，中国画学研究会，1929 年。李霏女士提供。

# 参考文献

## 丛书、工具书、图录:

曾枣庄、刘琳主编:《全宋文》,上海辞书出版社、安徽教育出版社,2006年。

邓实、黄宾虹选编:《美术丛书》,清宣统三年(1911)神州国光社初刊本。

张元济等辑:《四部丛刊初编》,民国十一年(1922)上海商务印书馆再
版景印本。

沈云龙主编:《近代中国史料丛刊》(正、续编),台湾文海出版社,
1966年起陆续出版。

《影印文渊阁四库全书》,台湾商务印书馆,1986年。

《续修四库全书》,上海古籍出版社,2002年。

《笔记小说大观》,台湾新兴书局景印本,1986年。

林荣华校编:《石刻史料新编》(1-4辑),台湾新文丰出版公司,1977年、
1979年、1986年、2006年。

中国社会科学院考古研究所编:《中国考古学文献目录》(1949-1966年)
(1971-1982年)(1983-1990年),文物出版社,1978年,1998年,
2001年。

台湾图书馆编:《图书馆拓片目录(金石部分)》,台湾图书馆,1990年。

胡海帆、汤燕编:《北京大学图书馆藏历代金石拓本菁华》,文物出版社,
1998年。

中国国家图书馆编:《中国国家图书馆藏青铜器全形拓片精品集》,北京图
书馆出版社,2002年。

冀亚平、曹菁菁:《中国国家图书馆藏陈介祺藏古拓本选编(青铜卷)》,
浙江古籍出版社,2008年。

《中国青铜器全集》,文物出版社,1993-1998年。

郭沫若:《两周金文辞大系图录考释》,上海书店出版社,1999年。

严一萍:《金文总集》,台湾艺文印书馆,1983年。

中国社会科学院考古研究所编：《殷周金文集成》，中华书局，2007 年。

中国社会科学院考古研究所编：《殷周金文集成释文》，香港中文大学中国
　　　文化研究所，2001 年。

曹玮主编：《周原出土青铜器》，巴蜀书社，2005 年。

刘庆柱、段志洪、冯时主编：《金文文献集成》，北京线装书局，2005 年。

张天恩主编：《陕西金文集成》，三秦出版社，2016 年。

姜寻：《中国拍卖古籍文献目录》，上海书店出版社，2001 年。

中国嘉德、北京翰海、上海朵云轩、博古斋等艺术品拍卖公司历年古籍善本
拍卖图录。

台湾傅斯年图书馆藏青铜器全形拓及金文拓片资料库：http://mip.iis.
sinica.edu.tw/rubbing。

〔日〕白川静：《金文通释》，日本神户白鹤美术馆，1962-1984 年。

## 著作、文集

（唐）欧阳询撰、汪绍楹校：《艺文类聚》，上海古籍出版社，1982 年。

（唐）张彦远：《历代名画记》，明汲古阁刻本，浙江图书馆藏。

（宋）聂崇义：《新定三礼图》，郑振铎《中国古代版画丛刊》影印宋淳熙
　　　二年（1175）镇江府学刻公文纸印本。

（宋）黄休复：《益州名画录》，清函海本，浙江图书馆藏。

（宋）蔡绦：《铁围山丛谈》，清知不足斋丛书本，浙江图书馆藏。

（宋）吕大临：《亦政堂重修考古图》，清乾隆十七年（1752）黄氏亦政
　　　堂校刊本，美国哈佛大学哈佛燕京图书馆藏。

（宋）吕大临等撰、陈俊民辑校：《蓝田吕氏遗著辑校》，中华书局，1993 年。

（宋）吕大临、赵九成：《考古图、续考古图、考古图释文》，中华书局，
　　　1987 年。

（宋）邵伯温：《河南邵氏闻见前录》，《丛书集成初编》本，商务印书馆，
　　　1939 年。

（宋）王黼等：《泊如斋重修宣和博古图录》卷二十二，明万历十六年（1588）
　　　泊如斋刻本，日本内阁文库藏。

（宋）黄伯思：《东观余论》，宋嘉定三年（1210）温陵庄夏刊本，上海图书馆藏。

（宋）郭若虚：《图画见闻志》，明津逮秘书本，国家图书馆藏。

（宋）董逌：《广川书跋》，明津逮秘书本，中国国家图书馆藏。

（宋）邓椿：《画继》，文渊阁四库全书影印本，子部第 813 册，台湾商务
　　印书馆，1986 年。

（宋）翟耆年：《籀史》，《丛书集成初编》本，商务印书馆，1935 年。

（宋）吴曾：《能改斋漫录》，文渊阁四库全书影印本，子部第 850 册，台
　　湾商务印书馆，1986 年。

（宋）高似孙：《纬略》，文渊阁四库全书影印本，子部第 852 册，台湾商
　　务印书馆，1986 年。

（宋）礼部太常寺纂修、（清）徐松辑：《中兴礼书》，清蒋氏宝彝堂抄本，
　　中国国家图书馆藏。

（宋）杨仲良：《皇宋通鉴长编纪事本末》，清抄本，中国国家图书馆藏。

（明）高濂：《遵生八笺》，清嘉庆十五年（1810）弦雪居重订本，日本
　　早稻田大学藏。

（明）张丑：《瓶花谱》，明万历宝颜堂秘笈本，浙江大学藏。

（明）袁宏道：《瓶史》，清嘉庆借月山房汇钞本，浙江大学藏。

（明）文震亨：《长物志》，《丛书集成初编》本，商务印书馆，1936 年，

（清）顾炎武撰、黄汝成集释：《日知录集释》，上海古籍出版社，1985 年。

（清）梁诗正等：《西清古鉴》，清乾隆时期内府刊本，美国哈佛大学哈佛
　　燕京图书馆藏。

（清）牛运震辑说、（清）褚峻摹图：《金石图说》，清光绪二十二年（1896）
　　贵池刘世珩聚学轩刻本，中国国家图书馆藏。

（清）褚峻摹图、（清）牛运震补说：《金石经眼录》，民国（1924）苏
　　广明据文津阁本补钞文澜阁四库全书朱丝栏本，美国哈佛大学哈佛
　　燕京图书馆藏。

（清）钱大昕：《潜研堂集》，上海古籍出版社，1989 年。

（清）阮元：《积古斋钟鼎彝器款识》，清嘉庆九年（1804）阮氏刻本，
　　中国美术学院藏。

（清）阮元：《揅经室集》，《丛书集成初编》本，商务印书馆，1936 年。

（清）阮元校刻：《十三经注疏》，上海古籍出版社，1997 年。

（清）王豫：《焦山志》，清道光三年（1823）焦山海西庵刻本，湖南图书馆藏。

（清）冯云鹏、冯云鹓：《金石索》，双桐书屋藏板，清道光十六年（1836）

跋刊本，日本国立国会图书馆藏。

（清）严可均辑校：《全上古三代秦汉三国六朝文》，中华书局，1958 年。

（清）张廷济：《清仪阁所藏古器物文》，民国十四年（1925）涵芬楼石印本，中国美术学院藏。

（清）王曰申：《王子若摹刻砚史手牍》，毕斐校点，中国美术学院出版社，2000 年。

（清）张鉴等：《阮元年谱》，黄爱平点校，中华书局，1995 年。

（清）释达受编、（清）汪士骧订：《宝素室金石书画编年录》，《北京图书馆藏珍本年谱丛刊》第 144 册，北京图书馆出版社，1999 年。

（清）李遇孙：《金石学录》，清末丹徒刘氏刻本，浙江图书馆藏。

（清）许瀚：《攀古小庐杂著》，清刻本，中国国家图书馆藏。

（清）许瀚：《许瀚日记》，河北教育出版社，2001 年。

（清）马起凤：《马傅岩集明清印谱》，清钤印并拓本，中国国家图书馆藏。

（清）陈介祺：《簠斋传古别录》，《丛书集成初编》本，商务印书馆，1937 年。

（清）陈介祺：《簠斋鉴古与传古》，文物出版社，2004 年。

（清）陈介祺：《簠斋吉金录：陈介祺藏拓青铜器铭文全集》，中国文史出版社，2007 年。

（清）陈介祺著、陈敬第辑：《簠斋尺牍》，民国八年（1919）上海商务印书馆影印本，浙江图书馆藏。

（清）秦缃业、黄以周等辑：《续资治通鉴长编拾补》，清光绪九年（1883）浙江书局刻本，中国国家图书馆藏。

（清）徐康：《前尘梦影录》，孙迎春校点，中国美术学院出版社，2000 年。

（清）陆增祥：《八琼室金石补正》，民国吴兴刘氏希古楼刊本，浙江图书馆藏。

（清）潘祖荫：《潘祖荫日记》，广陵书社，1998 年。

（清）陈宝琛藏、孙壮编：《澂秋馆吉金图》，民国十九年（1930）北平商务印书馆分馆影印本，中国国家图书馆藏。

（清）鲍昌熙：《金石屑》，清光绪三年（1877）嘉兴鲍昌熙金陵刻本，浙江图书馆藏。

（清）叶昌炽：《语石》，辽宁教育出版社，1998 年。

（清）皮锡瑞：《经学历史》，中华书局，1959 年。

（清）邹寿祺、周庆云：《梦坡室获古丛编》，民国十六年（1927）石印本，浙江图书馆藏。

（清）丁麟年：《桴林馆吉金图识》，民国三十年（1941）东雅堂重印本，
　　　浙江图书馆藏。

（清）徐珂：《清稗类钞》第9册，中华书局，1986年。

（清）梁启超：《清代学者整理旧学之总成绩》，商务印书馆，1999年。

王国维：《古礼器略说》，民国四年（1915）上虞罗氏排印雪堂丛刻本，
　　　浙江图书馆藏。

王国维：《观堂集林（外二种）》，彭林整理，河北教育出版社，2001年。

王国维：《静庵文集》，辽宁教育出版社，1997年。

（清）陈介祺藏、邓实辑：《簠斋吉金录》，民国戊午（1918）年风雨楼影印本，
　　　浙江图书馆藏。

黄濬：《尊古斋金石集拓》，上海古籍出版社，1990年。

白谦慎：《吴大澂和他的拓工》，海豚出版社，2013年。

曹之：《中国印刷术的起源》，武汉大学出版社，1994年。

岑仲勉：《金石论丛》，上海古籍出版社，1981年。

顾廷龙：《吴愙斋先生年谱》，《燕京学报》专号之十，哈佛燕京学社，1935年。

郭英德：《中国古代文人集团与文学风貌》，北京师范大学出版社，1998年。

黄永川：《中国插花史研究》，西泠印社出版社，2012年。

纪宏章：《传拓技法》，紫禁城出版社，1985年。

李灵年、杨忠主编：《清人别集总目》，安徽教育出版社，2000年。

李零：《铄古铸今：考古发现和复古艺术》，生活·读书·新知三联书店，2007年。

李一、齐开义：《拓片拓本制作技法》，北京工艺美术出版社，1995年。

李玉珉编：《古色——十六至十八世纪艺术的仿古风》，台北故宫博物院，2003年。

刘硕石：《拓片制作与欣赏》，上海书店出版社，2002年。

刘育新：《古街》，北京出版社，1999年。

陆和九：《中国金石学讲义》，北京图书馆出版社，2003年。

马宝山：《书画碑帖见闻录》，北京燕山出版社，1997年。

马子云、施安昌：《碑帖鉴定》，广西师范大学出版社，1993年。

马子云：《金石传拓技法》，人民美术出版社，1988年。

潘光旦：《明清两代嘉兴的望族》，上海书店出版社，1991年。

齐东方：《唐代金银器研究》，中国社会科学出版社，1999年。

秦大树、杜正贤主编：《南宋官窑与哥窑——杭州南宋官窑老虎洞窑址国际
　　　学术研讨会论文集》，浙江大学出版社，2004年。

容庚、张维持：《殷周青铜器通论》，科学出版社，1958 年。

容庚：《容庚文集》，中山大学出版社，2004 年。

容庚：《商周彝器通考》（燕京学报专号之十七），台湾大通书局，1973 年。

商志（香罾）编：《商承祚文集》，中山大学出版社，2004 年。

孙殿起编：《琉璃厂小志》，北京古籍出版社，1982 年。

孙慰祖等编：《陈介祺学术思想及成就研讨会论文集》，西泠印社出版社，
　　2005 年。

王屹峰：《古砖花供——六舟与十九世纪的学术和艺术》，浙江人民美术
　　出版社，2017 年。

扬之水：《桑奇三塔》，生活·读书·新知三联书店，2012 年。

袁行云：《许瀚年谱》，齐鲁书社，1983 年。

张继馨：《博古画技法》，天津杨柳青画社，1991 年。

张希清等：《宋朝典章制度》，吉林文史出版社，2001 年。

支伟成：《清代朴学大师列传》，岳麓书社，1986 年。

中国国家博物馆主编：《宋韵——四川窖藏文物辑粹》，中国社会科学出版社，
　　2006 年。

周何：《礼学概论》，台北三民书局，1998 年。

〔英〕杰西卡·罗森（Jessica Rawson）:《祖先与永恒：杰西卡·罗森中国
　　考古艺术文集》，邓菲、黄洋、吴晓筠等译，生活·读书·新知三联书店，
　　2011 年。

〔美〕巫鸿：《时空中的美术》，梅玫等译，生活·读书·新知三联书店，
　　2009 年。

〔美〕巫鸿：《中国早期美术和建筑中的"纪念碑性"》，李清泉、郑岩等译，
　　上海人民出版社，2009 年。

〔美〕杨晓能：《另一种古史：青铜器纹饰、图形文字与图像铭文的解读》，
　　唐际根、孙亚冰译，生活·读书·新知三联书店，2008 年。

〔日〕林巳奈夫：《神与兽的纹样学——中国古代诸神》，常耀华等译，生
　　活·读书·新知三联书店，2009 年。

Jessica Rawson, *Chinese Bronzes: Art and Ritual*, Published for the Trustees
of the British Museum in association with the Sainsbury Centre for Visual
Arts, University of East Anglia, 1987 London.

Jörg Trübner, *Yu Und Zur: Typologie Der Chinesischen Bronzen*, Klinkhardt&

Biermann Verlag Leipzig,1929.

Owen Jones，*Examples of Chinese Ornament*，London，1867.

Peter Perring Thoms, *A Dissertation On the Ancient Chinese Vases of the Shang Dynasty From 1743 to 1496, B.C.*，illustrated with Fourty- two Chinese wood engravings, London, 1851.

巫鸿：*Reinventing the Past: Archaism and Antiquarianism in Chinese Art and Visual Culture Art*, Media Resources, 2010.

〔日〕梅原末治：《枢禁の考古学的考察》,东方文化学院京都研究所,1933年。

## 论文

岑仲勉：《金石证史》，《史学专刊》（中山大学），第 1 卷第 4 期，1936 年 12 月，第 51-81 页。

岑仲勉：《饕餮即图腾并推论我国青铜器之原起》，《东方杂志》，第 41 卷第 5 号，1945 年 3 月，第 51-57 页。

岑仲勉：《四库提要古器物铭非金石录辨》，《历史语言研究所集刊》第 12 本，1947 年，第 323-352 页。

岑仲勉：《宣和博古图撰人》，《历史语言研究所集刊》第 12 本，1947 年，第 353-361 页。

岑仲勉：《书画鉴赏家之“特健药”》，《西北通讯》，第 2 卷第 2 期，1948 年，第 21-34 页。

陈芳妹：《宋古器物学的兴起与宋仿古铜器》，《台湾大学美术史研究集刊》第 10 期，2001 年，第 37-160 页、293 页。

陈芳妹：《追三代于鼎彝之间——宋代从“考古”到“玩古”的转变》，《故宫学术季刊》第 23 卷第 1 期，2005 年，第 267-332 页、636 页。

陈慧霞：《晚明文房与市场生活中的古色》，《故宫文物月刊》第 21 卷第 10 期（总第 250 期），2004 年 1 月，第 44-51 页。

陈梦家遗稿、王世民整理：《博古图考述》，《湖南省博物馆文集》第四辑，1998 年，第 8-20 页。

陈秀玉：《失落的技艺——全形拓》，《古今论衡》第七期，台湾历史语言研究所，2002 年，第 130-144 页。

陈育丞：《簠斋轶事》，《文物》，1964 年第 4 期，第 53-58 页。

陈昭容、黄铭崇、袁国华：《傅斯年图书馆藏铜器全形拓》，《古今论衡》
　　第三期，台湾历史语言研究所，1999 年，第 159-170 页。

陈子凤：《湖州"皇宋州学宝尊"铭青铜牺尊考》，《东方博物》，2009
　　年第 4 期，第 39-44 页。

邓建鹏：《窃曲纹考》，《殷都学刊》，2000 年第 1 期，第 19-20 页。

傅振伦：《摹拓器物的方法》，《博物馆研究》，1988 年 2 期，第 89-94 页。

宏章：《浅谈拓器物图形》，《故宫博物院院刊》，1981 年第 4 期，第
　　88-89 页、第 105 页。

黄光武：《阮元题款格伯簋全形图》，《文物天地》1995 年第 2 期，第
　　29-30 页。

蒋玄佁：《墨拓术》，《说文月刊》第一卷第 11 期，1939 年，第 69-77 页。

李林：《海盐镇海塔及出土文物》，同上，第 28-38 页。

李清泉：《"装堂花"的身前身后——兼论徐熙画格在北宋前期一度受阻的
　　原因》，《美术学报》，2007 年第 3 期，第 56-61 页。

李修松：《唐宋时期的文人会社》，《中国史研究》，1995 年第 3 期，第
　　152-158 页。

李玉奇：《〈考古图〉钱曾藏本非影宋本考》，《古籍整理研究学刊》，
　　2001 年第 5 期，第 50-54 页。

刘明、甄珍：《〈宣和博古图录〉版本考略》，《图书馆理论与实践》，
　　2012 年第 5 期，第 55-59 页。

刘雨：《跋考古研究所藏彩绘本〈西清古鉴〉》，《古文字研究》第十六辑，
　　中华书局，1989 年，第 239-253 页。

马子云：《传拓技法》，《文物》，1962 年第 10、11 期，第 53-55 页，
　　第 59-62 页，

秦大树：《宋代陶瓷礼器的生产和生产机构》，《文物》，2005 年第 5 期，
　　第 64-73、95 页。

容庚：《清代吉金书籍述评》，《学术研究》，1962 年第 2、3 期，第 48-62 页，
　　第 68-83 页。

桑椹：《全形拓之传承与流变》，《紫禁城》，2006 年第 5 期，第 52-55 页。
　　陕西周原考古队：《陕西扶风庄白一号西周青铜器窖藏发掘简报》，《文
　　物》，1978 年第 3 期，第 1-18、98-104 页。

史树青：《悼念周希丁先生》，《文物》，1962 年第 3 期，第 60 页。

宋美英：《诸暨桃花岭南宋纪年墓研究》，同上，第 13-23 页。

孙蓉蓉：《谶纬的图像文本考述》，中国古代文学理论学会第十七届学术年会会议论文，长春，2011 年 8 月。

唐俊杰：《祭器、礼器与"邵局"——关于南宋官窑的几个问题》，《故宫博物院院刊》，2006 年第 6 期，第 40-56 页、156 页。

王晖：《从西周金文看西周宗庙"图室"与早期军事地图及方国疆域图》，《陕西师范大学学报》，（哲学社会科学版）2012 年第 1 期，第 31-38 页。

王正华：《〈听琴图〉的政治意涵：徽宗朝院画风格与意义网络》，《台湾大学美术史研究集刊》第 5 期，1998 年，第 77-122 页。

熊金荣：《十七世纪景德镇瓷器的博古纹装饰探源》，《陶瓷学报》，2012 年第 2 期，第 255-260 页。

熊瑛：《明清博古织绣的流行及其原因》，《装饰》，2014 年第 4 期，第 78-79 页。

许雅惠：《〈宣和博古图〉的"间接"流传——以元赛因赤答忽墓出的陶器与〈绍熙州县释奠仪图〉为例》，《台湾大学美术史研究集刊》第 14 期，2003 年，第 1-26 页、243 页。

许雅惠：《晚明的古铜知识与仿古铜器》，《故宫文物月刊》第 21 卷第 10 期（总第 250 期），2004 年 1 月，第 52-63 页。

许雅惠：《宋、元〈三礼图〉的版面形式与使用——兼论新旧礼器变革》，《台大历史学报》第 60 期，2017 年 12 月，第 57-117 页。

扬之水：《关于椸、禁、案的定名》，《中国历史文物》，2007 年第 4 期，第 49-55 页。

扬之水：《古典的记忆——两周家具概说（下）》，《紫禁城》，2010 年第 6 期，第 54-63 页。

杨新：《去伪存真，还原历史——仇英款〈西园雅集图〉研究》，《中国历史文物》，2008 年第 2 期，第 4-9 页。

叶国良：《〈博古图〉修撰始末及其相关问题》，《幼狮学志》，第 18 卷第 1 期，1984 年，第 130-142 页。

一朋：《陈簠斋先生论古器物拓法述略》，《时代青年》，第 1 卷 6 期，1936 年。

余辉：《一次为苏轼平反的宫廷书画合作：在马和之画、宋高宗题〈后赤壁赋图〉卷的背后》，《紫禁城》，2005 年第 A1 期，第 59-61 页。

喻沧：《〈九鼎图〉的渊源及其演变》，《中国测绘》1995 年 5 期，第 22-24 页。

张棣华：《金文全形拓片——台湾图书馆的特藏》，《书目季刊》，第 17 卷第 2 期，1983 年，第 47-63 页。

张光裕：《论两篇伪作的毛公鼎铭文》，《书目季刊》，第 8 卷第 4 期，1975，第 41-47 页。

张光远：《大明宣德炉》，《故宫文物月刊》，第 3 卷第 8 期（总第 32 期），1985 年 11 月，第 4-16 页。

张辛：《礼与礼器——中国古代礼器研究札记之一》，载《考古学研究》（五），科学出版社，2003 年，第 851-906 页。

张学惠：《萧山衙前出土的青铜器》，同上，第 45-49 页。

赵达雄：《中国古籍插图研究（上）》，《图书馆杂志》，2000 年第 3 期，第 57-60 页。

郑汉卿：《宋代仿青铜陶瓷初探》，《文物天地》，2014 年第 5 期，第 62-67 页。

周铮：《宣和山尊考》，《文物》，1983 年第 11 期，第 74-75 页、67 页。

朱启钤：《存素堂丝绣录》，见《笔记小说大观》42 编第 10 册，台湾新兴书局，1986 年。

祝尚书：《宋初西湖白莲社考论》，《文献》，1995 年第 3 期，第 83-93 页。

Li Chi. *The Tuan Fang Altar Set Reexamined*. Metropolitan Museum Journal, Vol. 3 (1970). New York: Metropolitan Museum of Art.

李济：《端方柉禁诸器的再检讨》，张光直译，载《李济考古学论文选集》，文物出版社，1990 年，第 765-787 页。

仲威：《焦山无叀鼎传世拓本过眼录》，《书法丛刊》，2019 年 3 期。

## 中国美术研究丛书

《海派绘画史》

《我用我法：石涛艺术与社会接受研究》

《美术序跋集》

《悦古：中国艺术史中的古器物及其图像表达》

**图书在版编目(CIP)数据**

悦古 ：中国艺术史中的古器物及其图像表达 ／ 孔令
伟著. —— 上海 ：上海书画出版社，2020.5
（中国美术研究丛书）
ISBN 978-7-5479-2292-7

Ⅰ．①悦… Ⅱ．①孔… Ⅲ．①古器物－研究－中国
Ⅳ．①K870.4

中国版本图书馆CIP数据核字(2020)第048188号

**中国美术研究丛书**
上海美术学院历史文化研究所主编
上海美术学院高水平建设经费资助

# 悦古 ：中国艺术史中的古器物及其图像表达

孔令伟　著

| | |
|---|---|
| 责任编辑 | 吴　蔚 |
| 编　辑 | 夏清绮 |
| 审　读 | 雍　琦 |
| 技术编辑 | 钱勤毅 |
| 责任校对 | 林　晨 |
| 封面设计 | 王　峥 |

| | |
|---|---|
| 出版发行 | 上海世纪出版集团　上海书画出版社 |
| 地址 | 上海市闵行区号景路159弄A座4楼 |
| 邮政编码 | 201101 |
| 网址 | www.shshuhua.com |
| E-mail | shcpph@163.com |
| 印刷 | 上海文艺大一印刷有限公司 |
| 经销 | 各地新华书店 |
| 开本 | 787×1092　1/18 |
| 印张 | 16.44　　字数　180千字 |
| 版次 | 2020年6月第1版　2023年1月第3次印刷 |
| 书号 | ISBN 978-7-5479-2292-7 |
| 定价 | 168.00元 |

若有印刷、装订质量问题，请与承印厂联系